The Signs of Safety Approach

子ども虐待対応における
サインズ・オブ・セーフティ・アプローチ実践ガイド

子どもの安全（セーフティ）を家族とつくる道すじ

菱川 愛／渡邉 直／鈴木浩之
［編著］

明石書店

Andrew Turnell, Ph.D
For Japanese Signs of Safety Book

推薦文

アンドリュ・タネル

児童虐待のケースワークためのサインズ・オブ・セーフティ・アプローチは、1990年代、西オーストラリアにおいてスティーブ・エドワーズ（Steve Edwards）と私と150人以上の西オーストラリアの児童虐待相談の実務者との緊密な連携の下に開発されました。虐待とネグレクトに対応するという恐ろしくチャレンジングな仕事を実践者らがどのように行うことができていたのか、しかも同時に子どもたち、家族、拡大家族にも大いに関与してもらうということをどのようにやっていたのかに焦点を当てることによってサインズ・オブ・セーフティは確立されてきました。多くの調査は児童虐待対応の失敗について調べる傾向にありますが、連携の下に行われた私たちのアクション・リサーチは、この最も複雑な事態を目の前にしながらも常に実践者と家族の両者のうまくいったことに焦点を当ててきました。うまくいった実践の詳細について慎重に探査し、研究をすることにより、サインズ・オブ・セーフティ・アプローチという固有の実践の細部までが形になってきました。

このようなやり方でモデルを築いてきたということ、すなわちそれはサインズ・オブ・セーフティが正に実践者のモデルであることを意味していました。実践家のために実践によって築かれたモデルです。結果的にサインズ・オブ・セーフティ・アプローチは、ユニバーサル（汎用性の高い）モデルとなりました。児童虐待の相談援助をいかに緻密にかつ協働的に実践するかの詳細を希求していた現場の多さゆえに1999年、最初のサインズ・オブ・セーフティの本が出版されるや国際的に大きな反響が起きました。そして国々における制度設計の違いはありながらも、親や子どもたちと対面して行う直接的な相談援助（ソーシャルワーク）においては国による違いを超え、遥かに共通点が多いということもわかりました。ある国の実践者が自分たちの成功した仕事について話をすると、他の国のソーシャルワーカーらが間髪おかずに「それ、わかる！　私の仕事でも同じような感じ。大変だったところは、私も同じだった。だからあなたの考えと成功が私の仕事にもすごく役に立つ」と言うのを目の当たりにしてきました。

私は2000年になって早い時期に上記のような認識を得ました。なぜならオーストラリア国外でサインズ・オブ・セーフティの方法を利用し始めた最初の実践者らの中に日本も入っていたからです。本書の執筆者らが16年間にわたってサインズ・オブ・セーフティ・アプローチを日本の家庭に、またありとあらゆる種類の不適切な養育状況に対して適用してきた豊かな経験と知識を備えているという事実は、本書の読者にとっても大変心強いことだと思います。

スティーブ・エドワーズと私がサインズ・オブ・セーフティ・アプローチをつくる過程で直面した大きな問題が「パターナリズム父権主義」でした。児童虐待相談の場合、私たちの社会のなかで最も無防備な存在である子どもたちに専門家はかかわります。ソーシャルワーカーも組織自体も常に「私たちのしたことは間違っていないだろうか」という不安に駆られています。さらに「もし間違っていたら、子どもはもっと大きなケガをしたり、あるいは死んでしまうのではないか」と言う心配もついて回ります。間違った判断だったと言うことになれば、世論、政府、メディアがすぐにでもソーシャルワーカーを非難してくることから、この心配が尽きない大変な仕事は一層困難なものになってもいます。このような環境にあって、専門家らはコントロール・タワーになり、この先何が起きるかに対して家族と子どもたちにほとんど選択肢が与えられない、ものを言うこともできないようにしてしまう傾向が見られます。

仮に専門家が不安に駆られ、自分たちの考える解決を家族に強要するシステムをつくってしまったのならば、結果がさらに悪くなるというのがまた厄介なところです。このようなあり方が、世界中で見られます。児童虐待対応の制度はますます防衛的になり、裁判所が関与する事案が増えるために経費は増大し、より多くの子どもたちが家庭外のケアの下に過ごす時間がより長くなっています。おそらく最も懸念されるのは、仕事を愛する実践者の間に燃え尽き症候群の割合が増加していること、離職率が増えている点です。このような事態から得られる教訓とは、よりよいシステムを作り、家族に関与してもらうことが上手になるという単純なことですが、同時に心配が勝る専門家にとってはかなり厳しいチャレンジです。アイリーン・マンロー教授（Professor Eileen Munro）の言葉を紹介します。

> ピザは配達してもらうことができても、児童福祉のサービス援助は配達することはできない。求められている結果を出す過程においては、能動的な行為の主体としての「カスタマー（顧客）」が必要なのである。もし、サービスの受益者となってもらいたい人が建設的な形でかかわる意志がない、あるいはそうできないことになっていたなら、児童福祉の援助はあっさり失敗に帰す。結果とは、市民によって協同生産（co-produced）されるものである。

来日を続けた16年間、日本の行政並びに専門職らは日本の児童虐待対応の仕組みをどうよくできるかについて深い検討を重ねてきました。マンロー教授と私自身のこの間の観察に基づくならば、過剰な手続きや過剰な専門職化を生み出した西洋の轍を日本が踏まないことが肝要だと思われます。なぜなら西洋の行き過ぎたモデルは、私たちが援助しようとしている家族と子どもたちを疎外するからです。鉄壁な児童虐待対応への鍵は、子どもたち、親及びその子どもと家庭に普段から当たり前にかかわりをもっているあらゆる人物が全面的に援助に関与するという文脈のなかで専門家が権威と専門性を活かすという援助のビジョンを持つことです。専門職と家族全体の双方の参加が、無防備な子どもたちのための持続性のある解決を築きます。

本書は、このような難しいソーシャルワークをいかに行うかという点をまさに日本の実際の相談事例から紹介しているという点において大きな意味を持っています。実践を重視し、同時に優れたソーシャルワークの理論と方法を示した本書は、児童虐待に対応する専門的な仕組みを日本において築いていくことを考えている読者に隅から隅まで読んでいただきたいと思います。

本書の執筆に携わった鈴木浩之氏、渡邉直氏をはじめ実践者のお一人お一人に心から感謝を申し上げ、その努力を讃えたいと思います。海外に比して5倍から10倍相当のケース数を担当しているにもかかわらず、日々の実践に全力を尽くし、なおかつ時間を割いて自身の実践を文字にし、まとめられました。本書は、国内および国外のソーシャルワーク並びに児童虐待の分野における多くの専門職のインスピレーションとなり、また行政並びに研究者にはいかにこの難しい仕事を家族とのパートナーシップでもってやり遂げられるかをはっきりと示すことになったと思います。ここまでの流れを築いてきたのは、菱川愛准教授です。菱川氏のリーダーシップ、児童虐待問題へのコミットメント、現場のソーシャルワーカーらと緊密な協力が維持されることがなければ、サインズ・オブ・セーフティが日本に根を下ろすことはなかったと思います。

本書は、児童虐待の相談において子どもの安全にしっかりと焦点を当てるということが、あたたかい心とパートナーシップ、家族へのリスペクトと共感でもって実現可能であることを示しています。まさにサインズ・オブ・セーフティによって成し遂げられるべき援助のあり方です。是非お読みいただき、今までにないインスピレーションを感じてください！

はじめに

本書では、第１章でサインズ・オブ・セーフティの理論を最新の知見も含めてわかりやすく紹介することに努めました。第２章ではサインズ・オブ・セーフティの実際の事例を紹介しました。紹介した事例はサインズ・オブ・セーフティのプロセスに家族とセーフティー・パーソンと援助者が参画して、子どもの安全を創っていった実際の事例です。全ての事例は、そこに参画した当事者である家族からコメントをいただきました。このことは、私たちの誇りです。私たちは、常に当事者の言葉から教えてもらう姿勢を持ち続け、私たちとの協働の体験を振り返ってもらいます。そして、その中で生まれたより良い実践の中に私たちが進む針路が見えると思っています。第３章では、サインズ・オブ・セーフティをそれぞれの組織の中でどのように導入していくことができるのかをまとめました。サインズ・オブ・セーフティに魅力を感じた方がどうやって小さな一歩を踏み出せばよいかのガイドを示しました。

すこし、私たちが行ってきた子ども虐待対応をふりかえって今、なぜサインズ・オブ・セーフティなのかをお話します。

皆さんが体験している通り、多くの子ども虐待事例は通告として私たちとの出会いが始まります。そして、その多くは、保護者にとっては不本意な形での出会いになるかもしれません。ここから支援が始まります。不本意な一時保護を体験している保護者は、そこで激しい感情を伴う対応を児相に見せます。子どもを突然失った、混乱不安、そしてその不安の裏返しとしての怒り、攻撃なのです。児童相談所は保護者が見せる態度から「この保護者は児童相談所に協力的なのか」と言った点が評価の対象になったりします。

児童相談所や、市町村の援助方針会議では、これらの事例について様々な意見が交わされます。一時保護された子どもがいれば、どうやって今回の一時保護という事態を子どもに説明し、これからどうなっていくのか。そして、これから子どもの安全をどうやって創っていくのか。問題が複雑であればあるほど職員の悩みは大きくなります。通告から始まる支援は、家族の情報が少なく、家族の心配な情報にかかわるものが多いためなおさらです。家族をいかに「変える」か、専門職による様々な議論がなされます。

しかし、このことを本来悩まなければいけないのは誰でしょうか。一時保護された子どもに一時保護の理由を伝え、これからどうなっていくのかを説明すること、そして、おうちで生活するときの安全をいかに創っていくのか、悩み考えるのは家族なのではないでしょうか。本来、家族が悩むべきことを援助者が悩むというのは、対立から始まることが多い子ども虐待対応の性質によるものかもしれません。通告で始まる「相談」は、家族に相談動機が乏しいこと、そして、子ども虐待にまで至ってしまうほどの家族に、そして、子どもを返せと怒鳴り込んでくるような保護者に、自ら子どもの安全を創っていくことは難しいとの思いが、少なからず、私たちの中にあるのではないでしょうか。そして、児童相談所や、市町村が家族に働きかけ家族の機能を「変える」ことをしなければいけないと思ってしまうのだと思います。しかし、このことを改めて考えてみる時、次のようなことは言えないでしょうか。つまり、援助者が専門職として、見立て、「変える」指導をするということは、もはや家族が自ら自分たちの家族を「変える」ことが困難だ、と言う前提がないでしょうか。もしかしたら、私たちは、家族が指導を受けるべき力のない人たちであると、規定することで家族をディスパワーしている可能性はないでしょうか。複雑な子ども虐待事例に直面して、援助方針会議が紛糾すると、こんな議論が垣間見えます。

こんな子ども虐待対応の現場で、私たちが出会ったのがサインズ・オブ・セーフティでした。これからの章で多くの事例が教えてくれているように、サインズ・オブ・セーフティは、家族とセーフティー・パーソンが子どもを中心において、児童相談所や市町村とパートナーシップを作りながら子どもの安全を創っていくことがデザインされたアプローチです。サインズ・オブ・セーフティの目的は、子どもの安全であり、安全を創る主体は、家族とセーフティー・パーソンです。子ども虐待対応はいずれの場合も、様々な要素が複雑に絡み合って、何が課題なのかが見えにくくなっています。サインズ・オブ・セーフティは、複雑な問題をシンプルに捉えることをすすめ、適切なプロセスと、譲れないタスクを実現していけば、安全創りのプロセスを家族とセーフティー・パーソン、そして援助者に見せることをガイドしてくれます。

よく、サインズ・オブ・セーフティを山登りに例えるのですが、山を登るのは家族です。そして私たちは山岳ガイドです。まだ見ぬ子どもの安全を求めて、援助者は家族と一緒に山を登り始めます。しかし、頂上がどこにあるのか、登山口からはよく見えません。どこに向かって登って行ったらよいのかわからないのです。どこに向かって登り始めるのか、どんなルートがあるのか、険しい山道の途中では、道に迷わぬよう確かなルートが示された地図が必要です。マッピングです。そして、マッピングをする中で、家族が大変な子育ての中でも安全を守れたエピソードを教えてもらいます。虐待の例外を知ることは、これからの安全づくりで欠かせません。デンジャー・ステイトメントがまとめられ、セーフティ・ゴールが共有されていきます。家族と山岳ガイドは、五合目くらいの山腹に立って、遠くにまだぼんやりとしか見えない景色を指さして、家族にこう言います。「この景色（子どもの安全が守られている状態）をはっきりと見続けるためには、山の頂に行くことが必要です」。

そして、山登りはまだ続きます。険しい道のりを歩き続けるためには、家族と一緒に安全を守ってくれる山岳ガイド以外の人（セーフティー・パーソン）に同行してもらうことが必要です。子どもも、山登りに加わってもらうためには、子どもに旅の安全の説明（ワーズ＆ピクチャーズ）が必要です。山登りの行程（トラジェクトリ）をみんなで確認することで、家族に見通しと、頂上に立って素晴らしい景色を見ている姿を想像することで、険しい山道を登っていく勇気が生まれます。今、山登りは何合目まできたのか、常にみんなで確認します（セーフティ・スケール）。

サインズ・オブ・セーフティを紹介するとき、これに似たことはやってきたと感想をいただくことがあります。まさにその通りです。本書でも述べている通りサインズ・オブ・セーフティは優れた実践が集められたものです。

これまでの多くの先輩たち、現場で家族と向き合う支援者と、家族の声が実践を作ってきています。ですので、まったく新しいアプローチであるかというと、そうとも限らず、これまでの子ども虐待対応の歴史の中に位置づきます。これまでの実践知、臨床知が集約されたものであると思います。しかし、一つ一つの優れた実践がプロセスとして体系立てられ、決して子どもの安全からぶれずに、一貫してやりきるということになってくるとやはり、サインズ・オブ・セーフティになります。また、職人的な支援が子どもの安全を創るのではなく、いつ誰が行っても安全を創れるものでなければならないときに、必要とされるのがサインズ・オブ・セーフティの体系です。

そして、今、なぜサインズ・オブ・セーフティなのか。私たちは、いつも介入と支援のはざまにいて、戸惑い悩んでいます。子ども虐待対応の絶対的優先事項は子どもの命と安全を守ることです。保護者に対する毅然とした対応は、永遠に続くかのような保護者との対立関係を生み出すことがあります。保護者との対峙に耐えられない状況になって、そこに子どもの安全とは異なる文脈で支援を持ち込むことで、子どもが危険にさらされることがあります。しかし、サインズ・オブ・セーフティは危機介入と支援を対立するものとは捉えません。但し、ここでの支援は個人の変容を目指す支援ではなく「子どもの安全創りのための協働関係を構築するための支援」です。これは、今後、危機介入と支援を機能分化させていったとしても、危機介入機関における固有の支援領域となります。子どもの命と安全を守るためにこそ、ここで言う支援によって保護者、子ども、セーフティ・パーソンによって子どもの安全が創られていくのです。

介入と支援のはざまにおかれ、戸惑い、悩む現場だからこそ今、サインズ・オブ・セーフティなのです。

子ども虐待対応で、日々家族と向き合っている援助者の皆さんが、藁をもすがる思いで、このテキストを手にとっていただいたとき、少しでも皆さんの期待に応え、実践に貢献できるのであれば幸いです。

編者を代表して　鈴木浩之

目次

第3章 サインズ・オブ・セーフティ・アプローチのスタートアップ

コラム

Q&A

第1章

サインズ・オブ・セーフティ・アプローチの理論と方法

サインズ・オブ・セーフティ・アプローチ

菱川 愛
東海大学健康科学部社会福祉学科

サインズ・オブ・セーフティ・アプローチの特徴

Nothing for me, without me
Nothing about us, without us[1)]
私たち抜きに私たちのことを決めないで

はじめに

サインズ・オブ・セーフティ・アプローチ（the Signs of Safety Approach,「SofS」[2)]）は、1990年代のオーストラリアにおいてアンドリュ・タネル（Andrew Turnell, Ph.D）とスティーブ・エドワーズ（Steve Edwards）並びに西オーストラリア州児童相談所現場の人々によって共同開発されました[3)]。海外（主として英語国圏）において瞬く間に注目を集め、日本を含むグローバルな実践者（現場）レベルでのつながり[4)]、効果検証研究[5)]を通じ、その後も一層の進化を遂げました。近年は、アイルランドのように国全体の児童虐待対応の方法として採用するサインズ・オブ・セーフティの組織的導入例が増えています[6)]。

第1章では、誕生して23年、今も尚進化するサインズ・オブ・セーフテ

---

1) 様々な理由で差別と抑圧を被ってきた当事者の権利獲得運動のスローガン
2) Signs of Safety®（サインズ・オブ・セーフティ・アプローチ）は、商標登録されています。2017年以後、略称として認められるのは、「SofS」という表記のみです。
3) Andrew Turnell and Steve Edwards, *Signs of Safety, A Solution and Safety Oriented Approach to Child Protection Casework*, W.W. Norton & Company, 1999
4) International Signs of Safety Gathering は、2017年10月、アメリカ大会が第11回目です。
5) Eileen Munro, Andrew Turnell and Terry Murphy, *You Can't Grow Roses in Concrete, Action Research Final Report, Signs of Safety English Innovation Project*, 2017 他
6) Andrew Turnell & Terry Murphy, *Signs of Safety Comprehensive Briefing Paper, 4th Edition*, Resolutions Consultancy, Munro, Tuenell & Murphy Child Protection Consulting, 2017

ィの理論と方法を実践者のわかりやすいガイドとなるように紹介していきたいと思います。併せて解決志向型アプローチ（Solution Focused Approach、以下「SFA」）とＡＩという面接技術についても紹介します。なぜならサインズ・オブ・セーフティを実践することは、SFAの質問技法及びＡＩに対する理解なしには凡そ無理だからです。

勢いとわくわく感がある方法（Spry Method）

サインズ・オブ・セーフティ・アプローチは、英語では「Spry」という言葉でその実践の特徴が述べられています[7]。辞書をみると「Full of life and energy」[8]とあります。「生命、エネルギーみなぎる」という意味の言葉が示しているのは、サインズ・オブ・セーフティの“マッピング”“ネットワーク構築”“セーフティ・プランニング”という勢い溢れる展開が「すごい、おもしろい」という援助者の実感を伴うということです（“　”内の詳細は、後述）。

どのような知識や方法であってもそれらが広がりをみせる際に間違った印象、誤解や曲解が生じます。サインズ・オブ・セーフティの場合もいろいろありました。「手間暇かかって大変」というのを聞いたことがあります。が、例えば自動車の運転を覚えて間もない時は、運転席に座ってエンジンをかけてから目的地に着くまで大した距離でないところに行くのにものすごく長く大変に感じられるのと同じことです。最初の内がそうであったとしても、いつまでも同じではありません。

サインズ・オブ・セーフティという実践は、児童虐待の再発防止という点で確実、尚かつ援助の進み方が早いということが実証研究においても支持されています。どうして早いのか。サインズ・オブ・セーフティのSpryな実践を三段ロケットで加速するイメージで考えてみてください。第一段目のロケット・エンジンは、家族や子どもたちとの面接の場で速やかにラポールの形成に至る巧みな相談援助技術です。援助の開始という早い情報収集段階において解決に向かう軌道が見えてくることにより肯定的な感情が生まれ、

7）　Melanie Samuels（Department for Child Protection and Family Support, Western Australia）, Presentation at the 2015 SofS International Gathering, Minnesota, US

8）　*Concise Oxford Dictionary*, 10th ed., Oxford University Press, 1999

それがこの先の変化を起こす燃料となり、加速を続けます。第二段目のロケット・エンジンは、家族と“セーフティ・ネットワーク”になる人たちとが集まり、“ワーズ・アンド・ピクチャーズ（W&P）”を子どもたちに読み聞かせる場面です。第三段のロケット・エンジンが“トラジェクトリ”と“セーフティ・プランニング”です。このように打ち上げから目的地到達までの過程において家族が仕事をする勢いを失速させない、尚且つ虐待再発防止において妥協のない装置がサインズ・オブ・セーフティにはあります。

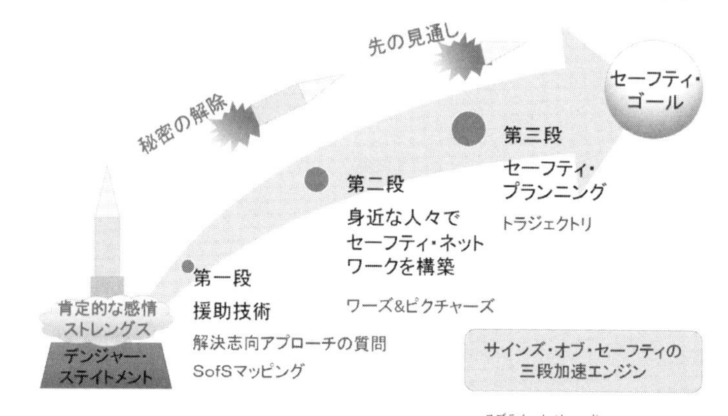

図1　勢いとわくわく感がある方法（Spry Method）[9]

シンプルな思考の枠組み、オープンでクリエイティブなコミュニケーションが、結果的に援助者が思ってもみなかった家族のものすごい力、がんばりを見せてもらえる形で相談援助の過程がぐんと前に進む勢いを感じることになります。これがSpry（スプライ）な方法、実践です。サインズ・オブ・セーフティの学習を通じ、相談援助（ソーシャルワーク）の専門性が向上し、児童の虐待に対応する社会的な使命を担った相談援助の現場が、着任早々に異動願いを出したい現場ではなく、これならやっていけると思える職場になります。

ストレングス・ベイスト・モデル（Strengths Based Model）

サインズ・オブ・セーフティ・アプローチでいう「問題解決」は、次のイラストによって示されます。

9）　岡野典子作

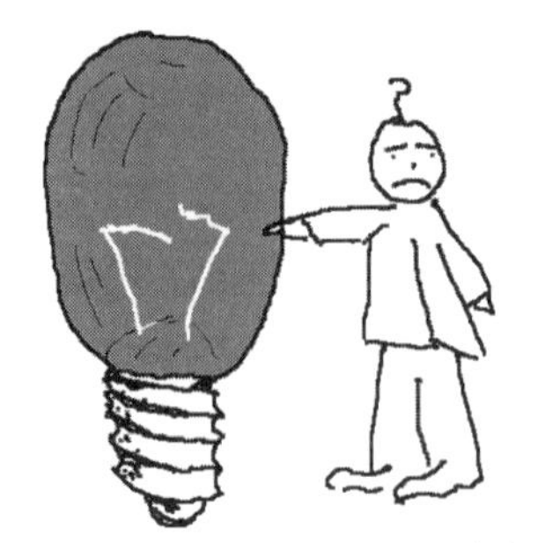

「この電球は、どこかおかしい」と、
指差している
（欠損志向）

「この電球は、まだどこかおかしい」けど、
私たちは照明システムを新しくした
（ストレングス志向）

図2　サインズ・オブ・セーフティ・アプローチの問題解決イメージ[10]

上記、左のイラストは、指差しをしている人物が電球（誰か）を問題にし、その人のどこがどんな風に問題かを考えている様子を表しています。こうなると問題解決とは、問題の電球（人）の良くないところ（欠損）を直す（治す）ことになります。欠損を特定するところから始める「欠損志向（deficit（デフィシット） orientation（オリエンテーション））」の考え方は、問題とされた人の問題箇所が良くならない限り援助は終わりません。その上、どのようにして問題の部分を良くするのかという方法は、問題有りと分析・診断した専門家が決めます。となると援助の効果や結果は、相手の人が指導に従順（コンプライアント）であるかどうかによって左右されるため、援助者はその人（電球）がコンプライアントであることに神経をとがらせることになります。指差しをしている人物の顔が険（けわ）しい訳です。計画した援助が終わった後も、その人がまたいつ問題を呈するか心配な場合、相手の人の名前は永遠にウォッチ・リストに載り、「大丈夫か、大丈夫か」と周りが心配しながら見守る状況が生じます。このような文脈（コンテキスト）では、虐待の再発は更に援助をして慎重にさせ、長期化させ、二度、三度とうまく対処できないとなると養育不適格者（よって子どもを家庭に帰せない）という判断が妥当と言う理路になっています。

右側のイラストは、指差す人物が「電球（誰）に問題がある」部分が問題にならなくて済むようにしたことを表しています。電球（人に）欠損があっ

10）　© Susie Essex. 2008 Graphics by Seren Gill

たとしても、問題を生じることがなくて済む状況をいろいろな人の力を借りて築くことができれば良いという着想、問題解決のスタイルを表現している絵図です。これがストレングス志向です。まず（何が問題かではなく）どうなっているのを目指すのかということから考えるというゴール志向、更にそのゴールに到達するためにどのようにその人や環境にあるストレングスが動員、活用されればいいかと問題の解決を組み立てます。

サインズ・オブ・セーフティ・アプローチは、ストレングス志向に根差した（strengths based）児童虐待相談の理論と方法です。サインズ・オブ・セーフティの枠組みを用いると、担当している子どもたちと家族の相談の解決イメージは右側のイラストのようになります。解決像が示しているのは、児童虐待という問題を二度と起こさせない状況、システムが作られているところです。

目指す解決像の鍵を握るたくさん人たちである「セーフティ・ネットワーク」と「セーフティ」という言葉について次に説明します。

◉「セーフティ（Safety）」とは何か

「セーフティ」とは、「家族とソーシャルネットワークの人たちのストレングスが子どもたちを（今後起きると考えられる“危害”から）守るという形でデモンストレーションされ、しかもそれがある一定期間続くこととして示された状態」という意味です。サインズ・オブ・セーフティは、このように「セーフティ」を単純に「安全」と日本語に変換することができない独自の定義を持っています。

図2のイラストに示されたたくさんの人は、単に周りにいて見守りをしているのではありません。これから先子どもたちに起きると考えられる“危害”から、この周りの人たちと家族とのストレングスによって子どもたちが守られているという一歩踏み込んだところまでのことを示唆しています。子どもたちが今後の危害（これを“デンジャー”と言う）から守られている状態になっていることが家族だけの責任ではなく、全体での責任になっています。主たる養育者らの問題が再燃、あるいは増悪した場合でも子どもたちに“危害”が向かわないで済むように守られた状態になっている状況が援助終結後も続くと思えるためには、援助期間の間にどのぐらいのセーフティが維持される

ところを援助者は見せてもらいたいのか。「一定期間」が意味するところは、この問いに対する答えです。

◉「セーフティ・ネットワーク（Safety Network, SN）」とは何か

さて、周りにいるたくさんの人が誰かというと、それは家族の横のつながりの人々です。つまり、ソーシャル・ネットワークです。「ソーシャル・ネットワーク（social network）」とは、「自然派生的なつながりの人々」という意味です。子どもたちや家族の当たり前の生活の中にいる人たちです。一般的には、血縁からなる祖父母やおじ、おば、いとこなど、また地縁からなる近所の友だち、子どもの友だちの親、近所のよく行くお店の人、お隣の人などがあります。それ以外にも興味関心や好きなことが共通しているつながりとして、例えば習い事や塾の友だちやその家族、教える側のコーチや指導者などもソーシャル・ネットワークです。現代は、サイバー空間での横のつながりもあります。

セーフティは、普段からそこにいてくれる人と家族でつくるネットワーク（セーフティ・ネットワーク）によって構築されます。なぜかと言えばこのセーフティ・ネットワークのもつストレングスこそが、子どもたちを守るという点で発揮され、加えてそのセーフティ・ネットワークは３年から５年程度維持されることを前提としているからです。

なぜ３年から５年変わらないメンバー構成のセーフティ・ネットワークが大事なのか。家族とセーフティ・ネットワークが一定の過程（プロセス）を経て作り上げた“セーフティ・プラン”が稼働する３年から５年の間には、乳幼児も５年過ぎれば６歳や８歳になります。３年あれば、小学校高学年の子どもたちは高校生年齢になります。ある一定期間守られていることによって、子どもが成長すべきところが確実に成長します。ある程度自分を守るストレングスを子どもたち自身も獲得できるようになっている年齢までセーフティ・ネットワークが作ったセーフティ・プランが続くことを、サインズ・オブ・セーフティでは念頭に置いています。

エビデンス・ベイスト・モデル（Evidence Based Model）

インフォーマルな人たちというソーシャル・ネットワークに子どもたちの

安全を賭けるので大丈夫なのか。イギリス（ウェールズ）、オランダ（アムステルダム、ヘイグ、ロッテルダム）、カナダ（ブリティッシュ・コロンビア）、アメリカ（ミネソタ州）、オーストラリア（西オーストラリア州）ではサインズ・オブ・セーフティを組織的に導入し、その後の効果検証研究において再通告率の減少が報告[11]されています。SofSが決して今以上に子どもたちを危険にさらすのではないことは、ここから明らかです。

サインズ・オブ・セーフティ・アプローチを導入してきた海外の自治体は、独立した調査者による効果検証を行い、現場に従事する専門職、あるいは援助を受けた側の家族、子どもたちからインタビュー調査を行っています。家族らはサインズ・オブ・セーフティの枠組みを用いた援助について「わかりやすい」「はっきりしている」「（援助者が）子どものことを一番に考えている」「選択肢があった」「自分たちのことや状況をわかろうとしてくれた」と、述べています。援助者らは、自身の職務に対する満足感、家族との仕事に対するスキルの向上や自信について調査の中で語っています。

また効果の指標となる値に関連しては、サインズ・オブ・セーフティ導入後、社会的養護の下で育つ子どもの人数の減少、援助期間の短縮と終結ケースの増加が報告されています。とは言え、ここでサインズ・オブ・セーフティが魔法の杖だと言おうとしている訳ではありません。児童虐待への対応には、家族と子どもたちとの仕事の複雑さや子どもたちの安全を鑑みると常に緊迫感を伴うものです。そこに更に果敢にサインズ・オブ・セーフティにチャレンジする意義は、成果が実証的に示されているからです[12]。

サインズ・オブ・セーフティ・アプローチの全体像

サインズ・オブ・セーフティ・アプローチの方法

援助の全体像を示した図の名前は、「“セーフティ・プラン”が家族のものになるまでの行程表」（図3）です。「家族のものになる（family owned）」と

11） Andrew Turnell and Terry Murphy, *Signs of Safety Briefing Paper, 4th Ed.*, Resolution Consultancy Pty, Ltd., 2017年4月
12） Ibid.

いう言葉は、仮に「これは誰が作った計画ですか？」と家族が誰かに聞かれた際、「私たちで作りました」「私たちが作りました」と、家族が誇りをもって答えているのをイメージした言葉です。援助職が考えた計画だったら、ここで家族からどういう答えが返って来るでしょうか。

図3[13]は、左側の「何を」の欄が援助の枠組みもしくは構造、真ん中の「どうやる」の欄が援助過程、右側の欄にサインズ・オブ・セーフティのいろいろな道具（ツール）が示されています。建築を例にするならば、「何を」の欄が骨組み（基礎構造）です。当然のことですが、建物を建てる時はまず柱などで構造部分を先に作り、その次に住まいあるいはオフィスという建物を成り立たせるいろいろな部分がしかるべき手順で作られていきます。真ん中の「どうやる」欄に示されたステップがサインズ・オブ・セーフティの手順です。同じ「どうやる」の欄には、援助の始まりから終わりまで一貫してそこにある援助原則が薄い字で示されています。右端は、ステップに関連して用いられる様々なツール、有効な方法が「どうやる」の欄に呼応するように示されています。これがサインズ・オブ・セーフティというソーシャルワークの方法の地図です。

全体のどこから始めるかというと、図3の左端の「何を」の欄から始めます。常に初めにサインズ・オブ・セーフティ固有の「何を」という枠組み（何を）を作った上で、サインズ・オブ・セーフティの過程（プロセス）（どうやる）を進めていくのがサインズ・オブ・セーフティの実践です。仮に援助者がサインズ・オブ・セーフティのツールを使っていないとしても、枠組みがサインズ・オブ・セーフティに基づいていればそれはサインズ・オブ・セーフティの実践です。その反対にツールの類いを使っていても、サインズ・オブ・セーフティの枠組み・構造部分がしっかりしていなければ続く援助はぐちゃぐちゃになり、それではシンプル思考が看板[14]のサインズ・オブ・セーフテ

13) Andrew Turnell、2016年1月研修（広島）資料を、近年のSofSの進化に合わせて菱川加筆。ケビン・キャンベル（Kevin Capmbell）のファミリー・ファインディング・モデル並びにスージー・エセックス（Susie Essex）のリゾリューションズ・アプローチとSofSは同じ仲間です。

14) サインズ・オブ・セーフティ・アプローチのロゴには「児童虐待対応に伴う複雑さをシンプルにする」とある。

ィ・アプローチとは言えなくなります。

サインズ・オブ・セーフティ・アプローチの所作

サインズ・オブ・セーフティ・アプローチという援助の方法を固有の枠組みとステップで援助者に示す一方で、家族がセーフティ・プランを自分たちのものにする行程をサインズ・オブ・セーフティでは「旅路（ジャーニー）」と言っています。いろいろな旅に、私たちは出会ってきました。同じ場所へ旅することがあっても、どういう旅にするかは人それぞれ違います。旅路（ジャーニー）には、ハプニングや難所、幸運（ラッキー）があるという意味です。

家族やセーフティ・ネットワークの人、子どもたちとの旅の案内役（ガイド）を担っているのが、「子どもたちが安全だとみんなが納得できるために、特に何を私たちが目にする必要があるのだろうか」という難しい問いです。この問いの答えを追求する旅では、コミュニケーションが欠かせません。

次の会話の例は、医療機関から乳幼児揺さぶられ症候群の赤ちゃん（生後4.5か月）の児童虐待通告があった模擬事例（オランダ）です。ソーシャルワーカーが家庭に初めて電話で接触した時の会話のやりとり[15]です。

母親：もしもし。

ソーシャルワーカー：もしもし、児童相談所のヴォーゲルと申しますが、シュミッドさんですか？

母親：はい

ソーシャルワーカー：おはようございます、シュミッドさん。児童相談所から連絡があることは、お聞きになっていました？

母親：はい、聞いてます。

ソーシャルワーカー：病院の小児科の先生から連絡を受けたんですが、お母さんが昨日の夜、すごく心配されて4か月半のエイミーちゃんを病院にお連れになったそうですね。今朝、お帰りになるとき、エイミーちゃんはいかがでしたか？

母親：だいぶ良くなってきました、昨日、病院に連れていった時よりも。

15) Sherry Amles, Sarah Brandt, Marieke Vogel, Joke Wiggerink, *The Power of Partnership Video and Workbook, How to use Signs of Safety in child protection casework.* Resolutions Consultancy, 2015

児童氏名 ＿＿＿＿＿ 担当者 ＿＿＿＿＿

セーフティ・プランが

何を

ハーム・ステイトメント（HS）
何が 子どもたちに起きていたのか
（ノーサイドの精神で、立場の違いからくる異なる意見も全て書く）

デンジャー・ステイトメント（DS）
何が 子どもたちに起こることを考えて相談機関は心配しているのか
セーフティ・スケール

「何を」の欄は、家族にとっての道標
「どうやる」の欄は、ゴールに向かう具体的なステップ

援助者は、家族と一緒にDSからSGを目指す旅をする。目指しているゴールにたどり着ける方向に進んでいるか、セーフティ・プランが完成する方に向かっているか、常に点検する

最悪の失敗は、HSに書いたことやもっと深刻な出来事が子どもたちに起きること

セーフティ・ゴール（SG）
何を 見る必要があるのか
ある一定の期間、何が起きているのを見せてもらう必要があるのか。
子どもがセーフティなことがわかり、（サービスではなく）ケースが終結できるために。

どうや

1. 援助者がデンジャー・ステイトメン
家族目線で考えて簡単な言葉、わか
2. 子どもたちに直接かかわる子育ての
3. セーフティが続くための外せないス
4. 相談機関としての時間的な枠組み、
カレンダー仕立てにし、内部の会議
5. 家族のために見通しを明確にする
6. 家族と一緒に、情報提供された上で
7. 子どもたち（と、他の人皆）に説明
8. （大人たちの）セーフティ・プランを
家族が、子どもたちをセーフティ
を*証明する*連続的なプロセス。定
ング）を行う。振り返りの場で
ことをチャンスとして捉えて活か
集団の力動、引き金、ストレスの高
などの重要な点を掘り下げる必要が
は全部のルールが自前（お仕着せで
9. 相談機関とセーフティ・ネットワー
面会などの頻度、時間数が増え
やり方の検証を行うが、相談機
ティ・ネットワークと一緒に進め
練習は常に本番のつもりで行う。あ
プランの詳細を家族らと一緒に練っ
10. 子どもたちに入ってきてもらう
11. “否認”という課題に対処する
12. 子どもたち中心のセーフティ・プラ

図3 セーフティ・プランが家族のものになるまでの行程表

家族のものになるまでの行程　　　　　　　　　　年　　　　月　　　　日作成

る（ステップ）　一貫して大事な過程	ツール・方法
トとセーフティ・ゴールを書く　権威 りやすい表現にする 部分で建設的なところを漏れなく挙げる テップ（ボトムライン）を明確にする 終結までの道筋を組み立てる　讃える や地域関係機関に示す ビジョン	サインズ・オブ・セーフティ・マッピング（SofSマッピング） マイ・スリー・ハウス セーフティ・ハウス 解決志向型アプローチの質問技法 ハーム・マトリクス セーフティ・サークル セーフティ・ジャーナル
納得しているネットワークを作る をする 親とセーフティ・ネットワークで作っていく でいさせられることが一定期間できること 期的なふり返り（セーフティ・ミーティ は、家族の成功を讃え、難しかった時の す まる時間帯で虐待、ネグレクトが起きやすい ある。家族がルールを全部考え出す。あるい はなく）のものだと思えていることは<u>絶対</u> クによるモニタリング　会話 る機会を利用してセーフティ・プランの 関は必ずリスクに配慮し、家族とセーフ る らゆる場面、可能性を想像し、セーフティ・ ていく	ファミリー・ファインディング（ケビン・キャンベル、2008） ネットワーク・マトリクス トラジェクトリ 秘密を解除する目的のワーズ＆ピクチャーズ セーフティ・ミーティング 家族とセーフティ・ネットワークは、失敗する機会も与えられなくてはいけない。その方が、成功を証明する過程がより確実になる。相談機関は、必ずリスクに配慮し、家族と一緒に子どもたちとの接触を調整する セーフティ・プランの練習 セーフティ・プランのリハーサル セーフティ・オブジェクト シミラー・バット・ディファレント・ロールプレイ（スージー・エセックス、2006）
共感 ン完成版を作り上げる	子どもを中心としたセーフティ・プランを表したワーズ＆ピクチャーズ

signsofsafety.net

ソーシャルワーカー：昨日、お母さんは徹夜されたんですか？

上記のやりとりは、図１に示した肯定的な感情を燃料に打ち上げ（ラウンチ）される部分に相当します。親として当たり前のことをしている人として母親と会話をしています。子どものことを心配する親（讃える）、その親の疲労への気遣い（共感）が、相手に伝達（コミュニケイト）されています。最初のこのやりとりがなければ、素早く確実に協働（パートナーシップ）になる関係に向かうことはありませんでした。最初の失敗は、後々まで高くつきます。

ワーカーと母親が電話でこの会話をしている時、電話越しにお父さんが「児童相談所が何の用だ！」と、お母さんに向かって怒鳴っているのが聞こえました。その状況を巧みに活かし、ワーカーは、「私が説明にご自宅に伺いますから」と、速やかに家庭訪問に行きました。

玄関のベルを押した時に出てきたのは、お父さんでした。「児童相談所にどうこう言われたくない」と、一人で家庭訪問したワーカーはすぐには家の中に入れてもらえず、玄関先で立ち話になりました。[16]

その時に法律を引き合いに出して援助者の正当性を説明し、相手に譲歩を求める、言わば正面から角（権威）突き合わせるような振る舞いはしていません。相手があらがえない権威を直接的に利用するだけが唯一の方法ではありません。公的な機関が家庭訪問するということはどういう気持ちになることだろうかを思い、当然の感情（例えば、自分たちのことをちゃんとわかってもらえないんじゃないかという不安や子どもを取られるんじゃないかという恐怖など）から出てくる言動を批判しません。そのような気持ちになることは、当然の

16）「Signs of Safety」と入力し、インターネット検索を行い、SofSのホームページ（https://www.signsofsafety.net）を開く。右上の「Shop」のタブをクリックし、「The Power of Partnership Video and Workbook」をクリックするとプレビュー（動画）が視聴できます。但し、字幕は英語です。

こと（ノーマライズ、ユニバーサライズの技法）、「わかります」という共感を言外に込めたうなずきや穏やかな表情、アイコンタクトなどから伝達（コミュニケイト）します。そうであっても直截（ちょくせつ）的に何かしら協力しないといけない状況から家族が逃れられない状況にあることも伝えます。「でも、今のシュミッドさんの状況では、シュミッドさんと私たちとで一緒に何かはしないといけないんですよね……」と、誠意をもって相手には援助を断る自由がないことを伝えています（権威）。[17]

このように相手の立場からすれば「そう言ってもらえたらわかったのに」と後から言われてしまうかもしれない話し方とは違う別の話し方は、どのような相談の種類、どのような始まり方の場合でも工夫していく余地があります。例えば泣き声通告に対応し、家庭訪問をする時、通告対応機関の職員が玄関まで来て呼び鈴を押したら家人は、あるいは自分だったらどういう気持ちになるだろうかを考え、虐待が起きていたかどうか事実確認の目的はありますが、それを「普段はこういう風に適切に子どもたちにかかわっていますということを聞いて帰って報告したいと思っています」と、肯定的な文脈で仮に数分でも普段の様子を家族から教えてもらった後に「（通告につながった）…の時は、普段と何が違ったんですか」と事実について話してもらう自然な展開を計画し、試すことはできます。

サインズ・オブ・セーフティ・アプローチで児童福祉の相談援助を実践するということは、相手を下に見ず（讃える）、パワーの差異（権威）を意識し、援助の終わりまでの見通しをもって今の局面のもつ意味を考え（ヴィジョン）、共感に根差した対話（会話）が基調です。サインズ・オブ・セーフティになっているかどうかは、そのような援助者の所作におのずと現れます。

17） 16）に同じ

サインズ・オブ・セーフティ・アプローチの「何を」の欄（カラム）

サインズ・オブ・セーフティ・アプローチの枠組み（Assessment Frame of Reference）

サインズ・オブ・セーフティ・アプローチの枠組みとは、図3の「何を」と書かれている欄の部分全体を指します。サインズ・オブ・セーフティの枠組みを構成している要素もしくは構造は、"ハーム・ステイトメント""デンジャー・ステイトメント""ゴール・ステイトメント""セーフティ・スケール"の4つから成っています。どのような状況の家族や子どもたちとの相談事例であろうと、必ずまず暫定的にであってでも援助の骨組みをしっかりさせることからサインズ・オブ・セーフティは始めます。

「暫定的にであっても」ということは、特定の家庭、子どもたちに係る情報が入ってきたその瞬間から、頭の中ではこれらの枠組みでもって情報を再構成しているということです。情報が少ないからサインズ・オブ・セーフティの枠組みはまだ出番ではないという話にはなりません。フェイス・シートやインテイク・シートの項目の聞き取りをし終わってから枠組みを考える順番ではありません。その反対に初期調査や社会調査という情報を収集するための面接の前に、サインズ・オブ・セーフティの枠組みで予備的なアセスメントを行います。そうすることで何を明らかにする目的で誰と接触しているのか、どのような情報を収集するのかといった援助者の次のアクションがよりシャープになるため、既存の業務とサインズ・オブ・セーフティの仕事とで倍時間がかかるようなことにはなりません。

では、順序だって始めるサインズ・オブ・セーフティの枠組みとは何か。相談援助において最初に構造を持たせるとはどういうことかを説明します。

ハーム・ステイトメント（Harm Statement, HS）

◉ハーム・ステイトメントとは何か

「ハーム（harm）」とは、「危害」を意味する言葉です。「子どもたちにどういう危害が加えられたのか」という問いに対する答えです。援助者は、子どもに向かった危うい行動、行為（Behavior）は何だったのかを表した言葉で文章を書きます。ステイトメントとは、文章にすることを指しています。

繰り返しになりますが、子どもたちに起きる「危害」とは、子どもたちの身に降り掛かってくる他者からの危うい行為です。そのような行為とは、例えば、叩く、蹴る、どつく、家から追い出す、一室に閉じ込める、罵る、無視する、「死ね」と言う、「食べるな」と言う、プライベイト・パーツを手で触る等のように行為を述べる言葉で叙述されます。

行為を明らかにした上で、その危害がどのように深刻なものだったか、その頻度、そのために既に表れている影響（があれば）を文章にします。

HS（ハーム・ステイトメント）の中には、子どもたちや家庭に見出される危害の背景となる問題や課題は書きません。どうしてかというと子どもたちに「既に起きた危害（past harm）」こそが、当然のことですが、二度と起きてはいけないことだからです。二度と起きてはいけないことが何かという焦点のなかに危害以外の情報を入れないことにより、議論がシンプルで的を射たものになります。

「これで子どもたちは安全なのか」「家庭に帰せるのか」「保護しないでいいのか？」等の問いは、「これで子どもたちに起きた危害は、二度と起きないのか？」という一点に集約されます。また援助の過程で再発防止計画やその案が話し合われる時も、その都度、HSに目をやり、「これは子どもたちに既に起きた危害を二度と起こさないことにつながっているか」「二度と起きないことを確実に担保しているか」と家族や子どもたち、他の専門職に問います。

「危害」から焦点を外させる他の情報を削ぎ落とし、シンプルにしておくことにより決定的に大事なことを外さない思考、即ちクリティカル・シンキングを可能にさせてくれます。

◉ハーム・ステイトメントの作り方

児童虐待の通告や連絡、相談の話の中身には、「既に起きた危害」と「危害以外の解決を難しくさせている様々な要因」の両方が見出されると思います。まずは危害、すなわち子どもたちに向かった他者からの危うい行為が何かに耳をそばだて、どういう危うい行為が子どもたちに向かったのかの具体的な情報を箇条書きにします。次にその行為にまつわる「深刻さ」「頻度」「影響」に関する情報を整理して記します。HSは、既に起きたことに「身体的虐待」や「心理的虐待」のような虐待の種類の特定、あるいは誰がどういう動機で何をしたのかという被害事実の解明とは違います。

先述の乳幼児揺さぶられ症候群の事例[18]における危害（ハーム）にまつわる情報（1分の動画から）とは何かと言うと、

▶ベビー・ベッドで泣いていたエイミー（生後4.5か月）を母が強く揺さぶりました。

▶エイミーは、一時的に意識がありませんでした。眼底に出血が認められました（病院から）[19]。

エイミーと兄のマックス（9歳）に起きていたまた別のことも同様に子どもに向かった行為とその深刻さを示した情報として次のように記すことができます。

▶お父さんが学校に迎えに来なかったためにマックスが大泣きしたことを、父が帰宅するなり母は激しく非難しました。その声が自室にいるマックスに聞こえていました。エイミーは、ベビーベッドでお母さんの激しい声や口調を聞いていました。

▶夜、エイミーが泣いている声がしている時に、居間のテレビの音が大きいことも自室にいたマックスには伝わっていました。マックスは、枕を耳に当てました[20]。

18）「Signs of Safety」と入力し、インターネット検索を行い、SofSのホームページ（https://www.signsofsafety.net）を開く。右上の「Shop」のタブをクリックし、「The Power of Partnership Video and Workbook」をクリックするとプレビュー（動画）を視聴できます。プレビューは、YouTubeからも簡単に視聴できます。

19）同上

20）同上

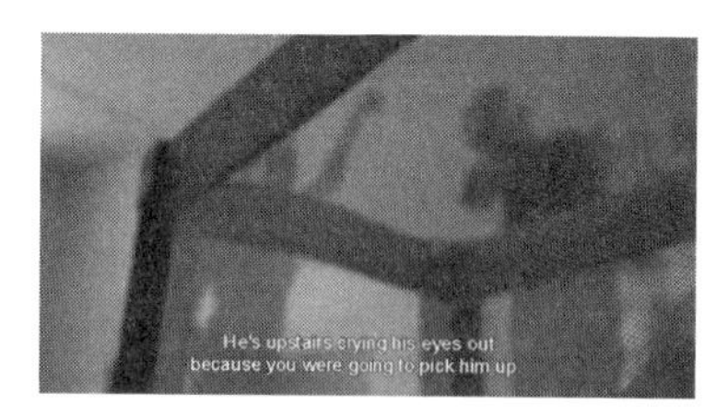

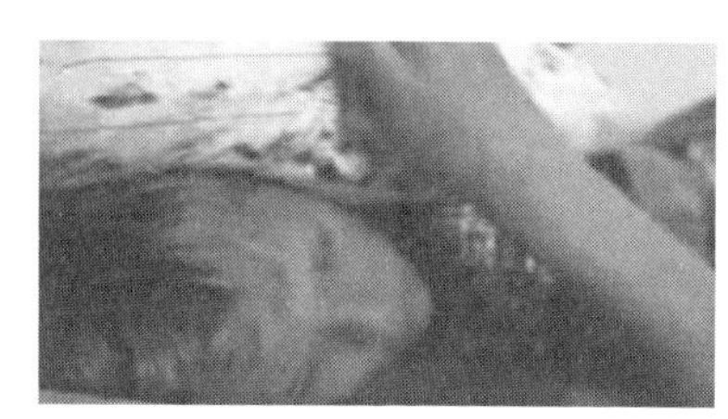

では何が子どもに起きていたのかという危害（ハーム）となった行為そのものについて詳細がわかっていない場合、あるいは家族と専門職の間で子どもに起きたことの説明や見解が異なる時、もしくは子どもの供述があいまいな場合や特定妊婦のように予防的にかかわっている状況ではどうするのか。

わからないことやあいまいなことが多い状況においては、危害（ハーム）についてはこういう情報が援助者の耳に届いていますという事実をオープンに記すことで十分です。最初から被害事実をどう認定したかの結論を書かないといけないと言っているのではありません。子どもに起きた危害が何かについて家族の見解と専門家の持っている情報や推測に隔（へだ）たりがあったとしたら、その場合は両方を併記します。

HSについて「どのような**行為**が子どもたちに向かったのか」だけに照準を合わせ、いざ文章（ステイトメント）を書き始めた時に生じる「わからない」という感覚は大切です。なぜなら「何がまだわかってないんだろう」という高度な認知こそが、「じゃ、どうしたら？」と次に続くべき自分のアクションが何かを考えるよう仕向けてくれるからです。次に何を明らかにするために誰と接触する必要があるか、接触してどのような質問で話を聞くのかということを考える（次のステップの計画）ようにしてくれます。

援助者は、サインズ・オブ・セーフティの枠組みが求めてくる問いに対する答えを模索します。サインズ・オブ・セーフティは、答えを教えてくれるものではありません。サインズ・オブ・セーフティは問答する形で、実践家のガイドになります。援助構造を組み立てるところから始める枠組み思考（meta（メタ）思考）で、どのような状況でも自ら考え、前に進むことができるようになる方法です。

デンジャー・ステイトメント（Danger Statement, DS）

◉デンジャー・ステイトメントとは何か

「デンジャー（danger）」とは、「未来の危害（ハーム）」（future harm）という意味です。どのような危害（ハーム）が子どもたちにこれから先、起きるかを考えて文章（ステイトメント）にします。

DSとは、「今後、今の状況が何も変わらない場合、子どもに起きてくる危害（ハーム）は何か」という問いに対する答えです。ハーム・ステイトメント（既に起きた過去の危害（ハーム））の未来版がDSです。いずれにせよ危害（ハーム）の話なのでDSは、家庭における様々な問題がどのように起きるかを記すのとは違います。他者からのどういう行為が子どもたちに降りかかってくるのかの叙述が中心です。「過去の危害（ハーム）」が既に起きた事実に関する情報整理に対し、DSは「未来の危害（ハーム）」をどのように考えたかという援助者の判断です。

DSは、サインズ・オブ・セーフティのアセスメントです。「これはどういうケースですか？」と聞かれた時、DSに示した子どもへの未来の危害（フューチャー・ハーム）に対する援助者の判断内容が答えです。「今の状況が変わらないとすれば、これこれしかじかのことが子どもに起きることが予測される事案と考えています」のように情報の総括・判断結果を述べることになります。起きてしまう危険なことを個別的に根拠に基づいた想像を基に予測を考えます。DSは、このケースが虐待かそうでないのかの判断を話しているのではありません。

アセスメントとして子どもたちにこれからこういうことが起きると考えられますと言うのと、例えばネグレクト事案において「養育能力が低い」のように家族の問題（欠損）を言うのとでは続く援助過程において何が違ってくるでしょう。「養育能力が低い」のは、そう簡単に変わりません。となると、子どもを一時保護していた場合は、「すぐには家に帰せない」という結論になります。

性虐待事案において「収入が低く、狭い家に家族が一緒に寝ている」「知的能力が境界線レベル」と、問題の要因を言ってしまえば、やはり収入はそう簡単には増えない上、人々の家や持ち物、見慣れた景観はその人たちのアイデンティティの一部でもありますから、そう簡単に引っ越すことも実現しません。知的な能力が急に変化する訳でもありません。結果、この場合も「家に帰せない」という結論に至り、集団生活による社会的養護の下で長期に過ごす子どもたちが増加する一方になります。

代わりに「何も変わらなければ、子どもにとってどういうこと（危害（ハーム））が起きますか？」と、サインズ・オブ・セーフティのアセスメントの枠組み（DS）で考えた場合、結論に続き、「じゃ、そうならないためにどうする？」と、前向きに対応を考えることができます。希望と新たな可能性が、そこに生まれます。

アセスメントとしてサインズ・オブ・セーフティのDSを伝えるのと、例えば、「それは虐待です」と相手に言うのとでは何が違ってくるでしょうか。仮にクライエント・ワーカー間で意見に不一致があったとしても、その後に続く議論がどう生産的になるかどうかが違います。

情報が少ない時から暫定的なDSを書いているので、子どもにどういう危害（ハーム）が起きるかという予測は大なり小なり悪い方向に偏りがちです。例えば「お母さんが持ち出した包丁を子どもたちの目の前で『お母さんは死ぬ』と脅（おど）したり、『お前が死ね』と近くにある物を子どもに投げつける」というDSを家族に伝えたら、「そんなことはしません」、「そんなことはだめだとわかっています」と返ってくるかもしれません。そういう時はここで対立するのではなく、「どんなところからそこまではしない、と言うのがわかっていらっしゃるんですか」「誰ならお母さんはそういうことをする人じゃないと言ってくれますか？　その人は、お母さんのどんなことを知っていらっしゃるからそうおっしゃるのですか？」「今まで包丁を持ち出したくなるぐらいの気持ちになったにもかかわらずそうしなかった時は、どうやってそうできたんですか」と、相手のことをもっと知る機会として活かしていきます。

あるいは家族に援助者が間違っていることを証明（デモストレイト）（demonstrate）してもらうことを促すことができます。ケンカを売っているのではありません。援助者が間違っているかもしれないことを納得させるだけの何かを、今度は家族の方が示す展開を作っています。

DSは、仮の暫定的なものでも家族との初回面接の時からオープンにすることで話が前に進みます。結論的なDSが書けるまで引き出しの中に隠しておくようなものではありません。

◉デンジャー・ステイトメントのつくり方

DSはいつ書くものですかと聞かれたら、その家族と子どもたちの担当になった時から、あるいは自分が担当する事案でないとしても周りから相談されたり、会議などで議題に上った事案は、兎（と）にも角（かく）にもHS、DS（続けてSGとセーフティ・スケールまで）をすぐに机に向かって文章にし、この枠組みから事例の姿を浮かび上がらせるようにします。

DSは、例えて言えば天気予報です。気象予報士は、天気図という視覚化されたツールを用い、どのようなことがいつ起きるかという判断結果を視聴者にわかりやすく説明しています。但し、天気予報と違い、サインズ・オブ・セーフティの場合、情報（データ）が全て揃（そろ）っていないとDSが書けないのではありません。寧ろ、微に入り細をうがち調べることに嵌（はま）り、枠組み（HS、DS、SG、セーフティ・スケールの4点セット）を用いてシンプルに捉えることを後に回してしまったら本末転倒です。

DSの中心的な判断内容、即ち、どういう危害（ハーム）が子どもたちに起きると予測するかは、虐待が続いてしまうパターンがどうなっているのか（パターン認識）を考えるところから始めます。その上で、①既に起きていた危害（ハーム）と同じようなことが同じように続くと予測されるか、②もっと危害（ハーム）は深刻化していくことが（つまり、パターンを止めるものがないのであれば、一般的に虐待は増悪するので）考えられるとするのか、その反対に、③次第に少なく、軽微になっていくと考えられるのか、④この時点で既に起きた危害（ハーム）と同じような危害（ハーム）は、今後二度と子どもたちに起きないと考えられるのかを判断します。

判断がつくようならば、深刻さ、頻度、影響についても記します。

エイミー（4.5か月）とマックス（9歳）の場合、

▶今の状況が変わらないとしたら、親子間や夫婦間のコミュニケーションのトラブルからお母さんのイライラを募らせるようなことが一日の中でも二度、三度と重ねて起きてくると考えられました。これは早々変わらないと思われたので、エイミーとマックスはお母さんが激しくお父さんをなじる声を聞いて、その度に怖い思いをしたり、辛い気持ちになったり、悲しくなったりして、気持ちが塞（ふさ）ぎます。マックス君は、今までのように好きなことに打ち込む元気がなくなって、部活や習い事に響いたり、学校の成績が悪くなるところで影響が出るかもしれません。

▶その反対にイライラが募った時にコミュニケーションが断絶し、そういう時にお父さんがお酒を飲んでいて動かないので、赤ちゃんのお世話をするのはお母さんになり、お母さんがエイミーに眼底出血を起こさせた時のような強い力でかかわることが恐らくまた起きると思われます。場合によっては、強い力が脳にダメージを与え、視力や運動、知能面で障害が残ったり、骨折のような大きなケガをしたり、最悪、エイミーが死んでしまうことが起きると考えています。

と、書くことができます。詳しい情報収集がまだこれからという段階においても、観察からパターンを見出したり、生活全般の想像をしたり、子どもの虐待死亡事例の中で死亡した子どもの年齢は0歳が最も多いという実態調査[21]の結果を踏まえてDSを書くことができます。

DSは、どうして相談機関がかかわるのかを家族に説明する役割も果たします。大人だけでなく、子どもたちにもなぜ援助者が家庭訪問をしているのか、あるいは子どもたちが通所するのかを曖昧（あいまい）にせず、みんなで共有できるよう、DSは平易な言葉を選んで書くようにします。専門用語は使わないよ

21）「子ども虐待による死亡事例等の検証結果などについて」社会保障審議会児童部会児童虐待等要保護事例の検証に関する専門委員会 第12次報告、平成28年9月

うにします。

実際に家族やセーフティ・ネットワークの人たちに援助者の判断（DS）を伝える時は、初めに家族の思いや子どもたちの希望について援助者が既に聞いて知っていること、そしてそれらを援助者も肯定していることが伝わる話をします。続けて家庭や子どもたちのストレングス（夢や才能、特技・上手なこと、好きなこと等）についても援助者は既に聞いて知っていることを述べ、だから DS に示したようなことが現実になってしまうことは大変残念だと伝えます。子どもたちのことを大事に思っている点では家族と援助者は同じだと言う文脈（コンテキスト）のなかで DS を伝達（コミュニケイト）します。

そもそも「誰が」子どもを虐待したのか、「なぜ」虐待したのかと、加害者を特定し、その人物の内面にどのような原因があるかを考えないでいいのかという議論もあるかと思います。一人の人間の何がそうさせたのかと考える考え方を、因果還元論と言います。認識論から言うなら、SofS はシステム思考です。この両者はなかなか相容れません。精神疾患という診断は医師の視点の話で、かつて LGBT が精神疾患だったように（1970 年代）何がいつも正しいと言い切れるものではありません。PTSD ですら、1980 年代までは甘えだとか認められていない訳ですから。断定しない言い方を選びます。

例えば仮に子どもに危害（ハーム）を与えた家族が精神科的な病気にかかっているということがある時、その人物の病気や障害（欠損）が原因になっているからその人を治療につなげる、あるいは障害者福祉サービスや心理教育などのプログラムを適用するというのは、前者です。これは専門家が悪いと診断したところを手当てする医療に倣（なら）った相談援助です。

サインズ・オブ・セーフティでは子どもへの危害（ハーム）が続くという状況は、それが続くことを可能とする反応の連鎖があると理解します。精神科的な病気にかかっている人みんなが子どもを虐待する訳ではないのですから、仮に子どもに危害（ハーム）を与えた家族が能力に欠けたところがあったとしても、そこは脇に置き、その家族と周りの人や状況（環境）のなかでどのような連鎖があったから危害（ハーム）につながり、しかもそれが定型化し、繰り返される仕組み（メカニズム）にまでなってしまったのだろうと考えます。原因を一つ（一人）に還元しない考え方をする以上、DS を書くときに気をつけなくてはいけないのは、「養育者にどのような人格や障害があって……」のように個人の問題の分析や解釈をしないという点です。

同じ意味では、今後も起きる危害（ハーム）が子どもたちに何をもたらすか、どのような影響を引き起こすかという深刻さ、頻度、影響を文章にする際も、子どもたちに起きるだろうとされる心理面へのありとあらゆる影響（対人関係上のトラブルや自尊心の低下など）を書き出すことに一生懸命になり過ぎないように注意してください。DS は、子どもたちに起きると考えられる問題のリストとは違います。子どもたちはあくまで困らされている立場です。論点が「子どもたちの問題」にすり替わってしまわないように気をつけます。

では、子どもへの危害（ハーム）が初めての大きな外傷だった場合のように虐待が続いてしまうパターンがはっきりしない時はどうでしょうか。その場合、“サインズ・オブ・セーフティ・マッピング”等の情報収集と整理を行った結果、既に起きた危害（ハーム）がまた早々（そうそう）起きるとは考えづらいという判断もあると思います。また起きたことの深刻さ（例えば急性硬膜下血腫が認められた）からして「何が起きていたかが誰もわからないという今の状況では、また同じようなことがいつ起きても不思議ではないと考えます。子どもに今回と同じような力が加わり、大変なケガがまた引き起こされ、子どもには大変な苦しさや痛みを味わわせてしまうことになると考えます」という判断に至ることもあります。

また例えば「特定妊婦」とされた女性の場合のように、これから生まれてくる子どもへはこれまでに危害（ハーム）が及んだヒストリーがない場合や相談機関に受理された記録がない家庭であっても、暫定的な DS というアセスメントは書くことができます。エイミーの DS を考えた時と同じように、児童虐待や非行、DV 被害の実態調査、あるいはアルコール依存症や暴力のサイクル等の知識を活用し、何が子どもたちに及ぶことが予測されるかを具体的に考えることはできるからです。私たちが家族や子どもたちの状況をどう見ているか、具体的なところを言語化するところからアセスメントについての対話が家族と始められます。

セーフティ・ゴール（Safety Goal, SG）

◉セーフティ・ゴールとは何か

セーフティ・ゴールとは、「何の周りにセーフティが築かれているのが見たいのか」という援助者のビジョンを文章にしたものです。

超多忙かつプレッシャーのかかる現場にいると、どうしても「次にどうするか」しか考えられないということも起きます。しかし、ここでマラソンを例にし、スタート地点に立ち、42.195キロを走ることはわかっていながらもゴールがどこかわからないとしたら？　その場合、スタートの合図が鳴っても誰も走り出せません。どっちの方向を向いて走っていいかわからないからです。SGは、目指す場所がどこか、進むべき方向を示した道しるべです。

サインズ・オブ・セーフティは、相談現場が終結する事案が少ない一方で、受理・開始される児童虐待相談の件数はどんどん増え、加重になっている状況にあって、「何があったら児童虐待事案は終結なのか」を考えてきました。自分が担当になったその時からHS、DSを綴り、併せて何をもって終結とするかまでを文章化（ステイトメント）することにより、早い段階でクライエントもワーカーも終結する可能性を感じることができます。仮説でも良いので援助の枠組みを持つことにより、確実で早い実践が生まれてきます。

エイミー（生後4.5か月）とマックス（9歳）の家庭の場合の暫定的なSGは、

- ▶お父さんの態度や行動が引き金になって主に子どもたちの面倒を見ているお母さんのフラストレーションが高まった時でも、エイミーが泣いた時や子どもたちが遊んでほしい時や学校の宿題を手伝ってほしい時には、シラフの大人がいつも直接かかわり、穏やかに子どもたちのニーズに対応しているのを6か月間確実にできているのを示してもらうことで、その生活スタイルが定着したと思えるので相談機関は自信を持ってかかわりを終結することができます。
- ▶また子どもたちがお家で過ごしている時は、お父さんとお母さんの衝突は家の中では回避され、子どもたちがお父さんとお母さんは仲がいい、いつも優しくて遊んでくれると思えているようになっているところが見たいです。

SGは、何の周りにセーフティが築かれているのを見たいのかを叙述しているだけです。終結までに家族がやるべきこと全部をリスト化したものではありません。つまり、進むべき方向性、枠組みを示しますが、コンテンツ（中身）は、家族の仕事の分担範囲としています。こうすることで押しつけにならず、その家族ならではの解決が出てきます。

子どもたちが一時的に家庭から分離されている場合、どのぐらい速やかに家庭に帰ることができるかどうかは、家族のセーフティを構築する仕事の内容にかかってくる訳です。家族の仕事の進捗状況や“セーフティ・プラン”の確からしさは、HSと照らし合わせたり、“セーフティ・スケール”を用いて一緒に確認します。

サインズ・オブ・セーフティでは、SGを「親子関係の改善」のようには設定しません。親子関係が改善したら子どもへの虐待は起きないのではないかと児童虐待問題を捉えるのは、因果還元論的な考え方です。理論的な整合性からの理由もありますが、「関係」というのはそもそも変わりやすい性質のものです。専門家が観察している場面で親子関係が改善していると評価された場合、サインズ・オブ・セーフティではそれが普段の暮らしの中でどのように子どもを守る時に有効だったのかというセーフティに照準を合わせます。セーフティを証明することを家族の仕事とするSGを設定します。このようなサインズ・オブ・セーフティの援助の過程を通し、家族は大きく変わります。が、特定の個人に変化を起こすことがサインズ・オブ・セーフティで言うところの解決ではありません。

◉セーフティ・ゴールのつくり方

DSとSGは、対（つい）概念ですから、DSを書いてから、次に何の周りにセーフティが構築されているのを見たいのかと、自問します。HSが二度と起きないことが確実なゴールにたどり着くということは、何が段々と良くなっていくのを見たいのかと考えるところから始めます。

この時、図2「サインズ・オブ・セーフティ・アプローチの問題解決のイメージ」を思い出します。サインズ・オブ・セーフティでは特定の人物を問題とし、その人の認知や行動の変容をゴールにはしません。子どもに危害（ハーム）が及ぶ連鎖のどこかのタイミングで今までと違う工夫を人海戦術でもって実行するサインズ・オブ・セーフティの解決イメージが、SGを通して家族らに伝達される必要があります。なぜなら、家族はSGを聞くことで何をする必要があるかを考え始めることになるからです。

SGは、①子どもたちへの危害（ハーム）が起きる文脈（コンテキスト）あるいはパターンがある時、子どもたちに危害（ハーム）が及ぶ手前のどこかのところで、②危害（ハーム）を免れる“セーフティ・プラン”があり、③“セーフティ・プラン”が確実に作動することがどのぐらいの期間、家族とセーフティ・ネットワークの人たちで証明されれば、終結後も安定的に稼働することに自信を持てるのでかかわりを終結しますというアウトラインで書かれています。

①は、既にパターンが出来上がってしまい、容易なことでは変わらない仕組み（システム）の中にいる人として非審判的な文章を綴（つづ）ります。②では、「叩かない」、「怒鳴らない」などの「～してない」という言葉で終わる文章にならないように気をつけます。ゴールには「問題の不在」ではなく、「代わりに起きていることが何か」を叙述します。③によって新しい生活の仕方（“セーフティ・プラン”）が家族のものとして定着したことが示される必要を明示します。特定の個人に対する心理教育や技能獲得のための研修（プログラム）は、SGには入りません。

SGもまたDSと同じように、援助者が書いて決めていますが、具体的で子どもたちでもわかる表現で文章を書き、その内容に家族からの疑義があった場合は、DSの時と同じようにこれを更に深く相手を知る素晴らしい機会を得たと思って質問を重ねます（対話）。

セーフティ・スケール（Safety Scale）

◉セーフティ・スケールとは何か

セーフティ・スケールには、2種類あります。1つは後述する図4のSofSマッピングのテンプレートにある子どもたちの安全度を数字にして検討できる尺度です。それとは別に個々の事案のDSという出発点（スタート）、SGに示された終結像の間の今どこにいるかを10から0の定規（スケール）で測るものです。安全度の確認とモニタリングのための簡単（シンプル）なツールです。

子どもへの危害や子どもの育つ環境問題の内容や種類につける記号や番号

でもってどういうケースかを決めるのとは違い、このまま何も変わらない状況に子どもを帰すと深刻な危害に遭ってしまうと考える0なのか、それとも相談機関が何もアクションを起こさなくとも既に起きた危害や疑われている危害がまた起きることはないぐらいに安全と思えている10なのかでもって直近の子どもの安全を数字にした判断をします。

SofSマッピング・テンプレート（51ページ図4）の中にある文言とは少し異なりますが、「10が子どもに起きると考えたこと（DSの内容を指す）は、これから先は二度と起きないと判断できるので自信を持って相談を終結できる。0が、子どもに起きたこと（HSの内容）が、更にもっと深刻なことも含め、また起きると考えられるとして10から0のいくつ？」も、子どもの安全について10から0の“スケーリング・クェスチョン”を用いたセーフティ・スケールです。

セーフティ・スケールは、専門家が具体的に状況を判断する上で使うばかりでなく、家族やセーフティ・ネットワーク、子どもたちにも聞くことができる質問です。数字で答えてもらうことを相手に求めていますが、わかりやすい質問文に工夫することもできるので、子どもたちや家族の主観的な危機感を具体的に話してもらえます。

子どもに起きた危害についてどのようにして起きたかという見解について家族と相談機関の間で著しい相違がある状況の場合、「10から0で0はお父さんもお母さんも子どもたちも自分たちのお家の中で悪いことは何も起きていないと思っている。どうして児童相談所がお家にかかわるのかわからない。10は、子どもたち、お父さん、お母さん、セーフティ・ネットワークのみんながこの新しいルール（セーフティ・プラン）を気に入っていて、このルールは後5年は守られることが確実だと思える（セーフティ・ゴール）」というセーフティ・スケールを作ることもできます。

モニタリングのためのセーフティ・スケールは、同じようにスケーリング・クェスチョンの型を用いて援助の開始から終結までの間ことあるごと、“セーフティ・ミーティング”や家族や子どもたちとの面接、あるいは個別支援会議やスーパービジョンの都度、進捗状況を確認するツールです。

SGを明確にした後、実際のところ何が良くなっていくのを頻回に確認することで間違いない航路を進んでいるのか、それを教えてくれます。セーフティ・プランニングの段階でいろいろな案が出てきた時、セーフティ・スケール上でどのように変化を生むことができるかを論点に熟議することが可能になります。セーフティ・スケールが測定すべき内容をきちんと掬い取っていることによって、旅人のコンパスの役割を果たしてくれます。

◉セーフティ・スケールのつくり方

セーフティ・スケールは、スケーリング・クェスチョンです。10と0とそれぞれが何かを定義し、その定規の上で今はどこにいるかを聞く質問の形を使います。

エイミーの場合、「10から0で、10がこのままエイミーがお家に帰ったとしても意識を失ったり、眼底に出血したりすることは二度と起きないということに自信があるので相談は終結にします。0が、今の状況ではまたエイミーが意識を失ったり、眼底出血、あるいはもっと深刻な損傷を脳に負ったり、骨折等の大きなケガをして最悪死んでしまうかもしれないと思うとした時、今でいくつ？」というのが、リスク・アセスメントのためのセーフティ・スケールです。

モニタリングのためのセーフティ・スケールは、SGに到達する旅路のコンパスとして使い勝手がいいようにそれぞれの事例の個別性を鑑み、具体的な話として文章を推敲します。

- ▶10が、今までよりもたくさんの人たちとお父さん、お母さんが協力体制を作ったので、エイミーは、朝早くでも夜遅くでも必ずしらふの大人、気持ちに余裕のある大人が対応することになっています。0がお父さん、お母さんはがんばっているけど、今の状況と変わったところがまだ見られないのでエイミーが病院に行かないといけないぐらい深刻なことがまた起きてしまいます。10から0で今いくつですか？
- ▶10が、やはりいろいろな人の力を借りてお父さんとお母さんの衝突がお家の中で引き起こされるのを回避することもうまくいっているので、エイミーもマックスも一緒にいる時のお父さん、お母さんが笑顔で一緒に遊んでくれることを期待できます。0が今と状況が変わらないので、マックスとエイミーはお父さん、お母さんの機嫌がよくて一緒に遊んでくれるかどうか、優しくしてくれるかどうかわからないとして、今、いくつですか？

援助者の耳に入ってくる情報は、サインズ・オブ・セーフティの枠組み（HS、DS、SG、セーフティ・スケール）ですぐに再構成し、サインズ・オブ・セーフティでは家族や子どもたちの状況がどういう事だとして理解したかを明らかにします。サインズ・オブ・セーフティの実践のためにこの枠組みから考えるのだという理路を自分の習い性（せい）にすること、具体的でわかりやすいHS、DS、SG、セーフティ・スケールを個別的に書くことができるようになることを目指してください。

サインズ・オブ・セーフティ・アプローチの「どうやる」の欄（カラム）

DSの方が、そもそも相談機関がかかわる理由（危害（ハーム）が起きると判断）を明確にした出発点ならば、SGは出発地点からどこに向かっていくかを示すものでした。SGまでどうやって向かうかが「どうやる（ステップ）」の欄（カラム）です。

「どうやる（ステップ）」のなかで肝心なことは、三つです。秘密の解除とソーシャル・ネットワークの動員。そして家族が自分たちがセーフティ・プランを作ったと思えるようになっている過程にすることです。これが虐待の再発防止につながります。サインズ・オブ・セーフティを試みた結果の虐待の再発や再通告は、この三つの点において不十分な時です。家庭で起きていることを知っている人の数が、援助の開始前と後とで変わっていない。家庭にかかわるソーシャルネットワークの人の人数が変わっていない。プランの中身が専門家によってもたらされている。これでは、サインズ・オブ・セーフティが再発防止に効果を発揮できません。

児童虐待は、家庭の中の秘密あるいは加害者と被害児童との間の秘密になっているために続いてしまいます。どうして子どもたちは困っていることを早くに言えないのか。困っていたならもっと早くに言うはずというのは、大人と子どもというパワーの差異や子どもの発達から考えると無理な話です。子どもたちは大人のように世の中のことを知らないあるいは物事を捉えられません。子どもたちなりに起きている出来事に辻褄を合わせようとすると自分が悪いからこうなっていると思い込む、あるいは自分さえ何も言いださなければ今の生活が壊れないからみんなのためと責任を感じています。加害者が巧みに操作（例えば好きなものを買うなどの褒美で代償を払う、子どもが嘘をついていると印象づける）、あるいは直接的に脅し、口外させないようにしていることもあります。打ち明けたら相手からどう思われるだろう、恥ずかしいという気持ちが障壁となってなかなか話せないということもあります。

秘密を解除するとは、きょうだい児を含めた子どもたち、家族、セーフティ・ネットワークの人と何が起きていたかを共有する、子どもたちの誤認を修正することを指します。その一つの方法が、"ワーズ・アンド・ピクチャーズ"です。

ソーシャル・ネットワークの動員については、セーフティの定義に関連して説明した通りです。どういう危害に子どもたちが二度と晒されないようにするために適宜誰がどう動くかという解決のイメージ（図2）を個々の事案において実現させていきます。「セーフティ・ネットワークのないところにセーフティはない（No Safety Network, No Safety）」と覚えてください。

そして家族とセーフティ・ネットワークとでセーフティ・プランの計画、実行、評価し、それによって子どもたちもセーフティ・ネットワークも相談機関や地域社会の関係機関もみんながこれなら子どもに既に起きた危害が二度と起きないことに納得するまでのプロセスを進んでいくようになっていることを目指します。

「でも、この家族は無理」「この家族には他に支援者がいない」と思っている場合はどうするかという疑問について。このように結論付けたくなる事実があるのかもしれませんが、事態をそう言ってしまえばそれまでです。できないことにクローズアップすれば、そこから先の援助は変わらない家族をどうしたらいいか、家族が変わらない時に子どもたちの今後をどうしたらいいかという困難な道のりを行くことになります。

サインズ・オブ・セーフティでは、家族やセーフティ・ネットワークの人、子どもたちとの話し方を変えました。サインズ・オブ・セーフティは、"解決志向型アプローチ"や"アプリシアティブ・インクァイアリー（Appreciative

Inquiry）”の考え方を取り入れているため、援助者が行き詰まった時は、質問を変えればいいのだと考え、今までとは違う別の質問を作ることで難局を打開していきます。よってサインズ・オブ・セーフティのスーパービジョンでも質問が中心です。ツールの欄にある“ハーム・マトリクス”や“ネットワーク・マトリクス”は、「どうしたらいいんだろう」と悩んだ時に質問を考えられるように援助者の助けとして使います。

ツールの中には、家族や子どもたちと一緒の場面で用いるものもたくさんあります。が、ツールはあくまで手段であり、ツールを使うことそれ自体は目的ではありません。ところがわかっていても手段と目的の逆転、手段の目的化は、現実には簡単に起きます。「HS、DS、SG、セーフティ・スケール」というサインズ・オブ・セーフティの全体枠組み（もしくは地図）のどこまで来ていて、どのステップ、次のどのような面接もしくはセーフティ・ミーティングの何のためという目的が明確にあってこそ妥当なツールの使い方です。「取りあえずやってみよう」「できるところから試しに」と、援助の質の向上のために今までと違うことを取り入れてやろうとすることには賛成ですが、ツールを使っているだけではすぐにうまくいかない感じ、行き詰まりを感じることになります。そこでサインズ・オブ・セーフティは使えないなんて言わないで下さい。

サインズ・オブ・セーフティは、HS、DS、SGとセーフティ・スケールという構成要素からそれぞれの事例に沿った枠組みを（暫定的にでもまず）作り、常にその枠組み（地図）を参照しつつ、虐待という秘密が続く機序を解除し、ソーシャルネットワークを動員し、同じ機序が続くことを難しくさせる文脈をつくった上でセーフティ・プランニングの段階に進む相談援助（ソーシャルワーク）の方法です。タネルは、DSをスタート地点とし、SGにたどりつくまでの援助の過程について次のように述べています[22]。

私たちは、児童虐待の全てのケースにおいて子どもの安全に対して厳

22) Andrew Turnell, “Safety Planning: what’s enough and how do we know”, 2016年1月広島研修資料。続きには、「実践、ガイドライン、手続き、組織もこれを可能にするように作られています」とあり、SofSの実践には組織のあらゆるレベルでの支持が獲得される必要に触れています。

> 格な目をもって虐待予防の仕事をしていきます。親、子どもたち、子どもたちの普段の生活の中に当たり前にいる人たちが、アセスメントの時や何かが決まるという際にはその中心にあり、私たちの方から何かを提示、指示するよりも前にその人たちが自分たちで考える機会、考えたことを試す機会をもてるようにするため、私たちは人知の及ぶ限りあらゆる手立てを尽くします。（後略、下線原著）

DS から SG にたどり着くためにここからどうするか：ステップとツール

「どうやる」の欄のステップは、前後の段階と密接に関連しています。図3は、あたかも一段ずつ段階をクリアしていくように見えてしまいますが、実際には数段階前から先の段階まで見越して同時多層的に援助者は考え、動いています。12 もステップを踏まないといけないというのは、誤解です。

援助者は、最初からサインズ・オブ・セーフティ・アプローチの全行程（図3）の見通しを持ち、まずできるだけ早く「5. 家族のために見通しを明確にする」ところまでたどり着くようにします。最初からサインズ・オブ・セーフティ・アプローチの解決像（図2）を念頭に、1回の面接で SofS マッピングの方法と解決志向型アプローチの質問技法を活用して危害（HS）、アセスメント（DS）、ゴールの設定（SG）、何をもってセーフティを測るか（セーフティ・スケール）という枠組みを明確にすることを目指したいところです。

またこの枠組みを明確にすることと秘密の解除、セーフティ・ネットワークの動員についても段階的に分けてやらないとできないという訳ではありません。通告から 24 時間以内に SofS マッピングの方法で行われるファミリー・カンファレンシング（Rapid Response Conferencing）、通告から 48 時間以内に「7. 子どもたちに説明する」ためのワーズ＆ピクチャーズ（Words & Pictures, W&P）を作成することを組織目標にするなど、確実に速やかに終結までやり通す援助の取り組み（Spry）を極める実践があります。

1．援助者がデンジャー・ステイトメントとセーフティ・ゴールを書く

サインズ・オブ・セーフティのはじめの一歩は、情報を SofS の枠組み（HS、DS、SG、セーフティ・スケール）で再構成するところからです。情報の

多寡にかかわらず、家族と子どもたちの話が耳に入ってきたらすぐに手を動かし、SofS マッピングをします。

サインズ・オブ・セーフティのマッピングは、暫定的な DS と SG を書くために必要な情報はどういうものか、それらをどのように整理するかを教えてくれます。但し、どのように質問をして相手からお話してもらうかは、"解決志向型アプローチ"の質問技法や相談援助（ソーシャルワーク）の基本的な面接技法です。

ツール：SofS マッピング

「SofS マッピング」には、書き込む欄（カラム）が三つあります。三つの欄（カラム）は、「うまくいっていること（What's working well?)」「うまくいっていないこと（What's not working well?)」「夢・希望（What need to happen?)」です。SofS のはじめの一歩は、情報を三つの欄に落とし込み、その上で DS と SG という枠組みによってどのような事案かを明らかにするところからです。情報の多寡にかかわらず、家族と子どもたちの話が耳に入ってきたらすぐに手を動かし、三つの欄を作成します。「マッピング（mapping)」とは、三つの欄のあっちこっちに情報を書いていくプロセスを指して言います。

何が三つの欄の中に書かれるか。それらを今わかっている情報という生データと援助者の判断とに分けると前者が「既に起きた危害（ハーム）」と「（危害（ハーム）以外に）解決を難しくさせている諸要因（Complicating Factors（コンプリケイティング ファクタ））」「既にあるセーフティ（Existing Safety（エキジスティング セーフティ））」と「既にあるストレングス（Existing Strengths（エキジスティング ストレングス））」「（家族や子どもたちの）夢・希望」です。後者が「デンジャー・ステイトメント（DS)」と「セーフティ・ゴール（SG)」です。

ここからはまた別の模擬事例を用いて説明をします。

A ちゃん（中学 1 年生）の学校から連絡を受けました。A ちゃんは、家で B（内父）と二人きりになるのが怖いことを学校の先生に話しました。一度、A ちゃんがお風呂に入っていた時、内夫がお風呂のドアを開けたので怖かったことを打ち明けていました。びっくりしたと言っていました。また、夜遅く帰宅したお母さん（看護師）に対する内夫の暴力のことも、A ちゃんは心配していました。お母さんと内父のけんかが起きると、お家が狭いので A ちゃんはそのけんかを見聞きせざるを得ず、いつも「透明人間になったつもり」になって、その場で自分がそこにいないかのような振りをすることでやり過ごしているとのことでした。

では、早速、SofS マッピングの方法を用いて情報を再構成していきましょう。

「うまくいっていないこと」の欄の「危害（ハーム）」と「（危害（ハーム）以外の）解決を難しくさせている諸要因」は区別して書きます。

上記の学校からの連絡内容のなかで A ちゃんに起きたとされている危害（ハーム）は、

▶一度、A ちゃんがお風呂に入っていた時、内夫がお風呂のドアを開けたので怖かった、びっくりした。

▶お母さんと内父のけんかが起きると、お家が狭いので A ちゃんはそのけんかを見聞きせざるを得ず、いつも「透明人間になったつもり」になって、その場で自分がそこにいないかのような振りをすることでやり過ごしている。

下線を引いて示したところが、危害（ハーム）の中でも子どもに向かったとされる行為です。行為は、このように下線を引く、別の色で書く、あるいはライン・マーカーで目立たたせるように記録します。なぜならこれから先に続く援助では、危害のこの部分が二度と起きないことになっているのを常に必ず点検しないといけないからです。二度と起こしてはいけないのかを失念しないための工夫です。下線以外の箇所は、行為の深刻さ、頻度、影響を表した情報です。

サインズ・オブ・セーフティでは、子どもに向かった危ない行為（危害（ハーム））以外のネガティブな情報は、虐待問題の解決を更に複雑にさせている要因として理解します。この場合、

・一緒に生活しているのは、お母さんの交際相手
・家が狭い
・お母さんの仕事は夜勤がある
・お母さんと内夫のけんか

できるだけ相手が言った文言を変えないで書くこと、事実を具体的に小さい子どもでも何を言っているかがわかる平易な言葉で書くことが大事です。あくまで集まっている情報を振り分けて書くという作業段階ですから、書く

児童虐待事案　小さい子ども／十代の子どもとその家族の状況について考えたとき

うまくいっていないこと	うまくいっていること	夢と希望
既に起きた危害 デンジャー・ステイトメント 危害以外に解決を難しくさせている諸要因	既にあるストレングス 既にあるセーフティ	セーフティ ゴール 次のステップ

0から10で、10は子どもは十分に安全なのでケースを終結できる。
0はすぐにでも子どもを分離させなければいけないぐらい状況が悪いとして、今日、この状況をいくつとしますか？
違う人たちの異なる判断もここに書きます。例えば他職種、子ども、親など

図4　SofS マッピング

内容を取捨選択せず、援助者の解釈は書きません。例えば「お母さんと内夫のけんか」を「DV」と書くのは、こちらの判断、解釈が入ったラベリングをしていることになります。「けんか」と相手が述べていたら、何を足すでもなく引くでもなくその通りに書き、それが記録となります。

「うまくいっていること」の欄に記す情報は、更に「既にあるセーフティ」と「既にあるストレングス」の二つに分かれます。「既にあるセーフティ」とは、子どもが危害（ハーム）から守られた時にまつわる情報です。いつもの流れであれば危害（ハーム）に遭うのが、そうならなかった時という例外のことを書くことになります。

児童虐待事案　小さい子ども／十代の子どもとその家族の状況について考えたとき

児童氏名：Ａちゃん
担当者：
記載日：平成　Ｘ　年　Ｘ　月　Ｘ　日

うまくいっていないこと	うまくいっていること	夢と希望
1. 一度、Ａちゃんがお風呂に入っていた時、内夫がお風呂のドアを開けたので怖かった、びっくりした 2. お母さんと内父のけんかが起きると、お家が狭いのでＡちゃんはそのけんかを見聞きせざるを得ず、いつも「透明人間になったつもり」になって、その場で自分がそこにいないかのような振りをすることでやり過ごしている 3. 一緒に生活しているのは、お母さんの交際相手 4. 家が狭い 5. お母さんの仕事は夜勤がある 6. お母さんと内夫のけんか		Bさん 中1 Aちゃん

0から10で、10は子どもは十分に安全なのでケースを終結できる。
0はすぐにでも子どもを分離させなければいけないぐらい状況が悪いとして、今日、この状況をいくつとしますか？
違う人たちの異なる判断もここに書きます。例えば他職種、子ども、親など

0 ←――――――――――→ 10

図5　SofSマッピング例

集めている情報が、私たちの判断の根拠になります。サインズ・オブ・セーフティのアセスメントは、DSです。何が原因かではありません。SofSの中で下線で強調した危害（ハーム）がまた起きると判断するのか、起きないと判断するのかを予測するためには、既に起きた危害（ハーム）のパターン認知のための情報が必要です。そしてそれと同じぐらいいつもの危害（ハーム）に至るパターンが始まったにもかかわらず危害（ハーム）が引き起こされなかった時、どうやってそうなったのかの詳しい情報を必要としています。そうすることで何の周りにセーフティが計画される必要があるか、どこに照準を合わせる必要があるのかがよりはっきりとしてくるからです。

Aちゃんの場合、AちゃんがBさんと二人になった時でも性別の境界線、

大人の世界と子どもの世界の境界を脅かされた感じがしないで過ごせていた時の情報が「既にあるセーフティ」になります。

「既にあるストレングス」には、家族や子どもたちが好きなこと、上手なこと、特技や環境的に恵まれている部分全てを指します。問題となっていることの解決になる強みに特化することなく、問題と直接的に関係ないこと、例えば「海の生き物について詳しい」「コンビニがすぐ近くにある」なども含めます。

三つ目の欄のタイトルにある「夢・希望（what need to happen?）」では、子どもたちと家族の今後の希望や将来の夢を聞いて書きます。和訳が意訳になっているのは、「起きる必要があることは何？」と文字通り訳すと語弊が生じるからです。原文は、DSとSGからして次に何をする（次のステップ）かを援助者が明らかにすることを意図しています。が、「必要」という日本語によって本来のサインズ・オブ・セーフティ的な問いが急に規範的な問いになり、クライエントがすべき事を（良かれと思って）考える父権主義的な誤った方向に援助者を誘導してしまいます。

自分の子どもにはこういう大人になってほしい、こういう人生を送ってほしいという家族の想い、子どもにはここまでのことは最低でもしてあげたいという気持ち、あるいはこういう家族でありたいと思い描いていることやいつか自分たちだけの家がほしい等の夢です。家族と子どもたちの心からの願い、絶対にこれだけはという強い願い（aspirations）を聞いて書くことが「夢・希望」の情報収集です。

家族の強い思いが「子どもを返せ！」と、相談機関に対する強いネガティブな感情を伴うものもあります。家族の強い願いは、梃の原理で重たい物を少ない力で持ち上げられるのと同じように相談援助を前に進めてくれます。子どもに対する強い思いは、援助者にしても十分了解可能なところです。この一点からの肯定的な感情が前進するための梃、燃料になりえます。援助者の方での相手に対する気持ちの切り替え、見方が少し変わる余地が生まれるからです。

さて図5のようにSofSマッピングを使って今ある情報を書き出してみると、大きく目立つ余白から子どもたちと家族の状況を考える上でまだ何ができていないのか一目瞭然です。となると次にすることは、二つ。子どもと“マイ・スリー・ハウス”（後述）をすることとSofSマッピングの方法で家族（Aちゃんの母親）から話を聞くための質問の準備です。以下は、家族と面接する際に利用するかもしれない質問例です。これらの質問を「セーフティ・クェスチョン」と呼ぶこともあります。質問の順序は、相手との話の流れを上手くつかんで決めます。

「既にあるストレングス」について聞く質問

・Aちゃんがここにいたら、学校のどんなことが今一番楽しいと言うと思いますか。
・Aちゃんが小学校から中学校に上がるという難しい時期、どんなことに気をつけてあげていらっしゃいましたか。
・Aちゃんが中学生らしくなってきたなぁっていう変化をどういうところからお感じになりますか。
  ・Aちゃんももう中学生だからということで、どんなことは今までと違うようにお母さんはしていますか。
・Bさんのお父さんとしていいところ、お母さんはどんなところだと思っていらっしゃいいますか。
・Aちゃんに聞いたら、お母さんのしてくれるどんなことがうれしいと言ってくれると思いますか。お父さんのしてくれるどんなことがうれしいと思っていると言うと思いますか。
・お父さん、お母さんのけんかの後に、Aちゃんを気遣ってお母さんがしてあげていることはどんなことですか。

「既にあるセーフティ」について聞く質問

・Aちゃんが見られたくないものや別にしておきたい自分のものとか、一人の空間が必要な時、プライバシーの確保はどういう風に工夫されていますか。
・お母さんがお家にいない時でもAちゃんが安心してお母さんの帰りをお家で待っていられるようにどんなことはされていますか。

・A ちゃんに聞いたら、どういう時はお家に B さんと二人でも安心してお母さんが帰ってくるのを待っていられてたと言うと思いますか。
・お父さんに聞いたら、年頃の A ちゃんが誤解するようなことを予め避けるためにどういうことを意識してきたとおっしゃると思いますか。
  ・どんなところから、そういう風にした方がいいということを、お父さんはご存知だったんですか。
・何回に一回は、A ちゃんがお二人がけんかするところを見たり、聞いたりしないで済むようにできていますか。
  ・A ちゃんがお二人のけんかを聞いたり、見たりしないで済んだときは、どうやってそうできたんですか。
・10 から 0 で、10 が A ちゃんは自分がお家の中のストレスからお母さんに守ってもらっている、0 が全然守ってもらえていない、傷ついているとして、いくつと言うとお母さん、思いますか。
  ・守ってもらえていると A ちゃんが言うのは、お母さんがどういうことをされた時だと、お母さんは思いますか。

「既に起きた危害」について聞く質問例
・10 から 0 で、0 が家族の中で大人の世界と子どもの世界、男女のけじめは普段あまり考えないのでお風呂の扉をがらっと開けたり、目の前でけんかをしたりすることとかもっといろんなことがある、10 が家族の中ではプライバシーや子どもと大人のけじめはきちんとしようという方なので、これから先は A ちゃんがお風呂のドアが開いてびっくりするようなことや親のけんかを見ることはないとして、いくつですか。
・今の状況は、A ちゃんにどういう風に影響していると思いますか。
  ・A ちゃんが大人になった時にどういう影響として表れると思いますか。
・現状、どのぐらいしょっちゅう、A ちゃんはお留守番を B さんと二人だけですることになっていますか。
  前とは変わってきましたか。
・A ちゃんに聞いたら、いつから B さんと二人だけになってしまうことに少し違和感を感じ始めたと言うかもしれないと、お母さんは思いますか。

・お父さんにお尋ねしたら、いつぐらいから A ちゃんと二人きりになることにもう少し気をつけた方がいいかもしれないと思っていたとおっしゃると、お母さん、思いますか。

・お母さんは、思春期の年齢になった A ちゃんが、お父さん、お母さんのことでどういう誤解をしていることもあると思いますか。

　・例えばお父さん、お母さんの夫婦関係がうまくいっている、普通だと思っているのを 10 として、0 が全然うまくいってない、破たんしているとして、A ちゃんに聞いたら、いくつと言うと思いますか。

　・他にお父さんがしていること、お母さんのしていることで A ちゃんが誤解している、誤解したかもしれないと思い当たることはお母さん、ありますか。

・B さんがお風呂のドアを開けた一件は、A ちゃんの人生の中で何番目に大きな出来事？　大きな事件。

・お母さんのなかでは何対何の割合で、お父さんと A ちゃんが二人だけの時間があることはうまくないのではないかと思っていらっしゃいますか。

　・どのようなところからその割合ですか。

　・A ちゃんに聞いたら、その割合は何対何だと言うと、お母さんは思いますか。

　・A ちゃんが何対何だと言うと、お父さんに聞いたら何て言うとお母さんは思いますか。

・お二人のけんかにパターンがあるとしたらどういうのですか。

　・どういうことが引き金、どういう時に起きやすいというのはありますか。

「危害以外の解決を難しくさせる要因」について聞く質問

・A ちゃんのためにしてあげたいと思っていてもなかなか実現できていないことは何ですか。

　・何があってそう簡単にはいかないってなっていますか。

・“セーフティ・サークル”（後述）を使って聞く。

「夢・希望」について聞く質問
・A ちゃんの将来の夢は何ですか。
・A ちゃんにはどんな風に育ってほしいですか。
　・どんな大人になっていってほしいですか。
・A ちゃんが独り暮らしをはじめたり、この先結婚する時には、お母さんからどんなことを教わったことがあるから大丈夫だと言ってくれるとうれしいですか。
・どういう家庭でありたいなって、A ちゃんやご自身のために思われますか。

子どもたちの状況を心配して相談機関に知らせてくれる人は、一般的に「うまくいっていないこと」の欄の内容をたくさん詳細に述べられると思いますが、サインズ・オブ・セーフティは、DS と SG を明らかにすることから始めるため、「うまくいっていないこと」以外にも必要としている情報があります。以下は、他機関からの通告や相談時、またはケースの引き継ぎや移管の時に援助者が家族と子どものストレングスや未来について聞くための質問です。

A ちゃんの状況では、学校から通告があった時に次のような質問ができます。

・A ちゃんのいいところは、どんなところですか。
　・A ちゃんが好きなことは。
　・A ちゃんの成績が良い科目は。
・A ちゃんのご家庭がきちんとしているとお感じになる時はどういうところからそう思われますか。
　・他にはどんなところからですか。
・学校とは違うところで A ちゃんが楽しそうにしているのを見られたことがありますか。
　・A ちゃんはどんなことをしていましたか。

　　・誰と一緒でしたか。

・今日、私たちにお話することによってどういうことがあるといいなと思われてご連絡頂いていますか。

・Aちゃんが仮に今お話できたら、どういうことがあると今日、先生にお話してよかったと言うと思いますか。

　　・Aちゃんが学校で先生に打ち明けたことを良かったと思えるためには、どういうことがある必要がありますか。

・10から0で、10がAちゃんがBさんのすることでびっくりしたり、怖くなったりしない。お母さんとBさんがけんかするのを見聞きすることはこれからは起きないので、相談機関は何も動かなくてもAちゃんは安全。0がAちゃんを家庭から引き離さないといけないと思うぐらいAちゃんには差し迫った危険があるとして今いくつだと思いますか。

　　・どんなところからその数字だと思いましたか。

このような更なる会話から得られた情報で暫定的なDSとSG(できればセーフティ・スケールも)を文章にします。仮説であってもDSとSG、セーフティ・スケールという枠組みをすぐに持つことは、相談事例の起点と終点と現状の評価を簡潔に示すことができます。上司や関係者へも結論から述べる手短で的確な報告ができます。

SofSマッピングは、援助者が一人で状況整理のために利用する以外に家族や十代の子どもたちとの面接の場面、家族とセーフティ・ネットワークの人たちとの面談(“セーフティ・ミーティング”)、援助方針を協議する様々な会議の場においても利用します。

A4サイズもしくはA3の大きさの紙を横置きにし、三つの欄（カラム）ができるように二本の線を縦に書くか、折って折り目で欄（カラム）の区切りを作るかで十分です。面接や会議の場で大勢の人と一緒に情報を共有し、考える際には、ホワイトボードを利用します。

SofSのマッピングの方法で大事なことは、必ず肯定的なところから始めることです。それでいて相手の話の流れを損なわないように巧みに質問を重ねる対話をするので、マッピングは当然、あちこちの欄を行ったり来たりしながら話を書くことになります。一つの欄を完成させて次の欄にという進行の仕方はしません。

このように見える化する装置を利用することで、家族やセーフティ・ネットワークの人たち、関係機関の人々は情報収集過程に参加しやすくなります。何がどのような言葉で記録されたかを目の前で見ることにより、その場で参加している人たちの間で意見交換や質問をすることができます。「一緒にやっている」という気持ちを相手が持ってくれることは、「セーフティ・プランが家族のものになるまでの行程」というサインズ・オブ・セーフティの形になるためには欠かせません。

SofSマッピングは、そのまま記録として利用することで、デスクワークの時短にもなります。プリントアウトもしくはカメラで写真を撮り、子どものことで協力する人たちとの間で共有・保存することもできます。

ツール：マイ・スリー・ハウス

マイ・スリー・ハウスは、SofSマッピングの子ども版です。子どもたちは、大人を相手に言葉だけで十分にお話をすることはできません。これは、子どもたちが自分のお話をしやすいようにという工夫です。

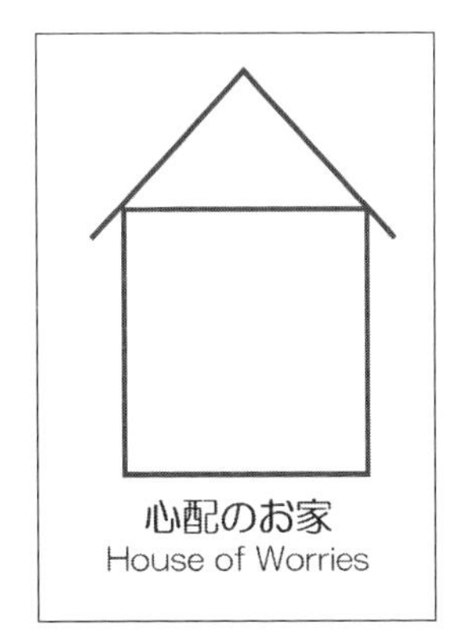

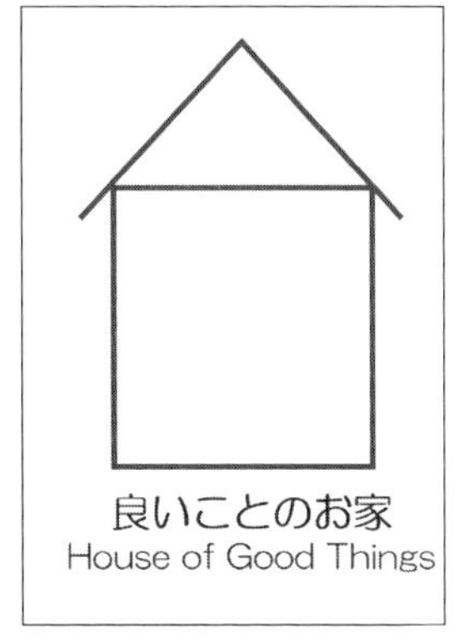

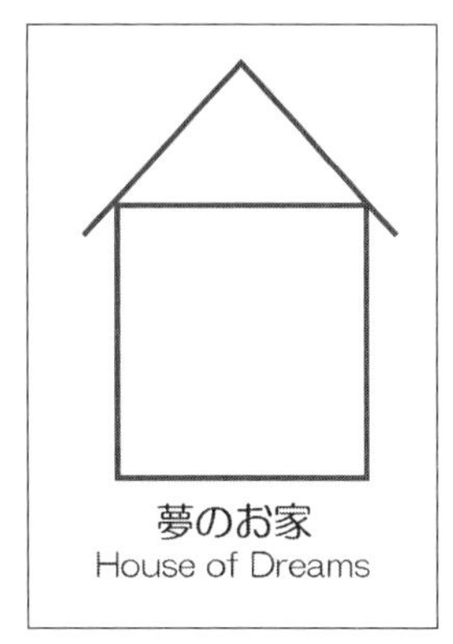

図6スリー・ハウス・ツール（The Three Houses Tool）

「スリー・ハウス・ツール（The Three Houses Tool）」については、ニュージーランド古来の文化・価値を活かしたツールで子どもたちからお話を聞く方法をニッキ・ウェルド（Nikki Weld）らが開発[23]していたところにタネルの助言があったという経緯があります。その後、「マイ・スリー・ハウス（My Three Houses™ App）」[24]としてアプリが開発され、また別途、商標登録されました。

マイ・スリー・ハウスでは、子どもたちが自分に起きていることを話しやすい面接（インタビュー）になるよう、SofSマッピングの三つの欄（カラム）に代わる何かを子どもたちの好きなもので描いてもらうところから始めます。大きめの紙を3枚と子どもたちに馴染みのカラフルな筆記用具を準備していきます。子どもの年齢、発達にも拠りますが、時間的にも20分、30分程度で初期調査や初回面接時に使うことができます。

マイ・スリー・ハウスは心理検査ではありませんから、子どもの相談を担当する人自身が子どもの面接をする際、コミュニケーション・ツールとして使います。心理検査ではないので、「マイ・スリー・ハウスをとった」のような表現はそぐいません。

マイ・スリー・ハウスは、子どもたちがお話をたくさんできることを目的としています。日本では、「ハウス」＝（イコール）「家」と言う和訳が御幣（ごへい）を生じがちです。お家の中であったことやお家が安心かどうかを確認するためのツールではありません。これから里親家庭に生活が移る子どもたち、里親家庭に現在暮らす子どもたち、非行のことであるいはいじめのことで相談機関がかかわっている時など、生活について広く聞く際にいつも利用することを推奨します。

紛れもない子どもたちの言葉や絵を表したマイ・スリー・ハウスの成果物は、家族やケアラーの心を動かします。サインズ・オブ・セーフティ・アプローチの援助が三段ロケットの勢い（前掲図1）で前に進むためにも、子どもたちのマイ・スリー・ハウス・絵や文章は保護者に見てもらいます。

以下は、学校を訪問したAちゃんとのマイ・スリー・ハウスの例です。簡潔な自己紹介の後、すぐにマイ・スリー・ハウスについて説明しています。

23） Nikki Weld, The Three Houses Tool: Building Safety and Positive Change, *Contemporary Risk Assessment in Safeguarding Children*, Martin C. Calder Ed., Russell House Publishing, 2008

24） Google Play もしくは App Store から無料ダウンロード可

ソーシャルワーカー：こんにちは。Aちゃんですか？

Aちゃん：はい。

ソーシャルワーカー　私は○○○（ワーカーの所属機関）というところから来ました。名前は、××です。Aちゃんは、○○○って聞いたことある？

Aちゃん：（首をかしげる）

ソーシャルワーカー：私のいるところは、子どもたちの相談を担当する場所なんだよ。だからね、子どもたちのいるところに行ってお話をするのが私のお仕事なの。

Aちゃん：（うなずく）

ソーシャルワーカー：今日はね、三つの…、Aちゃん、Aちゃんの好きなことは何？好きな食べ物でもいいんだよ。

Aちゃん：車。

ソーシャルワーカー：車について教えて。

Aちゃん：Aのお父さん、車好きだったの。

ソーシャルワーカー：そう。じゃ、三つの車というのを今日やりたいんだけど、ちょっと説明させてもらっていい？

Aちゃん：うん。

ソーシャルワーカー：（3枚の紙の中から1枚をAちゃんの前に置き）こっちの紙には、うれしいこと、楽しいことであったことを全部書きます。そのための車の絵を大きく描いてね。車に名前も付けましょう。

Aちゃん：はい。

ソーシャルワーカー：（また別の1枚をAちゃんの前に置く）この紙の車には、悲しいことや嫌なことを全部書きます。そのためのお車の絵を描いてね。

Aちゃん：うん。

ソーシャルワーカー：（また別の1枚の紙をAちゃんに示す）こっちの紙には、これからこんなことがあるといいなぁ、うれしいなと思っていることを書く車です。これで終わり。

Aちゃん：うん。

ソーシャルワーカー：終わったら、3台の車の中にまた絵とか文章で中身を書きます。

Aちゃん：はい。

ソーシャルワーカー：書いたのを誰に見てもらうかは、終わってから考えようね。

Aちゃん：うん。

ソーシャルワーカー：やろうか。（色ペンを出す）

Aちゃん：うん。

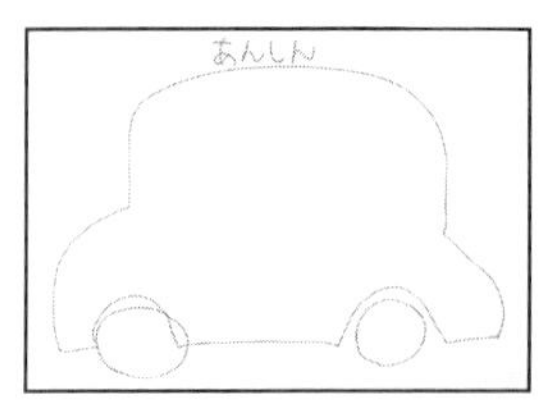

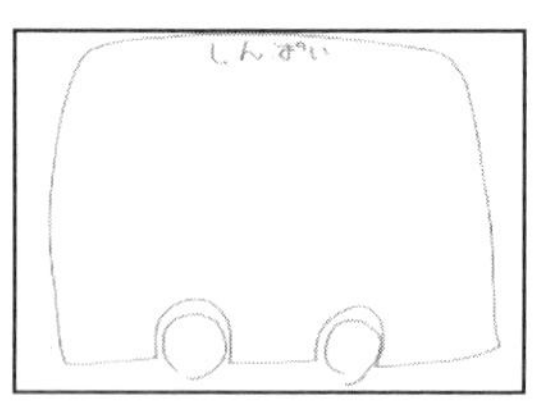

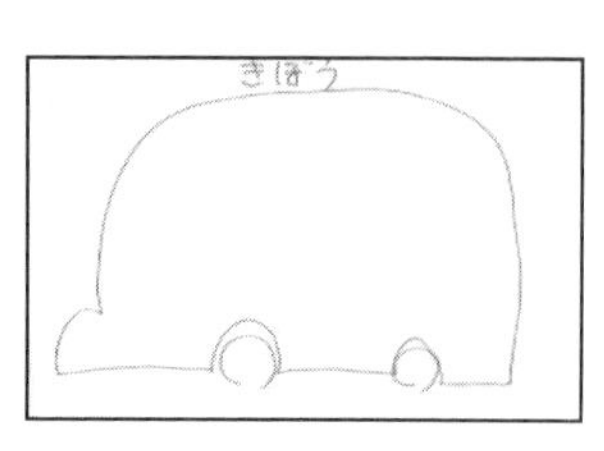

図7　マイ・スリー・ハウス例

絵を描いたら、次は内容について聞きます。相手からたくさんお話をしてもらうための基本的な聞き方は、オープン・クェスチョンです。「どんなことが今楽しい？」「どんなことが今一番心配？」「こうなっていてほしいと思うことはどんなこと？」と聞く方が、クローズト・クェスチョン（例えば「お母さんは好き？」）よりも話題を示唆することなしに相手が話しやすいところから話をすることが可能になります。「あとは？」「それから？」と、他にもどんなことがあったかを聞きます。SofS マッピングと違って、子どもたちと話をする時は１枚ずつ絵の中の内容を仕上げてから次にいきます。

次の絵に移る時は、移る前に「これで全部書けてる？」と聞いてからにします。また、３枚の絵の中身を書き終わった時も、もう一度３枚を並べて書き足すことがないか、書き足す機会を面接の間に幾度も作ります。

マイ・スリー・ハウスの過程で警察の関与の必要を感じる危害（ハーム）が語られ始めたらどうするか。これは常に想定し、地元の関係者（相談機関、その他の地域関係機関、警察・検察）とで子どもが被害事実を語ることが１回、もしくは最小限度の繰り返しで済むよう連携の方法を予め協議し、合意事項として決めておくべき案件です。マイ・スリー・ハウスの面接者は、その自治体のガイドラインを知っている必要があります。被害事実のところは最小限度[25)]にし、それ以外のところはマイ・スリー・ハウスでの面接を続けます。

３枚に分かれた話題を扱うマイ・スリー・ハウスのどれから始めるか。「うまくいっていること」の欄と「うまくいっていないこと」の欄に相当す

25）マイ・スリー・ハウスでは最小限度の被害事実の開示（誰が身体のどこに何をした）に留め、被害の事実に関する詳細の聞き取りは被害事実確認面接のスキルのある面接者が担当し、その面接を児童相談所と警察、検察が同時に見るような子どもにとってワンストップ（１回）で済む他機関連携の対応を行うことが望ましい。

る絵のどちらか、子どもの好きな方から始めるというのも一般的です。サインズ・オブ・セーフティときょうだい関係にあるリゾリューションズ・アプローチ（Resolutions Approach[26]）を開発したスージー・エセックス（Susie Essex）は、仮に子どもが「夢・希望」の欄に該当する絵から始めたいのであれば、それは特段問題ではないと述べています。子どもが「月に行っている」と言うのであれば、「月では（今と違って）何をしているの？」「月では誰と一緒？」「月で楽しいことで、地球でも楽しんでやっていることは？」のようにファンタジーの文脈であってもSofSマッピングに支障があるわけではないと教えてくれました。[27]

ほとんどの子どもたちは、マイ・スリー・ハウスを通して描いた絵や文章を家族が見ることに同意してくれます。「今日お話ししてくれたことを、お父さんやお母さんにも知ってもらいたいと思うの。私も聞いたことをお話ししてみようと思うんだけど、もっとよくわかってもらうためにこの絵を見てもらってもいい？」「お父さん、お母さんに私がお話するのに言葉だけだと十分伝わらないから、この絵も使ってもかまわない？」のように了解を得ることができます。

もしAちゃんが描いた絵や文章を家族に見せることに躊躇（ためら）いを示す、あるいは援助者が家族に絵を見せるのをAちゃんに断られたらどうしようと思って聞くのを躊躇する、あるいは子どもの絵や文章を見せることで親子の関係が増悪すると援助者がAちゃんに聞く前から見せるべきじゃないと判断（父権主義）し、マイ・スリー・ハウスが保護者との面談で共有されないことになろうとしている時、その時こそが「質問を考える」の出番です。

どういう質問？　以下の質問は、言葉を少し変えるなどすることでマイ・スリー・ハウスをする前でも後でも、また子どもに対しても（臨床）、援助者に対しても（スーパービジョン）することができます。

・どこは見せたくない？

26）1980年代、イギリスにてリスク・リダクション・プログラム（Risk Reduction Program）として開発。特に家族らと被害事実について争う児童虐待事案を扱うが、家族とのパートナーシップの構築を基盤に「十分なセーフティとは何か」を具体的に扱う方法。エセックスは、タネルのスーパーバイザーでした。

27）Susie Essex, Minnesota Residency 研修、2013年3月25日

・ここを見せるとどんな心配があるの？
・10から0で、0がAちゃんが超怒られる、全然怒られないが10としたらいくつ？
　・どんなところからその数字になったの？
・家族に見せてもいいなと思えるのは、誰が一緒だったら？
・どういうことが起きたら、描いた絵と文章を家族に見てもらって良かったと、Aちゃんは後から思えると思いますか？
・家族の人のどんなところから、Aちゃんの描いた絵と文章を見てAちゃんのことをわかって動き出してくれると思いますか？
・Aちゃん自身の絵と文字で描いた内容を家族に見せないことで起きえる最悪のことは何でしょう？
・Aちゃんと“セーフティ・サークル”（後述）を利用して話し、Aちゃんの周りのどこまでの人がAちゃんの絵と文章を知っておくことで二度と同じことが起きないと思うかをAちゃんに聞く（子どもの考えている解決の鍵を握る人を知る目的）。その上で、
　・その人に聞いたら、どのタイミングでAちゃんの3台の車の絵と文章（マイ・スリー・ハウス）を家族に見せるのが良いとアドバイスしてくれるとAちゃん、思いますか？

「一緒に考える」というのは、実際は「対話」という具体的なアクションのはずです。援助者が質問し、それによってより深く一緒に考える過程に続く最初の1歩が踏み出せることになります。2歩目も質問によってです。3歩目も、その先も然りです。

ツール：セーフティ・ハウス

元々は“セーフティ・プラン”を作る際、子どもから安全な家についての考えを、つまり解決像について具体的なところを聞くためのツールが「セーフティ・ハウス[28]」です。セーフティ・ハウスはまた、マイ・スリー・ハウ

28）Sonja Parker, *The Safe House, A child protection tool for involving children in Safety Planning*, SP

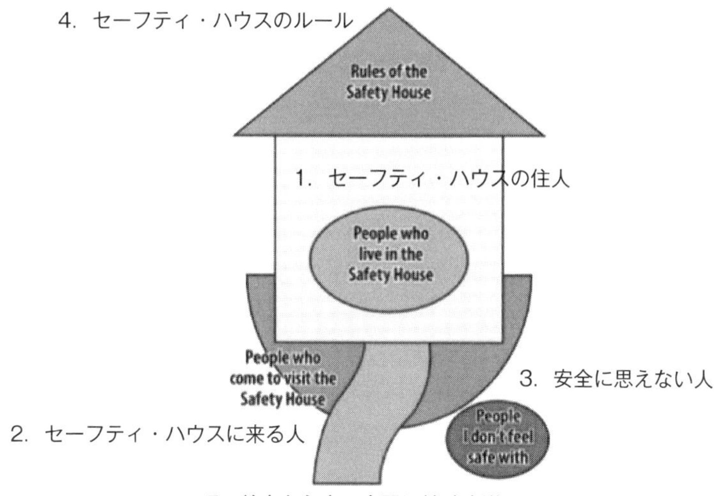

図8　セーフティ・ハウス

スの代替枝としてもうまく使えることが実践[29]からわかってきました。

マイ・スリー・ハウスでは、子どもに起きたことを聞きますが、もし起きたことを話したくない子どもがいたら？　その瞬間(とき)の子どもの気持ちは尊重しつつ、別の聞き方の入り口としてセーフティ・ハウスを利用することができます。

セーフティ・ハウスは、アメリカ的な一戸建ての住宅をモチーフにしています。門や垣根などがない前庭と家に続く小道、家の建物（居住部分と屋根）、それに赤い円の５つの構成要素からできています。[30]

要は子どもからセーフティという解決像について話を聞くための面接のうまい補助ツールとなればいいのですから、図８のテンプレートを必ず利用しないといけない訳ではありません。白紙に援助者が家の絵を描くところから

Consultancy, 2009

29）Sherry Amles, Safety Planning, If a 6yr. old can do it, サインズ・オブ・セーフティ・アプローチ二日間研修（アンドリュ・タネル）資料、2012年

30）Signs of Safety Knowledge Bank for Trainers and Consultants, 2015

始めてお話をするという仕事にコミットしてくれたのであればそれでよいのです。その意味においては、子ども向けに開発したセーフティ・ハウスやマイ・スリー・ハウスですが、成人と行うことも何ら問題ありません。ツールと方法に子どもを従わせるのではなく、その子どもの年齢と発達、能力などに制約があっても、子どもが自分のことをお話できるようにというところで常に創造的な頭でいることが大事です。

セーフティ・ハウスは、「これはAちゃんが安全に暮らせるお家です」と説明するところから始めます。

1. セーフティ・ハウスの住人（People who live in the Safety House）のところに子どもの絵や名前を描いてもらいます。続けての質問例は……

・安全なお家にはAちゃんの他に誰が一緒に住んでる？

　・他には誰が一緒？　あとは？

　・このお家でAちゃん、〇〇さん（上の質問の答え）がすごく安心して生活しているところを想像してみて。誰とどんなことをしてる？（居住部分の円の横の余白に絵や文章を書く）

　・Aちゃんが安心できるために、どんなことを周りの人がしてくれている？　その中でも特に大事なことは？

2. セーフティ・ハウスに来る人（People who come to visit the Safety House）

・Aちゃんのセーフティ・ハウスがずっと安全でいられるためにセーフティ・ハウスに来てくれる人は誰？

・その人がAちゃんのセーフティ・ハウスがずっと安全でいられるためにしないといけないことは何？

・他には誰がセーフティ・ハウスに来てくれることでAちゃんのセーフティ・ハウスがずっと安全でいられるようになっていますか？

3. 安全に思えない人（People I don't feel safe with）

・Aちゃんが安心できない人は誰？

・Aちゃんのセーフティ・ハウスに来てはいけない人は誰？

4. セーフティ・ハウスのルール（Rules of the Safety House）

・セーフティ・ハウスの中で守られないといけないルール、お約束はどういうのが必要？

・このルールがあるから嫌なことが二度と起きない、大丈夫って言えるようなルールはどういうルール？

・他にはどういうルールがある？

・ここで他の人、誰だろ、Aちゃんの味方。その人に聞いたらAちゃんのセーフティ・ハウスにはどんなルールが必要だって言ってくれると思う？

5. 前庭から家の玄関に続く小道

スケーリング・クェスチョンやセーフティ・スケールを使ってやりとりをする時に使います。

・Aちゃんの今のお家はどのぐらいセーフティ・ハウスから遠い、近くのところにいる？（数字に代わって、小道に印をつけてもらう）

　・どんなところからそう思ったの？

アセスメントの段階でセーフティ・ハウスを使うときは、「どんなところからそう思ったの」という質問をきっかけに子どもに起きていたことを聞いていくことができるかもしれません。1から4までのセーフティ・ハウスの手順で話を聞いている間、子どもの様子の観察に基づいて、例えば「誰が一緒に住んでいるかは、どういう基準で決めたの？」「安全に思えない人のことをもう少し私に教えて」と起きたことを話すことを促す質問をすることも可能です。

セーフティ・プランニングの段階でセーフティ・ハウスを使うと、子どもの考える解決を家族やセーフティ・ネットワークの人たちに知ってもらうことができます。セーフティについて話し合う大人の場に子どもの声を届け、子どもが中心のセーフティ・プランを作る仕事を家族とセーフティ・ネットワークができるような状況を整えることができます。

ツール：ハーム・マトリクス

「ハーム（harm）」は、危害です。ハーム・マトリクスは、危害（ハーム）の何をどこまでどのように聞くかで困った時に援助者の助けになるツールです（ハー

サインズ・オブ・セーフティ　ハーム分析マトリクス

児童虐待、ネグレクトに関するアセスメントを行う際に肝心なことは、危害に関する具体的で詳細な情報を集めることである。ここで言う情報には、危害につながった行動が何だったかはっきり特定し、その言動の深刻さ、頻度、子どもへの影響が含まれる。

慢性度 アクション・インパクト	継続期間	最初のインシデント	最悪のインシデント	最後のインシデント
行動（Behavior） 危険な行動あるいは危害を生じる行動。通常は、大人の行動であるが、十代の子どもたちによる行動のこともある。一般化した記述の仕方を避け、観察可能で詳細な行動が主に書かれている				
深刻さ（Severity） 上記の行動が、どのように悪いのか、どのように危ないのかを探る				
インパクト（Impact） 上記の行動が、子どもたちの身体と心にどのようなインパクトを来すのか。これは、危険な行動が子どもに及んでいるという連絡のなかで最も重要な情報である				

図9　ハーム・マトリクス

ム・マトリクスは、サインズ・オブ・セーフティ・アプローチのツールの中でも一番新しいものです）。

「何か変なことされた？」と聞いて、子どもが話してくれるでしょうか。危害に関する内容を聞くことが念頭にあるからといって直接的にクローズト・クェスチョンで聞けばいいかというと、そうではありません。

ハーム・マトリクスは、縦軸にサインズ・オブ・セーフティの危害（ハーム）の定義、すなわち、「行為」「（行為の）深刻さ」「（行為からの）影響」、横軸に最初がいつで最後がいつという「継続期間」と「一番最初」「一番最後」「最悪」の危害（ハーム）があった時のことについてを聞くという表になっています。この升目のなかにいろいろな聞き方、つまり実際に相手にどういう風に聞くかの文章

慢性度 アクション・インパクト	継続期間	最初のインシデント	最悪のインシデント	最後のインシデント
行動（Behavior） 危険な行動あるいは危害を生じる行動。通常は、大人の行動であるが、十代の子どもたちによる行動のこともある。一般化した記述の仕方を避け、観察可能で詳細な行動が主に書かれる	・Aちゃんがお家のなかでくすぶっている問題があると考えていたら、それはどのぐらい前から続いている問題だと、お母さんは思いますか？	・後になってから初めて気がつくこともありますが、もう少しあの時、Aちゃんのことで気にかけてあげていたら良かったと今でも思い出すことはどんなことですか？	・児童相談所はAちゃんにどんな大変なことが起きたと考えて、慌ててお母さんに連絡してきたんだと思いましたか？	・子どもたちが自分の心の秘密にしていたことを大人に言うのは本当に勇気がいることです。Aちゃんが言うしかないと思ったのは、直近では何があったからだとお母さんは思われますか？
深刻さ（Severity） 上記の行動がどのように悪いのか、どのように危ないのかを探る	・Aちゃんが感じているお家の中でずっとくすぶり続けてきた問題は，10から0の数字で考えてみた時、0がAには直接何が及ぶ訳でもない。10がAちゃんにも大きな痛手になっているとしていくつと思われますか？	・Aちゃんが訳がわからなくなる、どうして大人はこう何だろうと思うのは、思春期には当然あると思いますが、Aちゃんが混乱しているかもしれないことの深刻さは？ 10から0で、10が児童相談所はかかわらない程度に軽微、0が子どもを保護することを考えるぐらい深刻としていくつとお母さんは思われますか？	・お母さんの職場で警察や児童相談所に連絡しないといけないことが起きたら悩むと思うのですが、Aちゃんもそうだったかもしれません。10がこのまま何もしないと危険、0が、このまま何もしなくても危険じゃないとして、いくつのところでAちゃんは学校でお話したと思いますか？	・このタイミングで児童相談所がAちゃんのことを知ってくれたのが良かったと思えるためには，どのようなことがあるといいとお母さんは思われますか？
インパクト（Impact） 上記の行動が、子どもたちの身体と心にどのようなインパクトを来すのか。これは、危険な行動が子どもに及んでいるという脈絡のなかで最も重要な情報である	・Aちゃんはお母さんに心配をかけないようにと思う気持ちがどのぐらい強いですか？ 10から0で、10がAちゃんは何があっても自分ががまんすればいいと思っている、以前と変わらないようにふるまっている。0が、Aちゃんは自分ががまんしないといけないのはおかしいと思えている。はっきりと言動に出せるとしていくつ？ ・お母さんは、Aちゃんがいつからその数字のところにいると思いましたか？	・大人ってどうしてこうなんだろうと訳がわからなくなるAちゃんへの影響は、Aちゃんの体調や精神状態のどんなところに表れていると思いますか？	・Aちゃんが大人になっていくことを考えてみて、大人になってからAちゃんがつまずくことはどんなことだと，お母さんは思いますか？ ・それは子どものときのことに関係したことだとお母さんにはすぐわかるが10、すぐには何が原因かわからないと思うが0としていくつですか？	・これからがどういう風に違ってくると、Aちゃんは今回、大人を信頼して打ち明けるので良かったと思えることになりますか？ ・長期的に見て，それはどういう影響を失くすことができたということになりますか？

図10　ハーム・マトリクス例

を書きます。危害（ハーム）の「何をどこまでどのように聞くか」を浮かび上がらせる基盤（マトリクス）です。

サインズ・オブ・セーフティ・アプローチは、ソーシャルワークの方法です。相談援助（ソーシャルワーク）の情報の収集とアセスメントの段階では、「一緒に（jointly）（ジョイントリィ）」というのが流儀です。情報の収集と整理という仕事を一緒に完成させていく作業にお招きする（invitation）（インヴィテイション）ように聴く質問をすることを「促す技量（enabling skills）（エネイブリング スキル）」と言います。ポジティブにリフレイミングして話を聴くこと、ノーマライズ（もしくはユニバーサライズ）して共感を伝達（コミュニケイト）すること、その他にも相手からたくさんお話を聴かせてもらえる面接技術（沈黙を待つ、最小限度のうながし、リフレイズ・パラフレイズ、感情の言語化、ユーモアの活用など）は、ここから先どのような場面でも活用します。

Aちゃんの家族（母）と面接をすることを想定し、ハーム・マトリクスを用いて質問を考えました。限られた情報の中でも母の職業や家族構成から暮らしを想像して質問を作りました。相手を下に見ない（讃える）、自分と異なる他者の経験をあれこれ思い描き（共感）、公的機関のイメージをうまく質問の中で活かす（権威）、子どもは大人になっていくという展望（ヴィジョン）、そして会話の始まりになる聞き方になることに気をつけます。

ツール：セーフティ・サークル（Safety Circles）

「セーフティ・サークル」は、ソーシャルネットワークについてお話を聴かせてもらうための工夫として生まれたツールです。例えば「誰か力になってくれる人がいますか？」「誰か相談できる人がいますか」とクローズト・クェスチョンで質問すれば、「いません」という短い答えが返ってきて話はそこで終わってしまいます。そのソーシャルネットワークの存在や可能性について、少しでも会話になるような方法を考えたのが「セーフティ・サークル」です。

1　円の中心部には、子どもの顔の絵あるいは名前を書きます。

2　その外側に一回り大きな円をゆっくり描きます。描いたあとに「今、こうやってここで話をしていることを同じように全部知っている人が誰

になりますか？」と聞きます。相手の人自身も含め、名前や普段の呼び方が出てきたら、その通りを書くようにします。

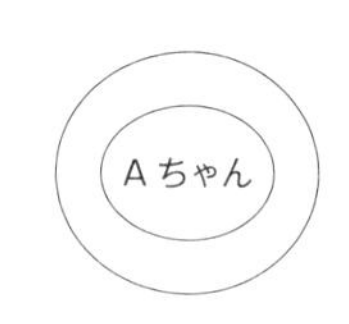

(1) 一人の人物が明らかになったら、「他にはどなたか同じぐらいよくわかっているかもしれない人がいらっしゃいますか？」「あとはどなたになりますか？」と、質問をする時の間合い（沈黙）を大事にし、相手の人に思い出すことを促せるようなコミュニケーションをします。

(2) どういう訳でその人は同じぐらい今、何が起きているのかを知っているのか聞くやり取りもできます。

3　更にその外側に一回り大きな円を描きます。描いた後、「今、こうやってここで話をしている中身を少し知っている人、ある程度知っている人が誰になりますか？」と聞きます。名前やその人を普段呼んでいる呼称を教えてもらえたら、それをその通り書きます。

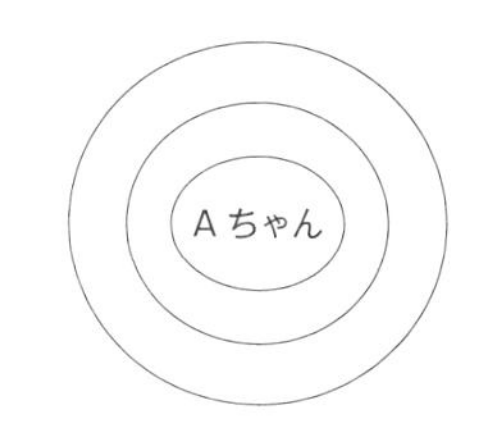

(1)「少し」「ある程度」という度合いに決まりはありません。「ある程度ってどういう意味ですか」と聞かれることがあったら、「ある程度です。特に決まっていません」と、少しその場の緊張が和らぐように准言語（声の調子）、非言語（ボディ・ランゲージ）を工夫して応答してください。

(2)「他には誰がいらっしゃいますか」「あとはどなたになりますか」という質問も忘れずにします。相手の人から「それだけです」「あとはもういません」と教えてもらってから次に移ります。

4　更にその外側に一回り大きな円をゆっくり描いた後、「今、こうやってここで話している内容をほとんど知らない人が誰になりますか？」と聞きます。名前やその人物を普段呼んでいる呼称が相手から返ってきたら、それ

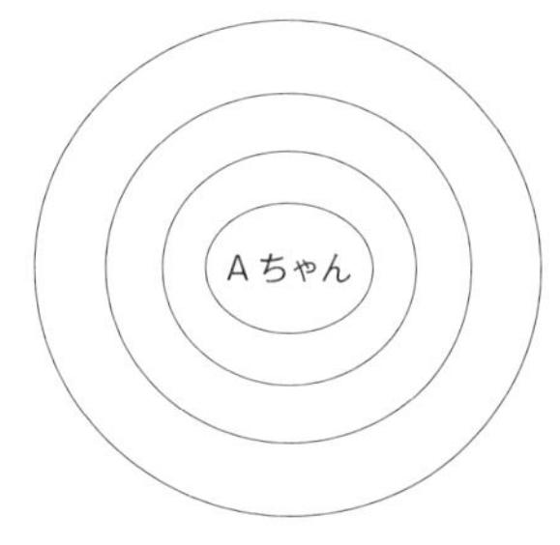

を書きます。

5　このように会話のキャッチボール、やりとりを重ねた上で「ここ（一番内側のソーシャルネットワークの円の中を指し示す）に入ってきてもらえる人は、どなたになりますか？」と聞きます。

(1)「他にはどなたがいらっしゃいますか」と重ねて聞きます。

セーフティ・サークルは、子どもたちと家族のソーシャルネットワークの存在を話してもらうだけに留まりません。円の中心のところ（子ども）と現在相談機関と家族が話をしている内容を「家族と同じように知っている」ネットワークの円のところに入ってきてもらえる可能性について視覚的に考えることができます。セーフティ・サークルを書いた紙を複写（あるいは写メ）し、家族に持ち帰ってもらうことにより、引き続き紙を見ながら考え続けてもらうことが可能になります。

この人には円の中心に入ってきてもらいたいと思う人物が、家族と子どもとで考えが一致していない場合もないとも限りません。子どもたちにセーフティ・プランに参画することになった人について説明する際、またソーシャルネットワークについて話す時のコミュニケーションの工夫としてエセックスの「ファミリー・セーフティ・サークル（Family Safety Circle）[31]」（図11）を使うことができます。この他、特に社会的養護の仕組みの中で長年暮らし、ソーシャルネットワークというライフ・ストレッサーのクッションになるべきものがないまま児童養護施設などから社会に巣立つ子どもたちの血縁者を探す「The Family Finding（ファミリー ファインディング）」[32]という方法とも近年、サインズ・オブ・セーフティは提携するようになりました。

31）Andrew Turnell, 2日間研修「セーフティ・プランとその制作工程について」（研修配布資料）、2016年1月広島にて

32）Kevin Campbell

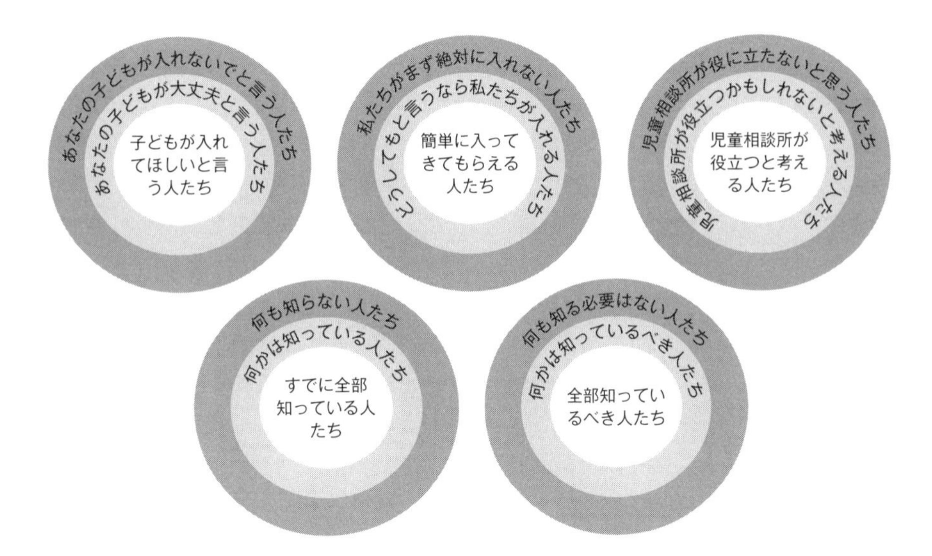

図11　ファミリー・セーフティ・サークル

2. 子どもたちに直接かかわる子育ての部分で建設的なところを漏れなく挙げる

前項の「援助者がDSとSGを書く」と本項の「子どもたちに直接かかわる子育てや環境のポジティブなところを漏れなく挙げる」という二つのステップは、SofSマッピングを完成させる上での重点項目だからこそステップとして挙げられていると理解してください。SofSマッピング（図4）から着手し、SofSマッピングの構成要素に沿った情報収集と整理が適切にできていれば、この二つのステップは当然遂行できているはずです。

図12は、Aちゃんのお母さんと20分程度の（模擬）面接したSofSマッピングです。

児童虐待事案　小さい子ども／十代の子どもとその家族の状況について考えたとき

児童氏名：　Ａちゃん

担当者：

記載日：平成　Ｘ　年　Ｘ　月　Ｘ　日

うまくいっていないこと	うまくいっていること	夢と希望
既に起きている危害 1. 一度、Ａちゃんがお風呂に入っていた時、お父さん（Ｂさん）がお風呂のドアを開けたので怖かった、びっくりした。 2. お母さんと内父のけんかが起きると、お家が狭いのでＡちゃんはそのけんかを見聞きせざるを得ず、いつも「透明人間になったつもり」になって、その場で自分がそこにいないかのような振りをすることでやり過ごしている。 3. お父さんは、お酒が入っている時は、特にお母さんに対して怒鳴る、手で叩く、責めるで２時間、３時間開放しない。 4. 10から０でいうと、７か８ぐらいのけんかの深刻さ。 一回あると、しばらくはない。 **危害の他に解決を難しくさせている諸要因** 1. お父さん（Ｂさん）とＡちゃんは、血が繋がっていない。Ａちゃんが小学校５年生（２年前）から一緒に暮らすようになった。 2. お母さんは、お父さんと入籍していない。 3. お母さんがお父さんから怒鳴られたり、手を出されている状況を、家族以外の人は知らない。 4. お父さんの方の家族や親せきとのつながりはあまりない。 5. お家は、アパート住まい。同じ敷地に大家さんが住んでいる。 6. Ａちゃんの実のお父さんとお母さんは、お父さんの借金が理由で離婚している。借金のためにお母さんの実家のお家を手放さないといけなかった。	**既にあるセーフティ** 1. Ａちゃんに対してお父さんが暴力を振るうことはなかった。 **既にあるストレングス** 1. お母さんは、Ａちゃんを今日の今日、家に帰してもらえないとわかると、すぐに「何をすればいいか」と問題の解決に切り替えた。 2. Ａちゃんは、毎日学校に行っている。いじめもない。学校から連絡を受けるようなことは、特段ない（母）。 3. お母さんは、Ａちゃんが中学校に上がってから始まったお弁当づくりや制服の用意など普通のことは全部当たり前にやってきている。 4. Ａちゃんは、年齢相応の女の子らしく、朝は鏡を見て、前髪チェック！ 5. Ａちゃんが小学生の時、お父さん、お母さんと一緒にディズニーランドに行った。お父さんがスマホを買ってくれた。 6. Ａちゃんは、おばあちゃん子。７歳から11歳までの４年間、おばあちゃんとお母さんとＡちゃんの３人で暮らしていた。 7. Ａちゃんは、文章を書くことが好き。作文コンクールで賞を取った。 8. お父さん（36）は、Ａちゃんが好きな小説を書いたり、読んだりできるといいと思って小学生のＡちゃんにスマホを買ってあげた。 9. おばあちゃん（62、３歳）は自転車で10分ぐらいの近所に住んでいる。同じ年代の人たちと一緒に近所のハンバーガー店でパート勤務。お元気。お母さんに何かあったら、頼るのはお	**家族や子どもたちの声** 1. Ａちゃんの好きなことは何でもやらせてあげたい（お母さんとお父さん）。 2. 普通の親子の生活が夢。もう少し普通に広い家、Ａちゃんにも自分の部屋があって、みんなが楽しく過ごせる我が家が理想（お母さん）。 3. Ａちゃんは、おばあちゃんとお母さんと３人で住んで、おばあちゃんのご飯が食べたいと、学校でワーカーに会った時に話している。 **セーフティ・ゴール** ・怖いと固まってしまって自分から何にも動けなくなってしまうＡちゃんなので、お父さんとお母さんのいさかいが始まる前に誰かが動いて暴言や暴力にさらされるのを回避できている。 ・またＡちゃんを境界線の侵入から守る楯のような役割があるのをＡちゃんが感じられるようになっている。そんなルールや方法（セーフティ・プラン）ができて、そのセーフティ・プランがうまく働いてＡちゃんが確実に守られていることにみんなが納得した時、相談を終結します。 **次のステップ** ・相談機関としての時間的な枠組み、終結までの道筋を立てる。

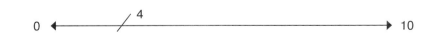

7. Aちゃんのお母さん方の祖父は、亡くなっている。お母さんも片親家庭で育った。 8. Aちゃんも思春期。前よりも家で親に話さなくなった。家でもずーっとスマホをいじっている。静か。 9. Aちゃんは、自分の部屋がない。プライバシーがない。お家は、台所とあと二間。 10. Aちゃんは嫌なことがあっても、言わない方。 11. Aちゃんが仮に何が嫌かを言えたとしたら、お父さんの洗濯物と自分の洗濯物を一緒に洗わないでと言うかもしれない。どこのお家でもあるようなことだけど、Aちゃんはお父さんが好きな男の子ができたかをからかって聞くことも嫌かもしれない（お母さん）。 デンジャー・ステイトメント ・お父さんがお母さんを酔って怒鳴る、手を出す、2時間も3時間も開放しないところに始めから終わりまでAちゃんが晒されることは、これからも繰り返されると思いました。 ・Aちゃんは、怖い思いがすると固まって気持ちもどっか行ってしまうので、女の子として嫌な思いをしても声を出すことができません。それで今と同じようにお家の中でのプライバシーやデリカシーの欠如したことが、大したことがないと思われ、続き、エスカレートすることも考えられます。	ばあちゃん。 10. お母さん（36）は、自分の妹（Aちゃんのおばさん）とは、フェイスブックかラインでたまに連絡。 11. Aちゃんのおばさん（34）は、結婚していて3人の子どもがいる。現在は、子育て中心で主婦。	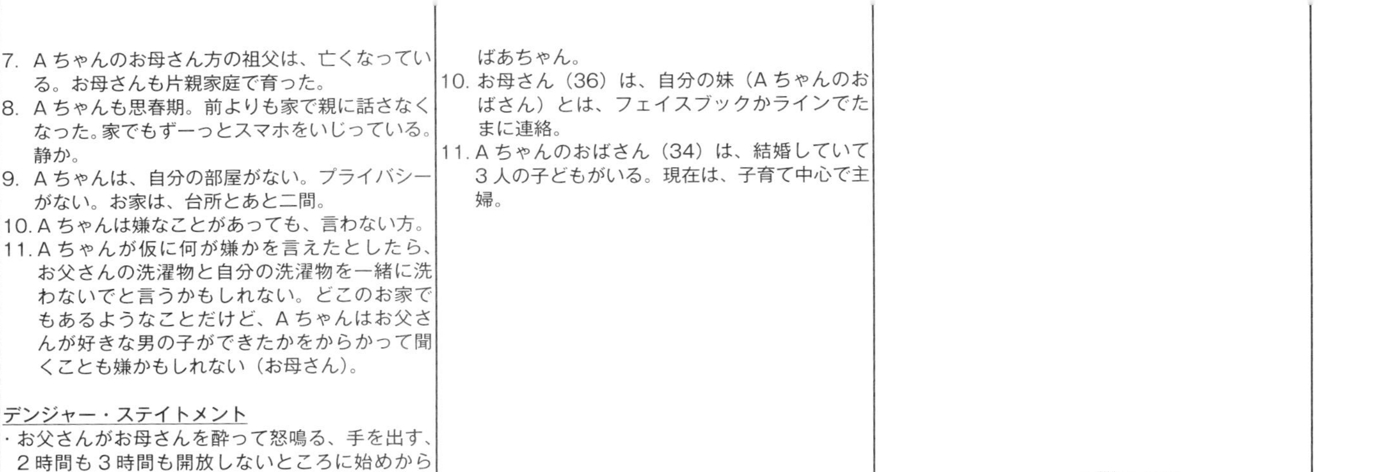

10から0で、10がAちゃんは、これから先はお父さんがお母さんを怒鳴ったり、叩いたりするのと同じ場所にずっといることがなく、Aちゃんのプライバシーも守られるので児童相談所はかかわりを終結します。0が、これからも父母のけんか場面にAちゃんが晒されたり、女の子として嫌な思いをする度合いが深刻化すると考えられる。

図12　SofSマッピング例

3. セーフティが続くための外せないステップ（ボトムライン）を明確にする

「ボトムライン（Bottom Line）」とは、言葉の意味は「譲れない最後の一線」という意味です。これはサインズ・オブ・セーフティの実践に際し、非常に誤解を招いた用語です。どう誤って伝わったかというと、相手に対して相談機関の規範から課す遵守事項としてSGに先立って考えられてしまいました。それは間違いです。

本来のボトムラインとは、「セーフティ・プランが家族のものになるまでの行程」（図3）の「どうやる（ステップ）」に関連したことです。子どもたちと家族の状況は非常に個別性が高いので、細部まで考え、後出しじゃんけんのようにならない見通しを立てる過程の中での話です。

ボトムラインとは、セーフティ・プランというのはどんな風なものか、どういうことが入ってこないといけないと相談機関が見ているかという現実的なことを家族やセーフティ・ネットワークの人たちに伝えるものです。SGが「何を」達成しないといけないかを表しているとすれば、ボトムラインはそれが「どのように」達成されなくてはならないのかという援助者側からの条件です。

どのようにゴールが達成されなくてはいけないかを記すわけですから、ボトムラインは最小限度にします。例えば何かのプログラムへの出席をボトムラインにしてしまったらどうなるでしょう？　それでは家族とセーフティ・ネットワークがまず自分たちが考えること、試してみることを優先していないことになります。家族とセーフティ・ネットワークに選択肢を提供していないことになります。

では、サインズ・オブ・セーフティ的に妥当な最小限度の求めとは何かと言うと、「どうやる」の欄の要となっているのは秘密の解除、セーフティ・ネットワークの動員、セーフティ・プランの定着（もしくは安定化）です。具体的には…

・何があったから相談機関が自分たちの家庭にかかわっていて、どういう訳で子どもたちは家族と一緒に暮らすことができないのかを子どもたちに説明するため、家族が援助者と一緒に“W&P”（後述）をつくること
・セーフティ・ネットワークの人は、DSとSGについて了解した上で参

加していること

・セーフティ・プランの実行には、親のサポートになる人（ソーシャルネットワーク）を巻き込まないといけないこと

・子どもたちが家庭に帰り、その後、終結になる前にどのぐらいの期間、セーフティ・プランが効果的に稼働しているかを示す必要があるかについて

Aちゃんの状況を考えた時、SGを「どのように」達成するかのところで①秘密の解除、②セーフティ・ネットワークの動員、③セーフティ・プランの定着に関連して援助者が最小限度求めることは何でしょうか。まず何の周りにセーフティ・プランを立てるのか、枠組みを再確認します。

お酒の入ったお父さん（内夫B）がAちゃんのお母さんを怒鳴ることから始まる暴力的なコミュニケーションにAちゃんが晒されないためのセーフティ・プランが一つ。もう一つは、怖いと思ったら固まってしまうAちゃんは、自分だけでは無防備でパーソナル・スペースへの侵入を免れないので、そのAちゃんの盾となるセーフティ・プランがもう一つです。

最小限度これだけはと求めることがあるとしたら何でしょう。Aちゃんを再度の危害（ハーム）から守る二つのセーフティ・プランは高い頻度で稼働することが予測されます。とするとお母さんが頼りになると思っている祖母1人だけのセーフティ・ネットワークでは手が回らないと考え、「最低5人」と人数についてこちらから条件を出すかもしれません。人数は、何の周りにセーフティを確立するのかのところを見て合理的に考えて「数」だけを出します。援助者が、家族の人間関係の現状などを勘案して現実的に可能だと思う人数や誰かを言うのとは違います。またセーフティ・ネットワークに「誰」が動員されるかという中身は、家族の仕事の領分です。

Aちゃんの状況を考えた時、「最低でも5人、お父さんとお母さん以外の人の協力によって」「その協力者はあと3年、変わらずいてくれる人たち」ということをSGの文章に入れて家族らに示したとします。どのような反応が返ってくるでしょうか。「どうして5人なんですか？」「なぜ3年なんですか」と返ってくるかもしれません。その時に「やってもらわないといけな

い」と正面切って圧力をかけないように。クライエント・ワーカー関係は、作用−反作用という交互作用ですから、こちらがプレッシャーをかけたら返ってくるのは、その分だけの反発です。

サインズ・オブ・セーフティでは、ここで質問を考えて応答します。「仮に5人の人がいたら、その人たちがどういう役割をとるという風に想像されますか？」「Aちゃんに聞いたら、5人の人が来てくれるようになったら、今とお父さん、お母さんのどんなところが違ってくると言うと思いますか？」等々、この話題（トピック）を続けて話す技量（スキル）でもって会話を続ける応対をします。

「そんな人数、自分（援助者）だって集まらない」って本当にそうですか？多くの人が「クライエント」にならずに人生を過ごしてきているのはどうしてでしょうか。一つにはライフ・イベントが起きた時にクッションとなるソーシャルネットワークがあるからです。地域は資源のオアシスと言います[33)]。試しに我が家の一大事を想定し、潜在的な助っ人が何人いるか数えてみてもらえませんか？

「セーフティ」とは、家族やセーフティ・ネットワークのストレングスを活かし、毎日の子育て、子どもとのやり取り、家庭生活の中で起きる何ごとかにつけても、子どもたちが安全で安定した生活が続くことを示すことができるやり方が一定期間続くことを指しています。

よって援助者は、Aちゃんが暴力によるコミュニケーションに晒されることから守るために家族とセーフティ・ネットワーク（大人）が導入した新しいルールと手段が、どのぐらいの間続くことを証明してもらえたら終結後も続くことが間違いないと思え、相談援助を終結できるだろうかも考えます。

「定着したと、Aちゃんもセーフティ・ネットワークの人も学校も相談機関も思うことができるためには、どのぐらいの一定期間、プランが確実に実行されているのを示してもらえるとよいのか」と、自問します。自分で考える時にも、「Aちゃんの感覚ではどうだろう」「この話を進めるにあたって連絡する地域内の関係機関は、終結前にセーフティ・プランがどのぐらい続い

---

33) Charles A. Rapp and Richard J. Goscha, *The Strengths Model: A Recovery-Oriented Approach to Mental Health Services, Third Edition*, Oxford University Press, 2011

たことを知れば安心だろう」「上司は…」「会議で通るとしたら…」と、多面的に検討します。この部分は次項4の「時間的枠組み」と関連してくることですが、全体の行程の時間は、短いに越したことはありません。となると次に「最短にして定着が確実であるためにはどうしたらいいか」と悩み、「何をどのように家族とセーフティ・ネットワークに見せてもらえれば時間を短くできるのか」という「9. モニタリング」のことを続けて考えることになります。同時多層的に前後のステップを考えることになると先に記したのは、こういう訳です。とは言え、今は「案」の段階ですから完璧を目指して根を詰め過ぎないようにします。

便宜的にボトムラインに①から③の番号をふりましたが、その順序で考えないといけない訳ではありません。何の周りにセーフティを構築するのかから検討を始め、個別的に上がってくる懸案から取り扱うので構いません。Aちゃんの状況で"ワーズ＆ピクチャーズ"（W&P）（後述）について考えてみると、何が今起きているかを「7. 子ども（と、他の人皆）に説明する」ためのワーズ＆ピクチャーズの作成段階は別途に必要でしょうか？　祖母との3人暮らしからBさんと母との3人暮らしに変わったというライフ・イベントから始まります。Aちゃんが小学校5年生です。親に別のパートナーができることに（感情的にはいろいろあっても）何が起きたのかわからない年齢ではないと考えることもできます。一時保護の期間や終結までにかかる時間との兼ね合いを考慮し、セーフティ・プランによって生活はどのように変わるかを説明する「12. 子どもたち中心のセーフティ・プラン完成版を作り上げる」のワーズ＆ピクチャーズを家族と一緒にしていくことを優先させることも考えられます。

ボトムラインは、シンプルで最小限度が原則です。ボトムラインの数が多い時は、要注意です。セーフティ・プランの中身を考えるのは家族とセーフティ・ネットワークの人たちです。よって、繰り返しになりますが、家族の仕事のスペースに踏み込んだことは言わないのがボトムラインを考える時に気をつけないといけないことです。

しかしながらDSが子どもが死亡する危険まで予測しているような重篤な事案においては、セーフティ・プランの中身に踏み込んだボトムラインを提示する場合もあります。例えば…

- 特定の親もしくは人物を子どもの主たる養育者になってもらうことを求める
- 被疑者もしくは受刑者が、子どもと決して二人きりになってはいけないというルールを求める

1回の家族との面接で子どもたちと家族の状況をSG、DS、セーフティ・スケールで捉え、ボトムラインを明確にすることはできます。相手のある仕事ですから全てのケースでできるとまでは言いませんが、一晩で一時保護解除した実践例では家族の仕事ぶりが早かったことは間違いありませんが、援助者側の的確な判断も早かったということです。

その判断に至れるだけの情報を早く得ることができたのは、情報収集と整理と判断とが同時的にできるSofSマッピングを家族との面接の場でオープンに利用していること、子どもたちの声がその場に届いているという状況を援助者が作っているからです。尤(もっと)もこのスピード感を損ねないために、組織全体としてもどうサポートできるかを考える必要があります。

4. 相談機関としての時間的枠組み、終結までの道筋を組み立てる

ツール：トラジェクトリ

この段階では、援助者がトラジェクトリの案を考えることを指しています。トラジェクトリ（trajectory）とは、軌道を意味する言葉です。成功までの道のりを説明し、成功までの道のりを計測できる計画で、共有化されているものを指してトラジェクトリと言います。サインズ・オブ・セーフティは、図13に示された軌道（トラジェクトリ）に沿ってゴールまで行きます。

トラジェクトリで頭が急に欠損モデルにならないように。ここまでサインズ・オブ・セーフティの専門的な概念を用いた枠組みで子どもたちと家族の状況を考えるまで緻密にアセスメントしてきたにもかかわらず、ここから先の計画を考える段階になるとなぜかサービスやプログラムやTo Doリストのイメージが先行して家族がやるべきことを考えたくなるので注意を要します。サインズ・オブ・セーフティは、「セーフティ・プランが家族のものに

なるまでの行程」という冠がついた相談援助（ソーシャルワーク）です。

相談機関や援助者にとって今後の終結までのスケジュールを示すことはチャレンジングですが、成功までの道のりがどんなかを説明しているトラジェクトリは、家族に大きな希望をもたらします。いつまでに何がというのがはっきりしているカレンダーがあると俄然やる気が出ます。その反対にはっきりしたスケジュールがない状況では、ずるずると長引き、家族やセーフティ・ネットワークの動機づけを減退させてしまいます。

日にち・週数	ステップ／タスク	ミーティング／モニタリング	面会、外泊などの進め方

図13　トラジェクトリ[34)]

トラジェクトリ案を作る時には今一度、自分の仕事の緻密さを点検します。

- DSとSGは、子どもたちと家族の状況の深刻さをきちっととらえているか。それを子どもたちと家族が了解できる言葉、思いやりのある表現でありながらもオブラートに包んだようではない端的な表現で述べられているか
- DSとSGがどの家庭にも使い回しの利くセットパターンではなく、それぞれに違う子どもたちと家族の状況を写し取った個別的な文章（ステイトメント）になっているか
- DSとSGに呼応したセーフティ・スケールが、これからの旅路の良いマーカーになっているか。0（DS）から10（SG）に向かって段々と「何が良くなっていくのを見たいのか」を示す尺（スケール）になっているか（問題の不在ではない）

---

34)　Andrew Turnell, セーフティ・プランとその制作工程について（研修配布資料）、2016年1月

成功までの軌道を順調に行っているか否かを測る上で良いDSとSGとセーフティ・スケールの３点が必要です。その上で大事な日付について考えます。終結の日です。

終結の日は、「どうやる」の欄のステップやボトムラインにどのぐらい時間がかかるか、家族と子どもたちが家に帰っていることを切実に希望している日も考慮に入れて考えます。子どもと家族にかかわっている関係機関の専門職が異動にならないかどうかも考慮します。

図14のトラジェクトリは、一般的な再統合事例のためのものです。再統合過程に３か月から９か月かけるというのは、あくまで一般論です。DSの深刻さ、個別の状況によって「8. セーフティ・プランを親とセーフティ・ネットワークで作っていく」と「9. 相談機関とセーフティ・ネットワークによるモニタリング」の長さは長くなることもあります。と、同時に鉄は熱いうちに鍛えよと言われている通り、短期の方が家族もネットワークも関係機関も集中して取り組めることは間違いありません。

白紙（図13）の状態からどうやって始めるかと言うと、段階は図14をそのまま利用できますが、担当している子どもと家族の個人名を入れるなど個別仕様に書き改めます。ミーティングの欄には、同じ行の段階（ステップ）のために何回、誰とどういう目的で会うかを記していきます。日付と面会交流の調整については、手元にカレンダーを用意し、以下を参考に全体の設計（デザイン）をしてください。終結までにどのぐらいの時間をかけるかと子どもが家庭に帰る日がトラジェクトリの要です。一番最初にこれらの日付を布置します。

①次回の家族との面接日程を「第一週」の欄に書き、終結の日が日付の列の最後の欄になります。

②終結の日から家族やネットワークが示すセーフティの「一定期間」を引き算した日を目安に子どもが家庭に帰る日を決めます。

③セーフティ・ネットワークが動員できたとして、セーフティ・プランの立案並びにどのように面会交流の機会を設定することでセーフティ・プランがうまくいくことを証明していけるかを計画するために何回のミーティングが必要か（モデルでは3、4回）を家族とセーフティ・ネットワークの人がミーティングをするだろう頻度との兼ね合いで期間を考えます。

日付	段階	ミーティング・面接	面会交流の調整
第 1 週	保護者らがセーフティ・プランニングのプロセスにコミットする	保護者とトラジェクトリを一通り確認するために会う	専門職が立ち会う面会を増やす（例えば、一週間に 2 時間から 4 時間へ）
第 2-4 週	保護者らがセーフティ・ネットワークの人を見つける。セーフティ・ネットワークの人は、相談機関の DS と SG について知らされている。面会交流における当面のセーフティ・ガイドライン（右欄）についても承知している	保護者、ネットワークの人と一緒に SofS マッピングとトラジェクトリを確認する	専門職による面会の立ち合いをセーフティ・ネットワークの人に部分的に移行させる。但し、面会交流の場所は、公的な場所に限る
第 4-8 週	子どもにする説明の下書きをつくり、推敲する（W&P）	子どもに説明をする目的の W&P を作成するためのミーティングを 2 回から 3 回	一週間毎に、面会時間と面会回数を増やしていく（例えば、平日、一回 4 時間の面会を 2 回に増やし、夕食を家庭で食べることも良しとする。また、週末に一回、8 時間の面会交流にするなど）
第 9 週	子どもに説明する目的の W&P を子どもにプレゼンテーションする	プレゼンには、子どもたちとネットワークのメンバー全員が参加	面会交流の全部の機会のスーパービジョン（立ち合い）をネットワークの人が行うようにする
第 10-18 週	セーフティ・プラン最終版に向け、セーフティ・ガイドラインの詳細を詰める。このセーフティ・プランと面会交流を増やしていく流れとは連動している	3 回ないし 4 回のミーティング	面会交流のレベルをあげていく。初めての外泊をネットワークの人の監督の下、行う。面会交流の後、専門職が子どもたち、セーフティ・ネットワークの人、保護者に会って面会交流のモニタリングを行う
第 19 週	セーフティ・プランの最終版が作られ、子どもたちの年齢にあった言葉でセーフティ・プランのプレゼンテーションがされる	セーフティ・プランのプレゼンテーションのミーティングは、子どもたちとネットワークのメンバーが参加して行う	初めての 1 週間の外泊
第 20-36 週	セーフティ・プランがうまく利用され、必要に応じ、保護者とネットワークの人とミーティングを行う。相談機関のモニタリングは、3 か月から 6 か月		第 28 週の再統合まで、面会交流を増やす。専門職によるモニタリングも継続する。 再統合の後、モニタリングの役割をネットワークの人たちに移譲する
第 36 週		お祝いのミーティング	終結

図 14　再統合のトラジェクトリの例

日付	段階	ミーティング・面談	面会交流の調整
第１週 ~2週 ○月○日 ○月○日	保護者らがセーフティ・プランニングのプロセスにコミットする	父と１度個別に、その上で父母とＡちゃんの状況について共通の認識と目標を持つための面談、子どもに説明をする目的のW&Pを作成するための面談を１回から２回で （詳細） 1. Ａちゃんがマイ・スリー・ハウスで描いたものを父母に見てもらう 父とはSofSマッピング、セーフティ・サークル 父母との面談では、SofSマッピング、トラジェクトリを一緒に確認する～記された道を父母が本気で行くか、ここから歩み出す道標として十分かを話題にする（質問を用意する） トラジェクトリの中のビッグ・イシュー、暴力について話題にする（質問を用意しておく） W&Pについてワーカーの下書きを父母に見てもらう（W&Pのつくり方） 2. Ａちゃんとセーフティ・サークルで面談する 3. 父母がセーフティ・ネットワークの動員に成功するための面談 父母と母方のソーシャルネットワークだけでなく、父方（ＢさんとＡちゃんの実父）のソーシャルネットワークの可能性について尋ねる（ファミリー・セーフティ・サークル） Ａちゃんのセーフティ・サークルを父母に見てもらう（ネットワーク・マトリクスで質問用意） ステップの詳細（ボトムライン）：５人のセーフティ・ネットワーク、しかも３年は同じメンバーで続くネットワークを相談機関が求めていることについて話題にする質問を用意しておく 4. Ａちゃんとセーフティ・ハウスで面接	専門職が立ち会う面会
○月○日 ○月○日 ○月○日	保護者らがセーフティ・ネットワークの人を見つける。セーフティ・ネットワークの人は、相談機関のDSとSGについて知らされている。面会交流における当面のセーフティ・ガイドライン（右欄）についても承知している 子どもにする説明の下書きをつくり、推敲する（W&P） 子どもに説明する目的のW&Pを子どもにプレゼンテーションする セーフティ・プラン最終版に向け、セーフティ・ガイドラインの詳細を詰める。このセーフティ・プランと面会交流を増やしていく流れとは連動している	父母とセーフティ・ネットワークの人と一緒にSofSマッピングトとトラジェクトリを確認する（１回）、父母とはW&Pの続きをやる（１回から２回） （詳細） 1. SofSマッピングとトラジェクトリについて確認し、セーフティ・ネットワークの人にこのミーティングがどういうプロジェクト・チームか共通の理解をもてることが目的なので、DS、SG、セーフティ・スケールを読んでもらい、みんなでスコアをつけてみる ２種類のDSに対抗する人海戦術が、相談機関の求めているところという案内をする Ａちゃんのセーフティ・ハウスを父母、セーフティ・ネットワークの人と共有する（質問を準備） セーフティ・プランが３年間は長持ちすることを相談機関が考えていることも伝える（質問を準備） 他にこのプロジェクト・チームに入ってもらうといい人がいるかも考えてみてもらう 相談機関として、地域関係機関に連絡や報告する必要がある場所を伝える。その機関にはどういう形でこれから先、入ってきてもらうのがいいかを聞く W&Pの読み聞かせのための日程、セーフティ・ミーティング開催予定を決め、トラジェクトリのカレンダー様式を完成させる W&Pの読み聞かせは、誰か一人でも欠席したら延期になることを伝える 2. 父母とはW&Pの推敲をする。家族の伝えたいこと、表現と相談機関の捉えている深刻さ（ここは割り引かない）をどう表現するか。読み聞かせ本番の前に内容を一応見てもらった方がいい人がいるかを聞き、そのようにしてもらう。例えば母方祖母など W&Pの読み聞かせとは、実際にどういう風にするかを確認。特にお父さんの役割がどういう風であればいいかを話題にする	専門職による面会の立ち合いを部分的にセーフティ・ネットワークの人が立ち会うようにしていく。但し、面会交流の場所は、公的な場所に限る
		子どもに説明をする目的のW&PをＡちゃん、セーフティ・ネットワーク、Ａちゃんの現在のケアラーの集まったところで読む会と引き続きセーフティ・プランニングをするセーフティ・ミーティング（１回～２回） （詳細） 1. Ａちゃん、セーフティ・ネットワーク、Ａちゃんのケアラーの集まったところでW&Pの読み聞かせをする そこに参加した人に一部ずつ配付できるよう、W&Pのカラー・コピーの準備をしておく そのままセーフティ・プランニングに移る DS、SG、セーフティ・スケールを読んでもらい、スコアをつける ２種類のDSに対抗する人海戦術について具体的な計画を作る話し合いをする。	公的な場所での面会交流の全部の機会の立ち合いをネットワークの人が行うようにする

		援助者は良い質問でディスカッションをアシストする どのようにしてセーフティを示すか。示し方、方法について話題にする（セーフティ・ジャーナルやアプリなど） 安全にセーフティ・プランの検証をするための計画を作る話し合いをする～セーフティ・スケールを軸にいくつのスコアのところでどういう練習やリハーサルをするかを具体的にカレンダーに書き込む どのぐらいの期間、セーフティ・プランがうまくいくことを証明できれば、定着したものと考えられるか（セーフティ・ジャーナル）、相談機関や地域関係機関という公的な立場の人に思ってもらえるかを話題にする SofS マッピングの HS のところを示し、セーフティ・プランや検証実験（練習やリハーサル）の計画が HS を引き起こさないか、DS を回避できる確率がどのぐらいかを問う 2. A ちゃんとセーフティ・オブジェクトで面談する、セーフティ・スケールを聞く	
第 2 週 ～3 週 ○月○日 ○月○日	セーフティ・プランの最終版が作られ、子どもたちの年齢にあった言葉でセーフティ・プランのプレゼンテーションがされる	セーフティ・ミーティングは、父母とセーフティ・ネットワークの人が集まり、セーフティ・プランをより洗練されたものにする（2 回） （詳細） DS、SG、セーフティ・スケールを読んでもらい、スコアをつける 援助者の上司（会議）や地域関係機関がいくつとつけるだろうかという聞き方もする AI の聞き方でうまくいったことから話題にする セーフティ・ジャーナルのうまくいっているところをミーティングで共有する A ちゃんの学校生活、1 年間や次の 3 年間を考えて、学校がある普段と違う時、普段と違って家族の誰かやセーフティ・ネットワークの人が病気にかかったり、何らかの突発的な事情があった時…のようにセーフティ・プランの漏れがないかを生活ベースで点検することを話し合いの中心にする。援助者は、そのために質問を用意しておく A ちゃんのセーフティ・オブジェクトをセーフティ・プランの実証実験の計画（練習やリハーサル）にセーフティ・オブジェクトのことも盛り込んでもらう 父母に新しい生活の仕方（セーフティ・プラン）を説明する W&P の作成を求める セーフティ・プランの W&P は、お台所の冷蔵庫に貼っておけるぐらい、いつでもすぐに見られるような工夫をお願いする 家族のものになっていくセーフティ・プランを援助者の自分がコントロールを手放す用意があるかどうかを自答する。スケーリング・クエスチョンで 10 が家族とセーフティ・ネットワークの努力の成果に A ちゃんの安全を委ねられる、0 が全然委ねられないとしていくつかを考える～課題があるとしたら、それをセーフティ・ミーティングで話題にする	面会交流のレベルをあげていく。初めての外泊をネットワークの人の監督の下、行う。面会交流の後、専門職が子どもたち、セーフティ・ネットワークの人、保護者に会って面会交流のモニタリングを行う 初めての 1 週間の外泊
第 4 週 ○月○日		セーフティ・プランのプレゼンテーション（W&P）のミーティングを A ちゃんとネットワークのメンバー、ケアラーが参加して行う（1 回） （詳細） A ちゃん、セーフティ・ネットワーク、A ちゃんのケアラーの集まったところで W&P の読み聞かせをする そこに参加した人に一部ずつ配付できるよう、W&P のカラー・コピーの準備をしておく セーフティ・ネットワークと父母と、今後、セーフティ・プランを変更しないといけないことになった時にどうするかを考えてもらう。例えば、A ちゃんたちが引っ越しするような時	第 4 週の再統合まで、面会交流を増やす。専門職によるモニタリングも継続する。 再統合の後のモニタリングの役割をネットワークの人たちに移譲する
第 4 週 ○月○日	A ちゃんがお家に帰る日 セーフティ・プランがうまく利用され、必要に応じ、保護者とネットワークの人とミーティングを行う。相談機関のモニタリングは、3 か月から 6 か月	必要に応じてのセーフティ・ミーティング （詳細） DS、SG、セーフティ・スケールを読んでもらい、スコアをつける AI の聞き方でうまくいったことから話題にする	
第 24 週 ○月○日 （年度をまたがない）	終結の日	お祝いのミーティング AI の聞き方で、家族から今回の相談機関の援助について少しでも良かったことについて話を聴く AI の聞き方で、A ちゃんからも今回の相談機関の援助について少しでも良かったことについてお話を聴く	終結

④上記、セーフティ・プランニングの段階の直前にセーフティ・ネットワークや子どもたちのケアラーの集まるところで家族がワーズ＆ピクチャーズを子どもたち（きょうだい児含め）に読み聞かせをする日を設定します

⑤できるだけ早くセーフティ・ネットワークを動員することに関して家族と話ができている必要があるので、セーフティ・ネットワークの動員のことで何回、そしてセーフティ・ネットワークと家族と援助者とのセーフティ・ミーティングがいつになるかを設定します。

⑥面会交流の調整は、ワーズ＆ピクチャーズの読み聞かせの前後で格段に変わります。ワーズ＆ピクチャーズ読み聞かせ前までは職員の立会いの下での面会交流だったところが、以後は、セーフティ・ネットワークの人が家族の面会に立ち会うように変えていきます。子どもを安全にする責任を職員からセーフティ・ネットワークに徐々に委ねていきます。セーフティ・ネットワークの人数が増えた分だけ面会交流の頻度と時間、場所が拡大されますが、時間と場所の設定は、セーフティ・プランの練習やリハーサルと連動します。

トラジェクトリは、ここから先、終結までのサインズ・オブ・セーフティという軌道を行く旅の全体日程です。援助者は、サインズ・オブ・セーフティの行程全体を俯瞰しつつ、細部で自分がどうすべきかを考えることになります。ミーティングの欄を書いていると、それぞれのミーティングの式次第（アジェンダ）がどういうものになるかがはっきりしてきます。あるいは聞いておくべき質問が出てくることがあります。そういう時は、それらを「詳細」としてトラジェクトリの中に書いておきます。

面会交流の調整については、面会の仕方が今までと変わっていく都度、援助者はDSマインドで「この状況で今までと違う時間や場所に子どもと家族とセーフティ・ネットワークの人が活動する時、子どもに起きるかもしれない危害（ハーム）があるとしたら何か。HSに記した内容は、起きないか」を考えます。起きるかもしれない危害（ハーム）については、それを話題にすることをセーフティ・ミーティングの式次第（アジェンダ）に入れ、質問を用意し、心配事は却ってセーフテ

ィ・プランの稼働試験、負荷試験としてのいい機会として捉え、どう活かすかを一緒に検討することを計画します。失敗をさせないように何かをしない（ようにと、指示・制御を援助者がする）のではなく、セーフティ・プランニングの段階では、どう安全にプランを部分的に練習する、安全にリハーサルする機会を作るかを計画するつもりでトラジェクトリを整えていきます。行程（トラジェクトリ）を先に進めることに慎重になるべきかどうかは、まずセーフティ・スケールのスコアから家族、子ども、セーフティ・ネットワークの人たちとで考えます。

Aちゃんの状況を考えた時、詳細を記したトラジェクトリ例を84〜85ページに示しました。実際に家族やセーフティ・ネットワークと共有するものは、カレンダーのような形にするなど簡便な様式に適宜変えることもできます。

5. 家族のために見通しを明確にする

ここから家族にトラジェクトリを示します。家族がしるされた道を本気で行くかを話題にするのもこのタイミングです。家族の気持ちを試すようなことをするのではなく、ここから歩み出す道しるべとして十分かを話題にするということです。

ステップは、それが1回の面接や1回のセーフティ・ミーティングを意味している訳ではありません。援助者は、DSからSGへとサインズ・オブ・セーフティで記された道の全体像を常にイメージし、家族とセーフティ・ネットワークが素早く確実に到達することができるにはどうしたらいいかを援助の開始から常に考えています。

6. 家族と一緒に、情報提供されたうえで納得しているネットワークを作る

ツール：ネットワーク・マトリクス

サインズ・オブ・セーフティのセーフティ・プランニングのなかでもソーシャルネットワークの動員を求め、その人たちが子どものセーフティの構築に参与してもらう部分については、世界中の国の人が「我が国ではできない」と、最初は反応します。例えばスウェーデンは、核家族単位で独立した暮らしを営むのが基本という価値観が浸透しているため、よそのお家を頼り

セーフティ・ネットワークとサポート・ピープルを探す

自分たちや子どもたちをサポートしてくれるかもしれない人々について話し合う時のために、サポートしてくれた人、してくれている人、可能性のある人に関連し、思いつく限りたくさんの質問を書きます。

	ポジティブ	ネガティブ
過去		
現在		
未来		

図15 ネットワーク・マトリクス

にするということにひどく抵抗があるそうです。また、家の恥をさらしたくないという気持ちを家族が持つのは、どこの国であれ同じです。

ソーシャルネットワークの部分を話す質問をどのぐらい用意して面接に臨むか、その場で熟議になる質問をどのぐらい考え、言うことができるかは、こちらの技量（スキル）にかかっています。ネットワーク・マトリクス（図15）は、ソーシャルネットワークに関する質問を考える時の援助者のためのツールです。

左の列が過去、現在、未来と言う時制を表しています。横軸が肯定的もしくは否定的という性質を表しています。交わる空白の箇所に援助者が質問を書いていきます。Aちゃんの状況の場合（図16）参照。

「一緒に考える」とは、聞かれなければ思い出すこと、聞かれなければ想像することがなかったことを考えられる何かが出てくるような質問を肯定的な文脈の中で（＝讃える、共感を伝達する）行っていくことです。

7. 子どもたち（と、他の人皆）に説明をする

方法：秘密を解除する目的のワーズ＆ピクチャーズ

Words and Pictures（ワーズ アンド ピクチャーズ）（W&P）とは、「言葉と絵」の意味です。映画製作の

セーフティ・ネットワークとサポート・ピープルを探す

	ポジティブ	ネガティブ
過去	・お母さんやお父さんは誰かに助けてと言ってみて、言ってよかったと思えたことは？ ・逆にお母さん、お父さんが誰かの助けになれた時のことで、相手の人はあなたのしてくれたどんなことが良かったと言ってくれましたか？ ・その時のお母さん、お父さんは、その人のどんなところからお手伝いするアクションを起こすことにしたんですか？	・誰かに助けてと言ってみた時に却って嫌な思いをしたときは？ ・10から0で今まで誰かを頼った時の経験は、0が頼まなければ良かった、もう絶対頼まないと思った。10が必ずしも全部が思ったようにはいかなかったし、嫌な気持ちにもちょっとなったけど、やっぱり困ったときは自分以外の人が必要だと思った。いくつでしたか？
	・Aちゃんがここにいて聞いたら、Aちゃんはお母さんが誰かに何か頼んでくれた時のことで、どんなことは良かったと言うと思いますか？どんなことは良くなかったと言うと思いますか？	
現在	・人を助けたり、助けられることについて、どういうお考えですか？　どういう時は、勇気を出して誰かに助けを求めることも有りだと思いますか？ ・今の生活がまわるために、今、現状、助けになってくれている人は誰ですか？ 　・どういうところで助かっていますか？ 　・最初はどうやって始まったんですか？ ・Aちゃんとセーフティ・サークル ・Bさんとセーフティ・サークル	・「どうしてあの時、すぐに言ってくれなかったの？」と、困っていたことを打ち明けなかったことで周りの誰かをがっかりさせたことはありましたか？今は、その時のことをどう思いますか？ ・「余計なお世話」「ほっといて」などのように思うことありますか？人からどういうことを言われたり、されたりする時ですか？
未来	・Aちゃんには、人を助けたり、人から助けられることをどういう風に理解して大人になっていってもらいたいですか？ ・Aちゃんが大人になって、例えば結婚するとして、結婚式に招待する親戚やお友達が何人ぐらいいてほしいなと、想像してみて思いますか？ ・仮に想像もできないようなことが起きて、お母さん、おばあちゃんがAちゃんを育てられなくなったとして、それでもAちゃんの未来、行く末を安心していられるとしたら、それはどういう状況があるからでしょう？ ・今の生活にAちゃんが怖い気持ちにならない、女の子として嫌な想いをしないで済むために頼もしい人、協力してくれる人があと5人生活に加わってきたら、Aちゃんは今とどんなことが違ってくると言うと思いますか？ ・5人の人がどんなことをしてくれるからだと思いますか？	・どんなに親しくても結局一番困った時には誰も助けてくれないもんだと納得している自分がいるとしたら、これから先のどんな経験がそう言わせるのだと思いますか？ 　・それがAちゃんだったら？　Aちゃんが世の中は誰一人信用できないと信じるようになってしまったとしたら、これから先のどのような経験がそう言わせるんだろうと思いますか？

図16　ネットワーク・マトリクス例

際の絵コンテのようなイラストと文章です。4枚から6、7枚程度の棒人間の絵と文章で子どもたちに「何が起きてどうなり、そして今何が起きているか」「どういうわけでこどもは家族と一緒に暮らしていないのか」の話をします。この制作を家族と援助者で行い（2、3回のミーティング）、その後に読み聞かせの会を一席設けます。会には、読み手の家族、話を聞く子ども、そのきょうだい、セーフティ・ネットワーク、子どもの生活に携わっている専門職（ケアラー）が参加します。目的は、虐待が続く要因の「家族の秘密」をオープンにすることです。何が心配されているかがオープンになり、共有されることによってセーフティ・プランニング段階の弾（はず）みがつきます。

秘密の解除をどうして絵コンテという方法でやるのかと言うと、絵コンテは手元に残るからです。子どもたちは、1回で大人の話すことを全て理解することはできません。口頭で伝達されても全部を覚えていられません。絵コンテになっていれば、読み聞かせをする時にいくらでも一つの絵コンテに時間をかけて会話することができます。前のページに戻るのも、もう一度最初からお話してと言うのもできます。また子どもの手元にあれば、好きなところを何度でも読み返すことができます。複写し、同じものが子どもを取り巻く大人の手元にあることで、子どもが質問をする人によって少しずつ説明が違ってしまうことから生じる混乱を避けられます。ワーズ＆ピクチャーズは、子どもの手元に記録として、また記憶にも残ります。

ワーズ＆ピクチャーズを作っていく上でもDS、SGが整っていることが先行して欠かせません。「1. 援助者がDSとSGを書く」という時から、ワーズ＆ピクチャーズのことは念頭において絵コンテの下書きをすることを推奨します。絵コンテのシンプルな筋書き（アウトライン）に沿って子どもたちと家族の状況を考えようとすることで、ケースでどういうことなのかがはっきりしてくるということがあります。

ワーズ＆ピクチャーズの筋書き（アウトライン）（もしくは構成要素（エレメント））は、4つです。

1．誰が心配していたか

2．何を心配していたか（DSと影響）

3．そして何が起きたか（HS）

4．今、私たちがしていること（SG）

ここで更に手間が増えたというよりも、既に専門的な視点で捉えた子どもと家族の状況を子どもたちに意味を成すよう説明するための方法がW&Pです。私たちの仕事が、常に「子どもにとってはどうなのか」という視点から点検される必要があることは言うまでもありません。

ワーズ＆ピクチャーズの作成上の留意点としては…

・家族の言葉をできるだけ取り入れる

・文化的な差異や信仰を尊重する
・ワーズ＆ピクチャーズの始まりは中立的もしくは肯定表現にし、終わりはポジティブなメッセージにする
　・最後のイラストは、大概、家族とセーフティ・ネットワークの人、援助者が集まり、子どもに起きたことが二度と起きないように計画を立てる絵
・子どもたちの生活の中で大事なポジティブな出来事も全体のストーリーのなかにうまく入れる
・文章は事実を中心に叙述する
・虐待に関連した文章の絵は、危害を直接的に受けている場面ではなく、そこから救済された絵を描く。例えば救急車に乗っていった絵
・性虐待事案では、男女の子どもが水着を着た絵でプライベイト・パーツがどこかを示すイラストを必ず入れる

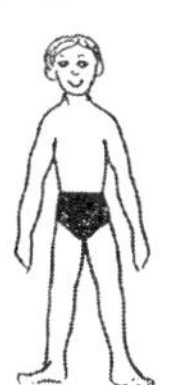

プライベート・パーツは、水着で隠れているところのこと
Artwork（イラスト）by Susie Essex

図17　プライベイト・パーツ[35)]

・棒人間で描く
写真は注意を要します。大人が知らないだけで、その写真の場所、あるいはその写真を撮った日にトラウマティックな出来事が子どもにあったかもしれないので
・絵はヘタウマでよい
・子どもへの注文や指示は文章に入れない。例えば「○くんもがんばってください」

35）Andrew Turnell 2日間研修配布資料（2008年8月、東京）

Aちゃんの例でワーズ＆ピクチャーズを書く時、絵と文のアイディアをまず書き出してみます。

「誰が心配していたか」の絵コンテ：

文①：みんながAちゃんには幸せになってほしいと思っています

絵①：おばあちゃんが作ったご飯を食べているAちゃんのところにママが「ただいまー」と帰ってくる。Aちゃんは「お仕事お疲れさまー」と言っている。

文②：おばあちゃんは、Aちゃんたちの家の近所にお引っ越して、お父さん（Bさん）と3人の生活になりましたが、みんながAちゃんに幸せになってほしいという思いは変わりません。お父さんもお母さんもAちゃんには好きなことをできるだけやらせてあげたいと思っています。

絵②：お父さん（Bさん）がAちゃんにスマホを渡しながら「小説を書くなら今はスマホ時代」、お母さんが「Aは作文が上手」と言っている。Aちゃんも喜んでいる顔。お辞儀（じぎ）。

「何を心配していたか」の絵コンテ：

文③：ところが新しいお家では、段々と怖い事が増えてきました。お父さんがお酒を飲むと、お母さんを怒鳴ったり、叩いたりします。Aちゃんは、怖くて固まって動けません。2時間も3時間も続くけんかの最初から終わりまで、その激しさを間近に感じ、やりとりも耳に入ってきています。

絵③：Aちゃんに声をかけた学校の先生

「そして何が起きたか」の絵コンテ

文④：Aちゃんはお父さんがいつか自分にも怒鳴ったり、叩いたりするかもしれないと、お父さんがお酒を飲んでいない時も怖くなりました。お母さんが仕事で夜遅く帰る時は、お父さんと二人になるのも怖い。だけどお母さんが帰ってきてまたけんかになるとお母さんが怒鳴られたり、叩かれたりするのも嫌なので、早く帰ってきてとも言い出せません。一度、夜お風呂に入っていた時、お父さんが脱衣場のとこのドアを開けたので本当にびっくり

図 18　ワーズ＆ピクチャーズ下書き図案例

しました。

文⑤：児童相談所は、子どもたちの相談を聞く場所です。A ちゃんは、児童相談所に来てお話しました。お母さんにも来てもらいました。お母さんは、A ちゃんがしょっちゅう怖い思いをしていたことを知りました。お母さんはすぐにおばあちゃんに何があったかをお話しました。

絵④：お母さんとワーカーが話している場面。ワーカーの吹き出しに「A ちゃんと話してきました」。お母さんの吹き出しに「おばあちゃんにすぐ電話します」と、真剣。

「今、私たちがしていること」の絵コンテ

文⑥：お母さん、お父さん、おばあちゃん、お母さんの職場の上司の D さん、おばさん、お父さん方のおばあちゃん、おじいちゃんと、たくさんの人が集まってミーティングをしました。ソーシャルワーカーは、A ちゃんがお家でしょっちゅう怖い思いをしている心配を話しました。ミーティングに来ていたみんなが「A ちゃんのことで力になりたい」と言いました。お父さんとお母さんは、「よろしくお願いします」とみんなに頭を下げました。これから A ちゃんのお家は前のようにみんなが笑顔のお家に変わっていきます。

絵⑥：テーブルの周りにみんなが座っている。お母さんとお父さんが「よろしくお願いします」と言っている。

下書きは、完璧を目指す必要はありません。家族が自分たちが書き足せる余白、例えば吹き出しにセリフが入っていないところを見つけると、書いてみたくなるように参画を促す工夫になるので完璧でなくともいいのです。

下書きを描いたら、次のミーティングで家族に見てもらい、今度は家族がこれなら子どもに読むことができると思えるように推敲します。家族として子どもが知っているべきと思う内容が下書きに反映されているかどうかを聞きます。家族の方で自分たちが子どもに読めるストーリーにできたと思える作品になってから、その説明が今度は相談機関が子どもに知っておいてほしいことがすべからく入っているかを確認します。

家族は家族でどのような表現でどこまで伝えるかの考えがあります。それまでの家族の歴史や価値を尊重しつつも、相談機関がかかわるだけの、もしくは子どもを一旦家庭から分離する必要ありと判断したほどコトは深刻だったという深刻さは伝わるようにしないといけません。

子どもに読み聞かせをする時は、読み聞かせが会話になるように話していきます。せいぜいが6、7ページのワーズ & ピクチャーズですから、読むだけであれば5分とかからないでしょう。

実際は1枚の絵にしても、「これが誰かわかる？」「この絵の人は、今日は来てるかな？」「この時のこと、覚えてる？」のように会話を少ししてから文章を読むようにします。文章もゆっくり読みます。1枚の絵の文を読み終わったら、また子どもと会話をします。次のページに移っていいか、質問はないかを確認してから次のページに進みます。

特に年齢の小さい子どもと話す場合は、信号機のように役目をするツールを利用します。子どもの好きなもの（流行しているキャラクタなど）を使って、赤・青・黄の信号のように「止まれ」「進め」「注意」を表すコミュニケーション・ツールがあると便利です。「今のはわからなかった」「聞きたいことがある」の時は「？」マークのついた絵、「進んでいいよ」「大丈夫だよ」は、「○」のついた絵、「待って」「もう嫌」の時は「×」のついている絵を指さしてもらいます。ワーズ＆ピクチャーズのお話を読む前に、簡単なやり取りで準備をします。「お話読もうか？」と聞いて「進め」を意味する絵を指さしてくれたら、ワーズ＆ピクチャーズを読み始めます。読んでいる間もしょっちゅう、信号機を使って子どものペースで進められるようにします。

図19　信号機の例

ワーズ＆ピクチャーズの制作と読み聞かせは、「セーフティ・プランニング」の礎（いしずえ）になります。ワーズ＆ピクチャーズで子どもに説明をする内容を一緒になって考え、作っていったことにより、家族、セーフティ・ネットワーク、援助者の関係は深まり、達成感を覚えます。これが、その先に続くセーフティ・プランを作る仕事に弾みをつけます。面会交流も、この時期を境にセーフティ・ネットワークの人と家族と一緒の形で頻度、時間、場所を拡大していきます。

8.（大人たちの）セーフティ・プランを親とセーフティ・ネットワークで作っていく

方法：セーフティ・ミーティング

セーフティ・ミーティングとは、セーフティをプランニングする場であります。それは援助者が目的を持った意図的な質問でもってプランの詳細部分を詰めていく、固めていく場です。

セーフティ・ミーティングはセーフティを確立する目的で集まっているため、ミーティングの始まりは、SofSマッピングのDS、SGを家族やセーフティ・ネットワークの人が音読し、その上で参加者が「セーフティ・スケールがいくつになっているか」と「どういうところからその数字だと思ったか」を話します。

次にトラジェクトリを参照し、前回のミーティングから今回のミーティングの間に起きた「うまくいったこと」から参加者に話をしてもらいます。ホワイトボード等にSofSマッピングをすると、見える化と記録の一石二鳥です。この時の話の聞き方は、“AI（エー・アイ）”（後述）の方法です。

セーフティの詳細を詰めていく上で援助者がどのような意図的な質問を作るのか。DSのところで認知したパターンのことを扱わないでは済みません。次の点を話題にする質問を援助者は作ります。

- ビッグ・イシュー（Big Issue）
  - 「大きな課題」という意味の言葉です。例えば家庭内の暴力や薬物などの嗜癖問題、プライベート・パーツへの不適切なタッチなどの話題（トピック）を指します
- 危険（デンジャー）に少しでも対応できている時は、何が起きているのか
- 引き金（トリガー）になること
- ストレス因（ストレッサー）
- 危険点滅信号
- 何が起ころうとも子どもたちが安全でハッピーでいるために、普段の生活で誰が何をするのか

「どう思いますか」といったものではなく、“解決志向型アプローチ”のスケーリング・クェスチョンや子どもの視点からのリレーションシップ・クェスチョン、例外を探す質問を利用し、セーフティ・プランの詳細についての話のやりとりが続くようにします。

ここで難問を連発して相手を追い詰めてしまってもだめです。比喩や「これまでこういうこともありましたけど」と逸話を利用する、「難しい質問でしたよね」と共感を伝達する、あるいはユーモアを活用し、家族とセーフテ

ィ・ネットワークが肯定的な気持ちでチャレンジできる状況を作ります。アナロジー（類推）とは、似たような例えを利用するということなので、Aちゃんの状況では、「例えばお母さんやお父さんの上司がお家に来られて、途中でおトイレに行かれたとしますよね。おトイレの近くにお父さん、行きますか？　お母さんは？」、「Aちゃんに聞いたら、お客さんがおトレイに行ったときと同じぐらいトイレやお風呂に入っている時に気を回してほしいが10、0がトイレだろうとお風呂だろうと着替えだろうと余計な気遣いは無用だとして、いくつを求めていると思いますか」のような会話をすることを指しています。一足飛びにセーフティ・プランはできるものではありません。

セーフティ・プランニングは、旅路（ジャーニー）です。旅にハプニングはつきもの。それは失敗ではなく、セーフティ・プランをより盤石にするための好機（チャンス）として「Fantastic!（ファンタスティック）」と歓迎します。援助者の仕事は、家族とセーフティ・ネットワークの人たちで危険をしっかり考えてもらい、危険が常に対応可能であるようなセーフティをプランニングしていくような機会、場を準備することです。

Aちゃんの状況では、お父さん（Bさん、内夫）の飲酒が引き金（トリガー）という話になるかもしません。そうすると家族とセーフティ・ネットワークは、お父さんがお酒を止めることをセーフティ・プランの案として言ってくるかもしれません。あるいは、地域関係機関からも父親が断酒することが絶対だと言われるかもしれません。そのような時は、「セーフティ」を確立するのに役立つ会話のための質問を考えます。

・こういう話を子どもに聞かせるのはまずいなとか、こういう場面を子どもに見せるのは良くないなと思って、少しでもセーブしたことはどんなことですか（例外を探す質問）
・今晩は修羅場になるかもしれないと、予兆がわかる時はどういうところからわかりますか？
  ・誰がわかりますか？
  ・雲行きが怪しくなりそうな予感がした時は、Aちゃんのためにどんなことはしてあげていますか？
・Aちゃんに聞いたら「断酒計画」で10がおばあちゃんがいた時みたい

に学校が終わったらすぐに帰りたいお家、0が学校の先生に打ち明けたように「帰りたくない」お家として、いくつになると言うと思いますか？（リレーションシップ・クエスチョン＆スケーリング・クエスチョン）

・断酒に成功する人の割合がどのぐらいかご存知ですか？　私も無理でした（←これで笑いを誘えそうなら言います）。断酒を試みた人がどのぐらいで再飲酒することになるか、ご存知ですか？　セーフティ・プランは、Aちゃんが高校生になるぐらいまでの3年は長持ちするような計画であってほしいのですが、お父さんの「断酒計画」メインでどのぐらい持ちそうですか？

サインズ・オブ・セーフティの軌道に乗って「セーフティを計画するミーティングをしていれば必ずゴールにたどり着けるか」ですが、セーフティについて話をする中で家族とネットワークが却って慎重になり、セーフティ・プランニングの進み（ペース）がゆっくりになることも起きます。ペースダウンが、相手の抵抗や動機づけのせいとは限りません。またあらゆる手を尽くしても十分なセーフティを構築できず（セーフティ・スケールが十分なセーフティのスコアを示さない）、結果的に親族里親家庭で育つことになる場合もあります。それでも「セーフティ・ミーティング」の過程において正に「自分たち」でセーフティ・プランを考え、何とかものにしようとしたプロセスがあったことにより、家族もセーフティ・ネットワークも子どもたちも結論を受け入れることができます。その場合、離れていてもHSが二度と起きない形、範囲の中で子どもたちが守られながらも家族の絆をどうやって維持するかのところまでセーフティ・ミーティングで扱い、W&Pを作成し、終結することになります。

9. 相談機関とセーフティ・ネットワークによるモニタリング

ツール：セーフティ・ジャーナル

セーフティ・ジャーナルは、家族とセーフティ・ネットワークの人が成功したことを綴（つづ）るジャーナル（日誌、記録）です。日誌を書く人は、主には家族、セーフティ・ネットワークです。子どもたちや専門家がセーフティ・プランが功を奏していることについて書くこともできます。皆が、いつでもこのノートを閲覧できます。アナログにノートを利用するのも、Facebookのようなインターネット上のコミュニケーション手段を利用するのも、皆がアクセスできる限りはOKです。

項目は、「どこでいつ」「誰が何をした」ことによって子どもがDSに示されていたことから守られたのか。その事実をどうやって確認できるのかを記したのが「どのようにして私たちは知るのか」です。「メモ」は、その後の顚末(てんまつ)や感想（例えば「すごいなって思った」とか）などです。

セーフティ・ジャーナルは、一時的に家庭から分離された子どもと家族の面会の時から利用することができます。面会の時に家族がどのように子どもへ配慮を示したのかを家族とそこに立ち会った援助者もしくは職員が一緒に書くことができます。後から子どもの感想をメモに書いておくこともできます。このようにして早期に「既にあるセーフティ」「既にあるストレングス」の情報収集をすることができれば、セーフティ・プランが家族のものになる行程の展開も早くなります。

セーフティ・ジャーナル

セーフティのデモンストレーション・ツール、：方法、責任を委ねる態度

誰が何をしたか	どこで、いつ	どのようにして私たちは知るのか	メモ

デモンストレーション：家族とネットワークの人が成功を記録する

図20　セーフティ・ジャーナル

10. 子どもたちに入ってきてもらう

ツール：セーフティ・オブジェクト

セーフティ・オブジェクトとは、子どもが決めたオブジェクト（object）、物を合図とするやり方です。子どもたちは、何かうまくいかないことがあっ

てもなかなか言葉で言うことができません。物の向きをそっと変える、いつもと違う場所に置く、あるいはその物を学校などのセーフティ・パーソンの机の上にそっと置いておくようなことであれば、何かがうまくいっていないこと、何か心配なことを言葉でなく伝えられます。言葉を使わないですぐに伝えられる簡単な手段です。何も書いていないメールが届くやワン切り（電話機に呼び出しを1回鳴らしてすぐ切ることで、相手の着信履歴に自分の電話番号が残る）という手も今なら有りです。

子どもが選ぶ物（オブジェクト）は、子ども以外が触ってはいけないのがルールです。いつも目に入るところに置いてあるそのセーフティ・オブジェクトが普段と違っていることに気がついた人は、あるいは子どもが持ってきたオブジェクトを受け取った人は、それからどういう行動（アクション）を取るのか（誰かに電話をするのか、家庭訪問をするのかなど）まで予め決めておきます。家族とセーフティ・ネットワークが自分たちのシステム内でどのように危機に対応できるようになったかを示してもらうのだという視点で相談機関は終結までを考えます。

セーフティ・プランニングの稼働点検に、セーフティ・オブジェクトの予行演習も組み入れます。また、子どもはいつでも予告なしの防災訓練をすることが許されていることも家族とセーフティ・ネットワークの人は承知しておきます。これはセーフティ・オブジェクトがただの置物にならないために大事なことです。

11．“否認”という課題に対処する

ツール：シミラー・バット・ディファレント・ロールプレイ

「似ているけど違う家族の会話をする（'Similar but Different' Conversations）」というテクニックは、リゾリューションズ・アプローチ[36]から来ています。同アプローチは、虐待の責任の所在について親と関係機関の意見が分かれている、両者で言い争いになっている重篤な児童虐待事案においてセーフティを生み出す方法論です。このロールプレイはその一部で、これだけで子ども

36) Andrew Turnell and Susie Essex Working with 'Denied' Child Abuse, The Resolutions Approach 2006. Open University Press（邦訳「児童虐待を認めない親への対応」井上薫，井上直美監修，板倉賛事訳　2008年　明石書店）

を安全にすることはできません。

自分たちと一緒だと思えるぐらい同じでありながら、これは自分たちではないと思えるぐらいに違う家族の概略（家族構成は同じで、職業や年齢が少し違う。子どもへの危害（ハーム）は変えてあるが、深刻度は同じ）を「シナリオ」として作成し、加害者の見解や非加害親のジレンマ、子どもの観点などを話題にしたロールプレイを行います。親が行うロールプレイのミーティングには、子どもは入りません。リフレクティブ・チームの参画を必要とする家族療法的なアプローチです。心理教育プログラムではありません。

模擬家族を一緒に構築するシナリオ作成の過程では、名前や仕事を何にするかなどの遊び心が入ってきます。その家族のふりをする家族は、「自分たちではない」分、自由にいろいろな物語を思い巡らすことができ、その文脈（コンテキスト）から今までとは違う話を聞くことができます。

このステップを必ず軌道（トラジェクトリ）に入れないといけないと決まっている訳ではありません。実際のところ、児童虐待容疑を否定する家族と話し合いになるサインズ・オブ・セーフティの過程で援助を進めていると、それまでのステップで真実味のある話をする機会が幾度も訪れます。

12. 子どもたち中心のセーフティ・プラン完成版を作り上げる

ツール：子どもを中心としたセーフティ・プランを表したワーズ＆ピクチャーズ

セーフティ・プランは、家族とセーフティ・ネットワークの人が作った具体的なものです。子どもたちが安全なことをみんなに示すことができるルールで、普段の生活で家族がどのように暮らし、子どもたちの面倒を見るかを述べているものです。

今までとは違う生活の仕方になるため、子どもたちに大人が作ったセーフティ・ルールをわかりやすく説明するためにワーズ＆ピクチャーズの形にします。

年齢の小さい子どもたちには、文章で示した箇所を読んだ後に、そのルールが適用されている正しい場面の絵と間違った場面の絵の２種類を用意し、どちらが○でどちらが×かを書き込んでもらうような仕組みを作っておくこともあります。耳で聞いただけでなく、実際にわかったことを確認し、誉めて強化します。このように子どもと会話になるように完成したセーフティ・プランのワーズ＆ピクチャーズを読み聞かせするやり方は、何が起きていたかを説明したワーズ＆ピクチャーズの読み聞かせの時と変わりません。

Aちゃんは架空の事例なのでセーフティ・プランがどうなったのか、どのようなセーフティ・プランがワーズ＆ピクチャーズになったかはわかりません。が、一つ確実に言えることは、セーフティ・スケールをコンパス代わりにSGに向かう軌道（トラジェクトリ）を家族の強い思い（アスピレーション）が燃料となって進んでいっていれば、Aちゃんが再度危害に遭うことが回避された生活がいろいろな人の力を借りて出来上がっているということです。

以下、タネルとエセックス[37]の心理的虐待事例（サミー、6歳男児）のセーフティ・プランのワーズ＆ピクチャーズを紹介します。ビッグ・イシュー（家庭内の暴力）に関する合意事項と子どもが具体的にどのように守られるかを記したセーフティ・プランは、家族とセーフティ・ネットワークが積み上げてきた結果であり、援助者や相談機関の指導の賜物ではありません。援助者も家族とのアメイジングな旅の思い出が詰まった過程です。私たちは一家族一家族の全く異なる旅路の経験があるからこそ、次の家族と子どもたちとの出会いはどうかなとわくわくし、喜んで新しい電話を受けられるようになるのです。

Rule 1:
パパがママや他の人を叩いたり、怒鳴ったりしないというのが、一番重要なルールです

①パパ：君のお母さん、あのことは間違ってるよね
②ママ：あなたはそれを母に言うべきだと思うわ
You need to tell her I think
Your mum was wrong about that

37) Andrew Turnell & Susie Essex, Safety Planning: A Plan for Sammy（Domestic Violence）, Signs of Safety Knowledge Bank 2014

Rule 2:

パパとママが何かで意見が合わないとき、言い合いになったり，大きな声になったら、サミーに大丈夫だからねといっぱい言って安心させてあげること

パパ：心配しないでね。大丈夫だからね。

ママ：サミー、大丈夫だからね。パパとママはちゃんと解決できるから。

Rule 3:

意見があわない問題がある時、パパとママはお話をして、二人がこれならうまくいくという計画を立てて解決します。パパは、こういう風にできたことを「セーフティ・ジャーナル」に書きます。そうするとママとパパは、うまくできたことを覚えていられます。他の人たちにもうまくできたことをお話することができます。

①パパ：このコンピューター買うべきだよ。
②ママ：私はそう思わないわ。マイクにお願いして私たちがどう決めるか助けてもらいましょう
③パパ：そうだね
WE HAVE TO GET THAT NEW COMPUTER
COMPUTER SALE
I DISAGREE, LET'S ASK MIKE TO HELP US DECIDE
OK

Rule 4:

もしママとパパが怒ってきて大きな声になり始めたら、パパはゲームのある部屋に行ってダーツをします。ケンカが一番良く起きる場所が台所かリビングなので、ママはそこにいて、サミーは普段はママと一緒に過ごします。パパは、このやり方でケンカを中止できた時のことを「セーフティ・ジャーナル」に書きます。

Rule 5:
ママとパパは、一旦冷静になって考えるためにいつもよりもお互いの間に距離が必要な場合があります。パパは、川かサッカー場の方まで散歩に行きます。ママとサミーはお家の中にいます。パパが出ていった後にママがドアの鍵を閉めても、お家の外に鍵の隠し場があるのでパパは締め出されません。パパは、この方法でけんかを止められた時のことを「セーフティ・ジャーナル」に書きます。

Rule 6:
結局一番ひどいケンカになるのはいつもお金のことなので、お金のことや何に使うかの話は土曜日の朝、「カフェ・カプチーノ」に二人で行ったときだけにすることにしました。一か月に一回、いつカフェに行くかを決めました。パパはこれをした時のことを「セーフティ・ジャーナル」に書きます。

Rule 7:
家やパブやママと外出した時は、ビールは2杯までしか飲まないとパパは言いました。これよりたくさんお酒を飲むのは、6週間に一回、週末に友達と遊びに行く時だけです。パパが完全にお酒が抜けてシラフになるまで家に帰らせないと、マイクが言ってくれました。冷蔵庫のカレンダーに、いつ友達と出かけるか印がつけてあります。

パパ：2杯飲んだからおしまいにする

Rule 8:

サミーは、自分の「セーフティ・オブジェクト」に大きな黒いカラスを選びました。カラスは、玄関から入ったらすぐ見えるテーブルにいつもいます。家に帰ってきたらいつもみんなに見えるところです。カラスはいつも玄関の方をまっすぐ見ています。カラスの位置を変えられるのは、サミーだけです。カラスが少しでもまっすぐ前の方を見ていなかったら、ママとセーフティ・ネットワークの人がサミーに声をかけます。みんながいつもカラスのことに注意を払うように、サミーは時々カラスの位置をずらします。

Rule 9:

マイク、ビディおばあちゃん、ヘイゼルばぁばとボブじぃじ、サミーの保育園のスミス先生のみんなが、サミーの特別なセーフティ・ピープルになりますと言いました。マイク、ビディおばあちゃん、ヘイゼルばぁばとボブじぃじは、毎日お家が大丈夫かどうか見に来ます。誰がいつサミーのお家に行くか決めたローテーションができています。

Rule 10:

サミーは、心配な時は特別なセーフティ・ピープルにお話します。お話を聞いた人は、サミーの心配が解決するようにします。サミーは、自分でボブじぃじかマイクにお電話をすることができます。もしサミーがママとパパがケンカになってて心配と電話してきた時は、二人のうちどちらかが家に行ってサミーを連れ出します。本当に二人が来てくれるか、サミーは時々試しに電話をします。

サミー：おじいちゃん、心配だから来てくれない？

ボブじぃじ：サミー、今すぐ行くから

Rule 11:
サミーがこれから幸せで安全でいられるようにみんなが一生懸命にがんばっています。
Everyone is working very hard to make sure Sammy is happy and safe in the future.

児童が集団で過ごす環境において子どもたちも職員も自分のためのセーフティ・プランを作るサインズ・オブ・セーフティ・アプローチ、障害のある子どものためのSofW（Signs of Wellness）、社会的な規範から逸脱した子どもたちが成功をもう一度摑むためのSofW（Signs of Success）、里親家庭など社会的養護の下で暮らす子どもたちのウェルビーイングのためのSofS（Signs of Wellbeing）、また欧州にたどり着く移民の子どもたちへのアプローチなど、課題の種類にかかわらず、また職権のあるなしにかかわらずサインズ・オブ・セーフティ・アプローチの可能性が実務者レベルで広げられています。原因に縛られない話し合いになる実践モデルだからこその強みだと思います。

最後にまとめに代えてサインズ・オブ・セーフティの実践原則12を掲げます。

1．一緒に仕事をするに値する人として、相手のことを尊重する
2．その人と協同（cooperate）をするが、虐待に協力する訳ではない
3．何かを強要しないといけない局面ですらも、協同が可能であるという認識でいること
4．全ての家族にセーフティの兆しがあるという認識を持つこと
5．セーフティに照準を合わせ続けること

6．相手が欲していること（wants）から学ぶ
7．常に具体的な詳細まで知るようにする
8．小さな変化を作っていくことに焦点を置く
9．ケースの詳細（事実）と自分の判断とを混同させないこと
10．相手に選択肢を提供すること
11．面接は、変化が生まれる舞台と思って臨む
12．実践原則とは、こうなりたいと思っている強い願いである。これが正しいとするのではない。

解決志向型アプローチ

サインズ・オブ・セーフティ・アプローチの開発の過程においてタネルとエドワーズが解決志向型アプローチ（Solution Focused Approach、以下「SFA」と記す）の有用さに気がついたのは、スケーリング・クェスチョンからだったと聞いています[38)]。そのSFAは、ソリューション・フォーカスト・ブリーフセラピー（Solution-Focused Brief Therapy、SFBT）とも言いますが、1980年前後の時期、アメリカ、ウィスコンシン州ミルウォーキー市にあるブリーフ・ファミリー・セラピー・センター（Brief Family Therapy Center, BFTC）において主としてスティーブ・ディ・シェイザー（Steve de Shazer）、インスー・キム・バーグ（Insoo Kim Berg）他、学際的な集団により開発された心理療法です。

精神医学、心理学、教育学、ソーシャルワーク、社会学などからなる専門家集団ではありましたが、問題がどういう種類のものかという診断や解釈、病理や原因を追究するのと異なった視点で開発がなされました。臨床観察（ワンウェイミラーを通して面接を見る）から何がクライエントの望んでいた変化を起こすのに最も役に立ったのかを探究し、結果、質問を重ねるという形のアプローチが誕生しました。援助者は、次の前提をもってかかわります。

38）タネルと筆者の個人的会話による。SofSの開発当時、タネルらはインスー・キム・バーグとスティーブ・ディ・シェイザーを西オーストラリア州パース市に1か月ほど招聘し、SFBTと児童虐待の相談援助の方法論の研究を行っている。

・クライエントは既に十分な努力をしてきているという前提

・クライエントは、その人の「問題」の専門家であるという前提

この二つの前提が援助者をして「Not Knowing（ノット ノーイング）」（知っていない）立ち場に位置づけ、よって質問をすることで相手からお話をたくさん聞かせてもらうのが主となる援助になっています。

SFAにおいて援助者がクライエントに進言する内容は、相手の話を聞いた中で知ることができたストレングスがその人のゴールにどううまく繋がるかを考えながら、相手が既にうまくやれていたことや大事にしている考え方や価値を強化する方向での観察課題（タスク）もしくは行動レベルでの課題（タスク）です。相手の問題（欠損）を見つけるところから始まる援助モデルは、何が問題でどのように解決すべきかについて専門家の知を優位に考えていますが、SFAでは解決に必要な資源（リソース）は、必ず相手にあるという信念でもって援助に携わっています。

解決志向型アプローチの質問の型

次項に示す様々な質問は、相手から具体的な詳細を教えてもらうための入り口の質問、「ファースト・クェスチョン」です。SFAの質問を一つしたら終わりではなく、続けてさらに語られたことの詳細について話すことを促す質問を重ねます。よって、「質問の型」と書いてはありますが、より大事なのは質問を重ねる続きの過程（プロセス）です。簡単な聞き方ですが、「あとは…」「他には…」という聞き方は、相手から更に十分に話を教わるためには多用すべき聞き方です。

質問自体は言語レベルのコミュニケーションになりますが、援助者の声にまつわる准言語、ボディ・ランゲージなどの非言語から図（はか）らずも伝達されるメッセージも大きくコミュニケーションに影響します。7%-38%-55%ルールとは、相手との関係がうまくいっていない時、それぞれ言語、准言語、非言語の割合でメッセージが伝達されることを示しています。質問をする前にアイコンタクトや笑顔、また一呼吸置く、あるいは「ちょっと数字で聞かせてもらってもいいですか」のように前置きをし、場合によっては恐る恐る尋ねるといった面接の巧みさ、基本的な面接技法の技量（スキル）なしにはうまくいきませ

ん。

会話のやりとりは相手があっての話なので、援助者の意図とは異なる反応が返ってくる場合があるのも当然です。このような時に相手の何が原因かを考える、あるいは自分の何が問題だったかを考えることは、SFA の流儀ではしません。原因や問題を考える代わりに次はどこをどう違えてみたらまた別の反応が返ってくるのか、何を違えてみるかを探すことに一生懸命になります。

「どうやったら？」を援助者が考え続ける以上、SFA もしくはサインズ・オブ・セーフティが使えない問題や状況があるという話にはなりません。そこで援助者があきらめるかあきらめないかです（援助がうまくいかないのは、必ずしもいつもクライエントの問題のせいばかりとは限らない由）。

サインズ・オブ・セーフティの援助のなかで持ち上がってくる話題（トピック）や行き詰まったステップのところで家族やソーシャルネットワークの人たちの仕事が前に進む、成功する状況を作るソーシャルワークの機能を発揮することとは、実際には一生懸命に良い質問を考えることです。

サインズ・オブ・セーフティのなかでSFA を使う時に気をつけないといけないことは、SFA は心理療法という本来の性質のため、個人（クライエント）が起こすことができる変化に照準があります。サインズ・オブ・セーフティは、子どもが二度と同じ危害にあわないオープンな（秘密のない）仕組みを人海戦術（ソーシャルネットワーク）でもって新たに構築することに解決の焦点があります。サインズ・オブ・セーフティは、子どものセーフティを個人レベルの変化に賭けないという点においてSFA とは異なります。

従って後述する“ミラクル・クェスチョン”の過程で個人療法のように「あなたは子どもの安全を保つため、どんなことをしているでしょうか」と個人（あなた）の変化に特化した質問は気をつけます。代わりに「相談機関やセーフティ・ネットワークの人たちがこれなら子どもたちが同じような危害（ハーム）に遭わないですむという点で納得できるためには、今と違ってどういうことが起きているでしょう？」こそが、子どものセーフティに集団的な責任をもってもらうサインズ・オブ・セーフティの質問です。

以下、サインズ・オブ・セーフティで用いることを念頭に、SFA のいろいろな質問の型を紹介します。

◉スケーリング・クエスチョン（Scaling Question）

「10から0で、10が〜として、0が…としていくつですか」のように援助者が定規（スケール）を作り、相手にその物差しのどこに今いるかを尋ね、教えてもらう質問です。0を1にしても構いません。また10が相対的に望ましいこと、あるいはその反対に望ましくないこととして説明するのもどちらでも構いません。相手が仮に子どもであれ、知的な機能も含め、認知機能に制約がある場合であっても、ノートに線を引いて示しながら話す（数字の答えを求める必要はなく、線の上のどこかを教えてもらう）、相手の好きなこと（例えば山登りでは麓（ふもと）と頂上のように）を活かした相手が答えやすい聞き方になるような工夫をすることが大切です。

スケーリング・クエスチョンをファースト・クエスチョンとし、続けて「どのようなところからその数字が見えてきたんですか」「どのようなところからその数字だと思われたんですか」を聞きます。例えば、保護者の体調不良について「10が健康で元気なので朝から起きてご飯を作ったり、子どもたちに必要なことは大概自分が動いてしてあげることができる。0が入院が必要なぐらい具合が悪いので、子どもたちのことはしてあげたくてもできないとして、今はいくつですか」「どのようなところからその数字と思いましたか」「子どもたちのことではどのようなことができているからその数字だと思いましたか」「10から下がったいくつのところで体調の変化に気がつきますか」「この数字が上がったり、下がったりしているのを一番敏感に察知している人は誰になりますか」「そこそこ子どもたちの生活が維持されるためには、いくつでいることが大事でしたか」「どのようにして良い状態をキープするようにされていましたか」等々。漠然と問題としてしかわからなかった部分を敢えて数字を使った会話をすることにより、具体的な詳細を聞くことができます。

SofSマッピング、マトリクスなどのツールを利用する際には、スケーリング・クエスチョンを積極的に用いることが推奨されています。

◉例外を探す質問（Exceptions Finding Question）

「例外」とは、問題が起きていない時、あるいは少しでも問題がましな時のことを指します。人は24時間365日ずっと同じということはありえないという前提でもって、例外が起きていた時の詳細を教えてもらう聞き方をします。

詳細とは単に例外があったか、なかったかではなく、例外を探すファースト・クェスチョンから更に「その時は何が違ってそうできたんですか」「他には何が違っていました？」「あとは？」と例外が起きた時の探索を行うことです。相手は例外を割り引いて（ディスカウント）偶然のこと、1回だけの話として語るかもしれません。援助者は、埋もれている宝物を発掘した気持ちでどのようにして例外が起きたかを教えてもらうようにします。

児童虐待事案の場合、子どもに危害が及ばないで済んでいることが例外です。例えば「普段だったらここで子どもにきつい言葉を言っているのが、言いそうになったけど言わないで済んだのは最近ではいつですか？」のように聞きます。単純に「暴言を吐かなかった時」ではなく、「言いそうになったけど、言わなかった時」や「叩きそうになったけど、叩かなかった時」に焦点をあわせて例外の質問をします。

続く例外の探査過程で「子どもがその時はちゃんと言うことを聞いた」あるいは「子どもが嘘をつかなかった」のように「子ども」の反応が例外を引き起こした要因だという説明があった場合、「子どもがいつもと違って問題を起こさなかったから」ということに異論は差し挟まずも、「子どもが違ったのは、その前後（あるいはその日）何が違っていたからですか」と良い循環、連鎖について探査し、子どもや特定の個人を原因（問題）とする会話のやり取りから穏やかに離脱するようにします。

セーフティ・プランに役立つ情報は問題の原因解明からではなく、例外は普段と何が違って引き起きたのかの解明によって得られることになります。

◉リレーションシップ・クェスチョン（Relationship Question）

面談の場にはいない人物の視点に立ってみればどうかを想像してもらうことになる質問です。「仮にここに…さん（ちゃん）がいたとして」と言った上で、話題になっていた事柄の肯定的な面についてその人物が何と言うかを聞く質問です。誰かと誰かの間の関係性を聞く質問ではありません。

家族とセーフティ・ネットワークの人たちとでセーフティ・プランニング

をしている時、肝心の子どもたち（受益者）の視点からの問い、例えば「仮にここに…さん（ちゃん）がいたとして、今のセーフティ・プランに点数をつけてもらったら何点と言ってもらえるだろうと思います？」「どんなところから…さん（ちゃん）は、そう言うんだと思いましたか」とセーフティ・ミーティングの場で尋ねることによって多角的な議論をすることができます。

「ここに仮に…さん（ちゃん）がいて10から0で、10が今作っているセーフティ・プランで自分は100%守られると思えている､0が今作っているセーフティ・プランでは自分は守られないのでまた同じ危害（ハーム）に遭ってしまうと思うでいくつと言うと思います？」のように聞くこともできます。

セーフティ・サークルなどのツールを使って面接している時の会話でも「…さん（ちゃん）は、ここにはいませんが、仮に…さん（ちゃん）に聞いたとしたら誰はお家で起きていたことをある程度知っていると言うと思いますか」といったようにリレーションシップ・クェスチョンはサインズ・オブ・セーフティでは大いに活用すべき質問の型です。

◉コーピング・クェスチョン（Coping Question）

「～が起きてから、今日（あるいはこの時間）、こうしてお会いするまでにどんなことは既にやってこられました？」のように問題を解決しようとしたという文脈（コンテキスト）でその試み、対処（コーピング）について話してもらうことを促す質問が、コーピング・クェスチョンです。

例えば「妊娠した」「子どもに落ち着きがない」「精神科に通院し、服薬している」といった「（危害（ハーム）とは別の）解決を難しくさせている要因」を「問題」という見方から「どのようなことに対応しないといけなかったのか」とリフレイミングし、その人の最善の努力について話をしてもらうように聞きます。「どんなことは（既に）されましたか」に始まり、「他には」「何があったからそうできたのですか」と、更に続けて聞くことによってストレングスに関する情報を得ることができます。

リレーションシップ・クェスチョンとコーピング・クェスチョンを組み合わせ、例えば「赤ちゃんはまだ言葉でお話ができませんけど、赤ちゃんが上手にお話ができたとしたら、お家での生活でお母さんやお父さんがどんなことをがんばってやってくれたのがうれしいと話してくれると思いますか？

一番うれしかったのはどんなことをしてくれた時と言うと思いますか」と、視点を他者に移して考えてもらい、この間の努力についてお話をしてもらうこともできます。

ポジティブな感情が生まれる会話のやり取りをすることによって子どものセーフティを構築するという難しい仕事に家族が成功するのに必要なエネルギー、希望、土台が築かれます。サインズ・オブ・セーフティの枠組み（「何を」の欄）を作るところから始める援助の構造を守っている限りにおいては、虐待に対するリスク・アセスメントの緻密さとセーフティを構築する仕事に家族が成功するためのクライエント・ワーカー関係の構築（協働になる関係（パートナーシップ））のバランスを巧みに保つことができます。

◉アウトカム・クェスチョン（Outcome Question）

「アウトカム」とは、「目指す結果」という意味です。この時間でどのような結果を出して帰ることを望んでいるかを「今日この時間でどういうことがあれば、来て話してちょっとでも良かったと思って帰ることができますか？」のように聞きます。サインズ・オブ・セーフティでは、例えばセーフティ・ミーティングの場では「セーフティ・スケールの数字が一つでも10（セーフティ・ゴール）に近づくために今日、この時間でどのようなことができたら集まって話せて良かったと言うことになりますか」となります。

アウトカム・クェスチョンは相談の始めに聞く質問ですが、「何がありましたか」と問題の経緯について話すことを促すのとは違います。また「どうなればいいと思っていますか」と漠然と相手の思っていることを聞くのとも少し違います。1回の面談、今日のセーフティ・ミーティングあるいは個別支援会議などにおいて到達したいところを言語化することを求めている質問です。最初にどこまでたどり着きたいかがお互いにオープンになっていることにより、続く議論がより生産的なものになります。

相談援助（ソーシャルワーク）の始まり方は、援助を求めてくる場合、こちらから援助を提供する形で始まる場合、法律に基づいた、しかし、強制という形で始まる場合と3種類です。この三つは、相手（クライエント）の立場からするとノー・サンキューと言えるか言えないか、ドロップアウトする自由があるかないかといった自由度が著しく違います。

当然ながら多くの家族や子どもたちは相談機関のオペレーションについて知りません。その上で熱い想いや怒りの感情から今日のこの限られた時間の中では実現が難しいことをアウトカムとして話してくるかもしれません。が、そのような時に法律や相談機関の機能を説明するような応答をしてしまえば相手と角突き合わせることになり、クライエント・ワーカー関係そのものが援助過程の障害（ブロック）になってしまいます。相手の立場になってみれば「今日、子どもを返してほしい」「どうしてまず親の話も聞かないで」などと言いたくなるのはもっともなこととノーマライズ（ユニバーサライズ）し、「本当にそうですよね。是非なんとか一日でも早く子どもたちが帰ることができるように今日は…」と協力を獲得すること、家族と援助者が一緒の方向を向くことを早い段階で実現することに一生懸命になります。

◉メンテナンス・クェスチョン（Maintenance Question）

メンテナンスとは、維持するという意味です。メンテナンス・クェスチョンは、「この（いい）状態を維持するためには何がポイントですか？　何が大切ですか？」のように聞きます。

サインズ・オブ・セーフティの援助の過程は、「セーフティ・プランが家族のものになる過程」ですから、望ましい状況を作るのに成功し、それが維持されるための鍵（キー）は、当然、家族とセーフティ・ネットワークのストーリーの中から出てくるものです。この鍵が続く数年、維持されるかどうかを検討することにより、セーフティ・プランを持続可能（サステイナブル）なものにしていくことができます。

◉ミラクル・クェスチョン（Miracle Question）

奇跡が起きて、相談している問題が一夜のうちに全部解決したのを知らないで朝を迎え、目が覚めた時に一番最初に気がつくことは何ですかをファースト・クェスチョンにした一連の質問のことを指します。「段々目が覚めて、一番最初、何から（あるいはどのようなことから）奇跡が起きたことに気がつきますか」「次に気がつくことは？」「他に奇跡の朝、普段と何が違うことに気がつきますか」「お家の他の人はどんなところから奇跡が起きたことに気がつくことになりますか」「職場（あるいは学校など）に行った時、何が違っていることに気がつきますか」などのように奇跡の朝の話に15分程度費やし、その上で「この奇跡の一部でも既に起きている部分はどこですか」と尋ね、そこから更にどのようにして既に奇跡のかけらが現実となっていたのかを探っていきます。

この質問が変わった質問で、相談援助場面で聞くことをためらいたくなる気持ちになるのは日本人だけに限りません。このような変わった質問をする目的は、「解決像」を相手から教えてもらうためです。一般的にゴールが何かを聞いた場合、大概「～しなくなっていること」「～しない」と問題がなくなっていることが述べられます。SFAでは、問題が不在になった時に代わりに起きていることは何かという具体的に起きていることをもって良いゴールとしています。例えばDVがなくなっているという場合、暴力や暴言、コントローリングな言動が起きていないならば代わりにどういうやりとりが生じているかを聞きたいのです。なかなかすぐにイメージができない部分です。

例えば解決像として「子どもと公園でブランコで遊んでいる」と述べられたとします。サインズ・オブ・セーフティの場合、その続きの質問は、「そういう時のあなたは、何が違っていますか」「そのためには何が必要ですか」ではありません。どうしてかと言うと、これでは個人療法的だからです。「子どもと公園で遊んだり、他にどういうことが起きていることを相談機関が見る必要があると思いますか。子どもたちの安全に自信をもって相談機関がかかわりを終結するためには」と聞かないといけないということです。

SFA（もしくはSFBT）だけでは、児童虐待事案への社会的対応（虐待防止）には十分とは言えません[39]。

A I（エー・アイ）(Appreciative Interview、Appreciative Inquiry)

サインズ・オブ・セーフティ・アプローチは、その始まりから一貫して「児童虐待事案におけるソーシャルワークは、どういうものを以てして『良い実践（グッド・プラクティス）』と言うのか」について理論、現場、当事者の三方向（トライアンギュレー）からの

39） Kevin Woods, Caroline Bond, Neli Humphrey, Wendy Symes, Lorraine Green, *'Systematic review of Solution Focused Brief Therapy (SFBT) with Children and Families'*, Department for Education, 2011

追及をしてきました。アクション・ラーニングとして実践現場のソーシャルワーカーや援助終結後の家族や子どもたちにインタビュー（appreciative interview）を行ってきています。

インタビューは「EARS」という構造をもった話の聞き方をします。うまく「耳」という言葉になる面接構造は、以下の四つの言葉の頭文字を取ってきています。

> E: Elicit 少しでも良かったこと、うまくいったことを引き出す
> A: Amplify 拡大する
> R: Reflect 意味を見出す
> S: Start Over 最初からもう一度する（E に戻る）

実はEARSとは、既に起きた変化に焦点化するSFAの２回目からの面接の構造[40]です。「何が良くなってきました？（what's better?）」をEの引き出す質問とし、Aでそのよくなってきたところを拡大する目的での質問を重ねます。もし15分という時間の間でAIをするとすれば、12分（8割）を引き出された良かったことを拡大する「Amplify」に費やします。ケースや出来事について（例えば誰が、いつなど）詳しく聞くのではありません。望ましい方向に変わったこと、変化を可能にした目の前の人物が一体どのようにしてそれを可能にしたのか学ぶ姿勢で問いを重ねます。

意味を見出す「Reflect」において気をつけるべき点は、あなたが相手に何かを気づかせることが目的ではないということです。話の聞き手のあなたは、「Elicit」で述べられた変化は、相手にとってどういう意味があったかを当人の語りとして教えてもらい、習います。聞き手の方からどこが良かったと認めて強化する（reinforce）、あるいはどういう意味か解釈（recognize）したことを言うのとは180度違います。

40）SFAの場合、「R」は「Reinforce」もしくは「Recognize」と言う。「Reflect」に変更をしたことについては、Andrew Turnell and Larry Hopwwod, Solution-Focused Brief Therapy II. An outline for asecond and subsequent sessions, Case Studies in *Brief and Family Therapy*, Vol.8, no.2, pp.52-64, 1994 参照

「Appreciative（アプリシアティブ） Inquiry（インクァイアリー）」は、SFA と同時代（1980 年代）の経営学（組織行動学）分野のデイヴィッド・クゥパライダ（David Cooperider）らの研究からです[41]。組織は問題が山積みという認識から組織はミステリアスで奇跡的な存在だと賛美（appreciate）の対象とします。組織の問題を聞く代わりに、同じその組織のこれまでの最善の仕事、誇りに思う実践について問う（inquiry）ことにより著しい変革が組織レベルで起きることが確認されました。従来的な問題解決過程こそが人々を意見対立で消耗させ、解決を長引かせている以上、その質問（questions）を変えようという主張をしたのです。組織のデザインや機能という話から自ら発する問いの性質がどうなのかという話へと焦点が移りました。その後、4-D モデルという組織変革のための一連の過程が示されました。企業の組織変革（業績回復）のみならず、あらゆる組織や地域社会レベルでの変革において優れた成果を示しています。

サインズ・オブ・セーフティで AI と言う時は、SFA の EARS という聞き方（方法）と私たちがどういう問いをするかが話の流れを変えるという経営学分野からの考え方の双方のことを指しています。

サインズ・オブ・セーフティも援助者らの実践が組織の中で支持される重要性を強く認識し、組織的導入の方略についても蓄積があります。この内容は本書第３章で扱われますが、AI という相手の優れた実践からから学ぶ姿勢、聞き方は、サインズ・オブ・セーフティの臨床レベルからスーパービジョンや組織レベルのマターにおいて常に用いられます。実際の AI でどのような質問をするのかは、付録の豆本「AI ヒントカード」や第２章サインズ・オブ・セーフティ・アプローチ実践報告をご参照ください。私たちは頭の初期設定（デフォルト）が問題志向なため、相手を賛美するところにピンと来て、そこについて更に問いかけをするという行動ができるようになるためには大なり小なり練習が必要です。

41） Gervase Bushe, Foundations of Appreciative Inquiry: History, Criticism and Potential, *AI Practitioner*, Vol.14, no.1, pp.8-20, Feb., 2012

コラム　ソーシャルワークとは何か（歴史から）

アメリカにおいてソーシャルワーカーの専門性向上、専門職化が始まった20世紀前後、現場は「ソーシャルワークとは何か」という問いによって大きく二分されていました。「社会診断」という言葉は、相手をあたかも患者のようにみている印象がありますが、「社会診断」は1900年当時、科学的に相手を理解するとは（またサービスの二重支給の防止やスクリーニングのために）多面的に情報を集め、客観的な見立てをするという意味で作られました。そこに精神分析学が大きく影響し、個人の精神内界の力動を理解するという高度の専門性（＝科学性）を重視する派閥が確立しました。ソーシャルワーカーは、治療的な援助をする役割を任うようになりました。他方で社会の変化を理解しようとした知識派は、まさにスラム化した地域社会の中に移り住み、隣人としての生活のなかの接点を通し、地域社会に変化が起きることを目指しました。

日本が第二次世界大戦の終戦から復興する際、アメリカから来日したのはソーシャルワークにおいては前者のキャロル（Alice K. Carroll）でした。結果、児童相談所の援助は診断・治療モデルが導入されました。「児童相談所」は、「Child Guidance Center」もしくは「Child Counseling Center」と英文表記されるのは、当時の心理的な治療を枠組みとする考えの現れです。

しかしながらソーシャルワーク自体のその後の発展は、診断主義を支持していません。1970年代、ソーシャルワークは個人の困りごと（private troubles）から始まる仕事であっても、そこに社会的に解決されなければならない課題（public issues）を見出すアセスメントをシステム論に根差した理解に基づいて行うとし、よってその機能及び方法は個別的な援助から集団、家族、ソーシャルネットワーク、物理的な面、組織、コミュニティ、政策レベルまでの範疇だと定義されました。このようなソーシャルワークの固有の視点を「二重の視点」と言いますが、サインズ・オブ・セーフティは、一つの家庭の援助を通してソーシャルネットワークの紡ぎ直し、拡大、強化をしています。と言うことは、個別的な援助と同時に健全なコミュニティの再生に資していると考えられます。現代のソーシャルワークのグローバル定義（2014年）は、「社会正義」「社会的開発」「解放」などのキーワードでもってsocial（ソーシャル）なwork（ワーク）をする存在としてのソーシャルワークをより一層明確に位置づけています。

演習

この演習は、一人で取り組むのでもいいのですが、サインズ・オブ・セーフティはグループによる学習、またグループによるスーパービジョン（一対一ではなく）を推奨しています。

演習問題1　父方祖母が息子夫婦の家庭を心配して相談に来所

1　以下の文章[1]を読み、DSとSGを書いてください。

佐藤さんが、相談に来られたのは、4人の孫が母親の美咲（30）と一緒に暮らしているからでした。佐藤さんは、次のように話していました。

- 佐藤さんの息子、翔太（31）は、結衣（8）、蓮（5）、さくら（2）の父親です。陽菜（12）の父親は、外国に暮らしており、交流がありません。陽菜のことは、他の子どもたちと同じように愛情を持っていることから、佐藤さんは、子どもたち4人みんなを自分の孫と呼んでいました。
- 子どもたちの父母、翔太と美咲は「くっついたり、離れたり」を繰り返し、「離れている」時の翔太は実家に帰ったり、自分の弟の拓也（28）とその妻（成美、26）と子ども（葵、4）の家にいます。子どもたちは、必ず美咲の方にいました。
- 美咲がお酒を飲みすぎ、医師から処方されている薬をたくさん飲み、過眠で子どもたちのことも自分のこともちゃんと面倒見ることができていないことから子どもたちが不安がっていることを佐藤さんは最も心配していました。
- 佐藤さんも手を貸そうとしましたが、過量服薬したときの美咲はすぐケンカ腰になり、次第に佐藤さんをかかわらせないようにしてきていました。
- 佐藤さんは、美咲と翔太の間で起きるケンカについても知っていました。

---

1)　Andrew Turnell、アイルランドにおけるSofS基礎研修教材（2017年6月）。筆者が事例の中の人物を日本人の名前に変更した。

翔太が美咲にもっとちゃんとするように言うと、ケンカになっていました。今までに一度か二度、翔太も冷静さを失い、子どもたちがひどく動揺し、怖い思いをしたことがありました。結衣と蓮が、翔太が怒るとすごく怖いと、佐藤さんに言ってきたことがありました。蓮は、本当にどうにかなりそうな気持ちになると言っていました。蓮は、ぜんそくがあり、どきどきしてくると呼吸が苦しくなるので、佐藤さんは蓮のことが心配でした。

・学校から連絡があり、翔太と美咲に子どもたちが汚い服で学校に登校してきたことが何日かあり、十分に食べてないことを言ってきたと佐藤さんに話しています。

・佐藤さんは、益々状況が悪化していることを心配し、でもどうやって助けてあげたらいいのかわからないと言っていました。

2　この後に続く父母（翔太と美咲）との面接を想定し、以下に示した項目に関する質問をできるだけたくさん書いてください。

既にあるセーフティについて聞く質問

既に起きた危害について聞く質問

既にあるストレングスについて聞く質問

既にある危害以外の解決を難しくさせている状況について聞く質問

演習問題１の解説

1　DSとSGを書く

「これだけの断片的な情報でアセスメントをするの？」と、驚かれたかもしれません。が、アセスメントとは、一定の情報がまとまって入ってこないとやらないという性質のものではなく、整理されていない断片的な情報しかない段階の時から「暫定的なアセスメント」は常に行います。通告受理、緊急受理会議、専門的な助言を求められた時、サインズ・オブ・セーフティのアセスメントは「ここから先に起きるかもしれない子どもたちへの危害の予測」ですから、暫定的にどういう危害が起きると考えられるかは書いてみることはできます。

この情報から起きると思えた危害は４つ考えられました。

- 最初に思ったのが、夜、火事になって子どもたちとお母さんが死んでしまうことが起きるかもしれないということでした。
- お母さんは眠っていて学校に行く準備を手伝うことができないので、子どもたちは汚い服を気にしたり、そのために学校でいじめられたり、またはお腹が空いて学校に歩いていけなかったりがあって、子どもたちが学校に行かなくなってしまうことが起き、休むことが続いてしまうことが考えられました。
- ５歳の蓮君が、呼吸が苦しくなった時にお薬を吸引することや救急車を呼ばないといけないぐらいに苦しい思いをし、死にかけるぐらいのことは起きると思いました。
- 長女の陽菜ちゃんも妹、弟のことで責任を感じてしまう分、何とかしようとお父さんと同じように大きな声で妹や弟に言ったり、乱暴にしたり、嫌になって無視したりすることになって、妹や弟たちがちょっと前まで優しかったお姉ちゃんがどうして急に怖くなるのかわからなくて混乱することが起きると思います。そのため、小さい子どもたちは自分たちだけで遊んだりして、そういう時にお母さんの薬をうっかりいじって飲んでしまうことが起きると思いました。子どもたちがお母さんの薬をうっかり飲んで、１日、２日意識不明で倒れて救急車で運ばれるということが起きてしまうことも考えました。
- （影響（インパクト））お父さんがいたり、いなくなったり、お母さんやお父さんを安心して頼ることができない今の生活が繰り返される中で、子どもたちは大人を信頼することや大人から自分たちが大事に思われていることを経験することができないまま育っていってしまいます。はりねずみのように近づいてくる人がいたら針を逆立てるような自分の人間関係に子どもたち自身も悩み、それがまた十代の時からの薬物やお酒の問題、自殺を考えたりすることになっていくことが考えられます。

このようなことが起きると考えたことを相談援助の起点とした時、セーフティ・ゴールが終結点です。始まりと終わりからなる構造、骨組みをしっかり作ることが、サインズ・オブ・セーフティという相談援助（ソーシャルワーク）の基盤です。ここから先の相談援助過程は、常にここに立ち返ります。「常にDSとSGに立ち返る」とは具体的にはどうすることを指しているかと言うと、家族とセーフティ・ネットワークの人たちと一緒に行うセーフティ・ミーティングの開始時にDSとSGを家族の人に音読してもらうことをルーティンにすることです。その際は、「10から0で10をSGとしてDSを0として今日でいくつですか」というセーフティ・スケールも参加者全員に聞きます。

この家族との相談援助の今の段階での暫定的なSGは、以下の通りです。

- お母さんの処方箋の薬の副作用がひどい時、お酒を飲んで動きたくない、何もしたくない気持ちの時、お母さんの代わりになる人がお家の中にいて、子どもたちとにこにこご飯を作って一緒に食べたり、一緒にみんなでゲームをしたり、宿題を手伝ってくれたり、身体のことを大丈夫か聞いてくれる、明日の学校のことが大丈夫か聞いて子どもたちをお父さん、お母さんと一緒になって助けてくれる大人が10人ぐらいいるようになっているシステムが出来上がっていて、それが半年以上うまく続いているのを見ることができたとき、安心してかかわりを終結できます。
- その人たちがお家に来た時と夜の2回、必ずお台所の火の始末、お母さんやお父さんのライター、お薬が子どもたちの手に届かない決まった場所に入っているか、戻っているかを点検します。

「お母さんやお父さんのライター」と書いてみましたが、実際のところ、父母が喫煙者かどうかはわかっていないで書いています。父母と面接をする際には、「今までで一番子どもが『あ！危ない』って肝を冷やした時はどんなことがあった時ですか？」というオープン・クェスチョンをファースト・クェスチョン（入口になる質問の意）にする、あるいは「お家の中の小さい子どもたちがよく誤って飲み込んだり、いじってケガするような物は、お父さん、お母さんはどういう風にして事故が起きないようにされていますか？」のようにポジティブな枠組みからオープン・クェスチョンの形で聞くことができます。「お父さん、たばこは吸われますか？　ライターとか危ないものが机の上に出しっぱなしっていうことはありませんか？」というように聞きたいところだけを確認するクローズト・クェスチョンでは、相手からたくさんお話をしてもらえるチャンスは少なくなります。相談援助（ソーシャルワーク）の技術的に推奨されません。

では、更にどういう話を聞く必要があるのか。どういう風に聞くのかが、次の演習のねらいです。

2　質問を書く

以下に、それぞれの項目の質問の例文を5つずつ示しました。

（ア）既にあるセーフティについて聞く質問

①子どもたちが普通にきれいな服を着て、ご飯を食べて元気に登校している普段は、どういう風にしてうまく4人の子どもたちのお世話をしていらっしゃるんですか？

②お父さんとお母さんがケンカをしたり、お父さんが家を出ていったりした時、子どもたちが心配しないようにしてあげていることは、どんなことですか？

③お母さんがお医者さんから出してもらっているお薬やお酒、たばこなど、子どもたちの手に届かないようにどういう風にお家中を工夫されていますか？

④ 10から0で、子どもたち一人ひとり、10が同じ年齢の他の子どもたちができるようなことは同じようにできるようになっている、0が年齢からしてできてていいことが実は全然できるようになってないとしていくつのところですか？　子どもたち一人一人に対して、どんなことを気をつけてあげてきたからちゃんと育ってきたと思いますか？

⑤蓮君の喘息の発作が起きかけた時、ひどくならないで収めることができた時は、どういう対応をしたのが良かったからですか？

（イ）既に起きた危害について聞く質問

①子どもたちが汚い服を着ていくことになったり、ご飯をちゃんと食べてなくて学校に行ったときは、普段と何が違っていましたか？

② 10から0で、10が蓮君が動揺して心臓がばくばくして喘息の発作が起きる、0が蓮君は全然不安になっていないとして、お父さんとお母さんのケンカが一番激しい時でいくつのところですか？　よくあるケンカは、いくつのところですか？

③お家の中で子どもたちがうっかり何かいけないものを口に入れてしまったかもしれないと思ってドキッとした、ヒヤリとしたことはどんなエピソードがありますか？

④お母さん、お父さんから見て、子どもたち、きょうだいの間でうまくいっていないところ、心配になるのはどんな時ですか？

⑤数字でちょっと教えて頂きたいのですが、10から0で、10が親として自分がすごく成長できたので、今、自分は良い親だと思う、0が子どもたちに申し訳ないと思うことが多い親を未だにしているとして、お父さん、お母さんは子育てを初めてした時から今、いくつのところに来たと思いますか？

（ウ）既にあるストレングスについて聞く質問

①子どもたち一人一人、どんな風に育っていってほしいというのがありますか？

②子どもたちやご両親の夢は何ですか？

③子どもたちに聞いたら、家族みんなでいて楽しかった時が何をしていた時だったと言うと、お父さん、お母さんは思いますか？　そういう時、お父さんとお母さんのしていたことのどんなことが好きだった、だから楽しかったと子どもたちが言うと思いますか？

④お父さんの得意なことはどんなことですか？　お母さんは、何をするのが他の人よりも上手ですか？

⑤おばちゃんに聞いたら、子どもたちはお父さん、お母さんのどんないいところを受け継いでいるとおっしゃると、お父さん、お母さん思います？

（エ）既にある危害以外の解決を難しくさせている状況について聞く質問

①学校の先生方が心配されているご飯をちゃんと食べていないんじゃないかということやきれいな洋服で登校してこれなかった時の状況の何割は、お酒のせいで、何割は体調のせいで、何割は…と考えていたとしたら、何が何パーセントずつになりますか？

②お父さんは、お母さんと別居している時に子どもたちのためにしてあげていることはどんなことですか？　お父さんがしてあげられたらいいなと思っていることは？　そこに立ちはだかる壁は何ですか？

③お母さんは、お医者さんからお薬が出て飲んでいらっしゃるようですが、体調はどうですか？　病気や病院との付き合い方でわかってきたことは？

④服薬が必要な病気があっても、これだけは子どもたちのためにやっているというのはどんなことですか？　病気になってから、前はできていた

けど、今は子どもたちのことでお母さんができなくなってしまったことは何ですか？

⑤他にはどんなことが、お父さん、お母さんががんばっていてもなかなか子どもたちのために状況を良くするのを難しくさせていますか？

これは、ほんの一例です。他にも良い質問例があると思います。今回は、子どもたちの心配をしているのが同居していない祖母が援助を求めてきたと言う相談援助の始まり方です。その家庭の父母と面談する際、できるだけたくさんお話をしてもらえる聞き方を考えるのがポイントになります。お父さんやお母さんの最終学歴もわかりませんが、長女を18歳の時に出産していることは、計算すればわかります。何年生まれの22歳と23歳のカップルが、二人の長子を授かったのかもわかります。そういう父母にわかりやすい聞き方、理解的な聞き方の質問をどのぐらい考えられるかという援助者の技量が、サインズ・オブ・セーフティの実践に欠かすことができません。

「DS、SG、質問を作る」の一連の流れが、サインズ・オブ・セーフティの基礎トレーニングになります。スポーツで言えば、素振りの練習を毎日欠かさずにやり、型を体に覚えさせる部分です。質問を書くことが最初は、1個か2個だったのが、次第に「じゃ、質問を書きましょう」となったら4個か5個書けるようになり、そのうちどのような状況でも理解的な聞き方、解決志向型アプローチの質問が6つ、7つすぐに書けるようになります。そうなれば面接場面でもそう困ることがなくなり、サインズ・オブ・セーフティの援助の行程を進む上で十分、基本が身についているということになります。

サインズ・オブ・セーフティの最初の一歩は、あなたが机に座って紙を取り出し、DSとSGを書いてみるところからです。「サインズ・オブ・セーフティが使えない」のではありません。あなたがペンを手にして書き出すかどうかです。

演習問題2　飛び込み出産をした十代のお母さんとの面接

1　以下の短い文章を読み、アプリシエイトできた箇所に下線を引いてください。実際にクライエントと面談する時に聞くアプリシアティブな質問（クエスチョン）をできるだけ書いてください。

特定妊婦と言われる状況の女性（19歳）が、とある病院に飛び込み、出産しました。無事に健康な赤ちゃんが生まれました。

2　以下の短い文章を読んで、アプリシエイトできた箇所がどこかを確認してください。実際にクライエントと面談する時に聞くアプリシアティブな質問（クェスチョン）を書いてください

ワーカー：妊娠がわかると、いろいろと対応しないといけないことが出てきますけど、どんなことはされましたか？

女性：母子手帳っていうのを役所に取りに行かないとって思ってたんですけど、そこで生活保護の人に会うのは嫌だなと思って行かなかったんですよね。

演習問題２の解説

1　問題ではなく、こういう状況にもかかわらずすごいと思えたところを意識します。今までかかったことがないであろう病院に突然行ったこと、病院で赤ちゃんを産んでくれたこと、赤ちゃんが無事で健康だったことが挙げられます。その上で「何があったから…できたんですか」「いったいどうやって…できたんですか」のようにオープン・クェスチョンでポジティブな面に焦点を当てた質問をすることができます。

- おめでとうございます。昨日は大変だったと思いますが、無事に病院に赤ちゃんが生まれて良かったです。どんなところから病院に行こうと決断できたんですか。
- 妊娠がわかって不安もあったでしょう。そんななか、どんな風にしてやってこられたから健康な赤ちゃんを産むことができたんですか。
- 出産は大変でしたか。産後すぐで大変ななかでもこうやって私と会ってくれて相談しているっていうのは、お母さんの中に何があるからですか。これからもどうやってがんばっていきますか？

2　どんなにささやかなことでもアプリシエイトします。母子手帳の存在を知っていたこと、母子手帳は役所に行ってもらうことも知っていたことを起点に更に聞いていく（インクゥアイアリ）とすると…

- どうやって母子手帳のことは知ってたの？

- （続けて）他にどんなことから母子手帳のことはわかってたの？
- どこで母子手帳もらえるというのは、どうやって知ってたの？

仮に援助者をして眉を顰（ひそ）めたくなるような話が返ってきたとしても、どういう風な文脈（コンテキスト）を考えてみることでアプリシアティブな質問（クエスチョン）を作ることができるか。そこはポジティブにリフレイミングする、あるいはクライエントは最善の努力をしているというSFAの前提、クライエントがその人自身の専門家であるという前提を思い出しながら考えます。

- 生保の人にはその時は会いたくなかったんですね。そのタイミングで会わない方が賢い選択だったのはどうして？
- 今はどうですか？　今なら生保の人に会うことでお母さんや子どもたちにとって良いことって何です？

一つ目は、クライエントがその時最善の努力をしたというSFAの前提に立った質問です。二つ目は、「今、ここ（here and now（ヒア アンド ナウ））」に話を移した上でポジティブな観点から質問をしています。

ラベリングに伴うネガティブな先入観がうっかり入り込んだ性質の質問を、AIは共感的、理解的な問いに転換してくれます。それによって今までと違う可能性、新しい可能性が見えてくることが起きます。AI、またポジティブ心理学の知見からも相手のストレングスを聞いていくということが、高い動機付け、肯定的な気持ち、肯定的な未来像を生み出し、ひいては生産性、健康や充実（ウェルビーイング）、学習、協力、レジリエンスへとつながることで肯定的（ポジティブ）な変化（チェンジ）が生じることが実証研究によって示されています[2)]。AIは只々（ただただ）相手に優しく接するということではありません。AIは、変化を生み出すエンジンとして正しく認識されるべきものです。

---

2)　Ronald Fry, Leading Positive Change through Appreciative Inquiry, Case Western University, Coursera, 2017年6月修了 筆者授業ノートより

AI豆本

SofSのホームページからダウンロードできます。

（右ページ）

AI豆本のつくり方

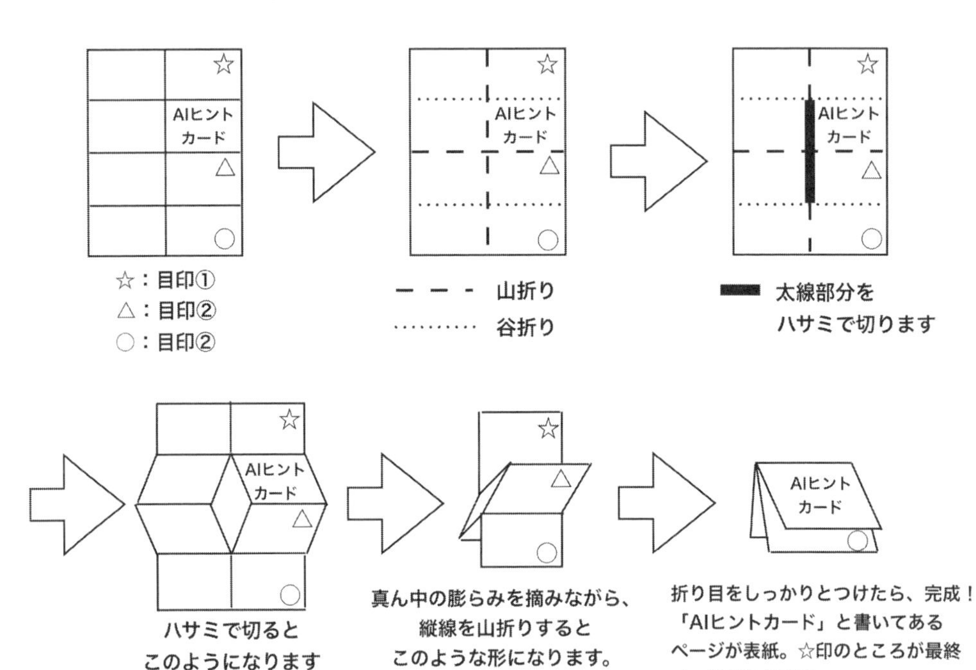
AIヒントカード
☆：目印①
△：目印②
○：目印②
山折り
谷折り
太線部分をハサミで切ります
ハサミで切ると
このようになります
真ん中の膨らみを摘みながら、
縦線を山折りすると
このような形になります。
折り目をしっかりとつけたら、完成！
「AIヒントカード」と書いてある
ページが表紙。☆印のところが最終
ページになります。

Reflect（リフレクト）
＜意味を教わる質問＞

➢ 今日、お話していただいた
ちょっとがんばったこと、
ちょっと良かったなと思えていることや
誇りに思うことは、
ご自身に何が加わったということですか
（or ご自身にとってどういう意味がありましたか）？

➢ あなたが関わったその人（子）
（or 家族、関係機関の人、職場の人）は、
どういうところが良かったと
おっしゃると思いますか？

AIヒントカード
Appreciative Inquiry
（アプリシアティブ・インクゥアイアリィ）
理解的な聴き方

『AIとは、問いや探求（インクワイアリー）により、個人の価値や強み、組織全体の真価を発見し認め（アプリシアティブ）、それらの価値の可能性を最大限に活かした、最も効果的で能力を高く発揮する仕組みを生み出すプロセスです』
（ダイアナ・ホイットニー）

サインズ・オブ・セーフティ
ジャパン・コミュニティ・オブ・トレーナーズ
菱川・岡野・足利・中尾

AIはどのように役立つか

- **【精神的な規律】** 不安で防衛的になったり、指導したい！という衝動に一呼吸入れ、より深く、広い視野で対話を行い、バランスの良い判断に導くことができる。
- **【「強み」を引き出す】** 相談者とその関係者、部下や同僚、組織の「強み」や「成功例（可能性）」を引き出し、強めることができる。
- **【協働を促す】** 相手に対する理解が深まり、相互に尊敬や信頼の気持ちが増すため、一緒に仕事しやすくなる。
- **【大切な話ができる】** 話題にしづらい「危害」や「心配」など大切なことを話題にしていくエネルギーが得られる。
- **【「良い支援」の共有】** 組織防衛や外野の声に振り回されず、支援者や当事者が「良い支援」だと思える支援のイメージやポイントを組織・チームで共有し、発展させていくことができる。

基本的なAIの手順　EARS（イヤーズ）

- Elicit（エリシット）＜引き出す質問＞
  - 相手への無条件、楽観的な信頼感（必ず良い仕事をしているはず）を持ってポジティブな話を引き出す。
- Amplify（アンプリファイ）＜ふくらませる質問＞
  - 最初のelicitの質問で返ってきた話題から逸れないように質問を重ねる。行動レベルのこととして、話をしてもらえるように意識すること
  - 何があったか以上に、相手の工夫したこと、がんばり、やってみたことなど相手の良い仕事を話してもらえるように、探れるように質問を重ねる。
  - ソリューション・フォーカスト・アプローチの質問、オープン・クェスチョン、WHの質問などの技法を用いる。
  - いいなと思ったこと、肯定的に受け止めていることを伝えたいときは、笑顔とうなずきと最小限度の理解的、サポーティブな言葉かけでそれが伝わるようにする。
- Reflect（リフレクト）＜意味を教わる質問＞
  - そのことは、相手にとってどんな意味があることだったのかを問いかける。聞き手がどう話を聞いたかを言うのではなく、相手から話してもらう。
  - こちらからどこがよかったと評価的なことを先に言わない。そのことで相手の考えに影響しないように気を付ける。相手の考えを尊重し、教えてもらう気持ちで。
- Start Over（スタート・オーバー）＜また始める＞
  - 最初のElicitからまた始める。「他に」と付け加えて。

Elicit（エリシット）＜引き出す質問＞

➢最近、自分の仕事で誇りに思えること、
どんなことがありましたか？

➢最近の仕事のなかで、
ちょっとここは頑張ったなと思えていることを
ひとつ教えてください

➢前回の面接から今日までの間で、
少しでもうまくいっていると
思えることは何ですか？

Amplify（アンプリファイ）＜ふくらませる質問＞

➢今お話してくださった中で、
最も誇りに（うれしい）と思っている部分
のことをお話してもらえますか？

➢今お話してくださった中で、
ここが一番がんばったな（良かったな）と
感じているところはどこの部分ですか？

➢いったいどうやったら
そういうことができたんですか!?
（他の人に聞いたら、何ておっしゃいますか？
どうやってあなたにはそれができたのかって。）

Amplify（アンプリファイ）＜ふくらませる質問＞

➢どんなことを大切にしているから、
（or 何があるから）
そういうことができたんだと思いますか？
〔現在のストレングス〕

➢今まであったどんなことが活きてきて、
そういうことができたんだと思いますか？
〔過去からのレジリエンス〕

➢どういうことを目指していらっしゃるから、
お話ししてくださったようなことが
できたんだと思いますか？
〔未来のストレングス〕

Amplify（アンプリファイ）＜ふくらませる質問＞

➢他には？
（話し手が何かの質問に答えたら、もっと聞くために）

➢あなたが関わったその人（子）
（or 家族、関係機関の人、職場の人）は、
何をしてくれたことが良かったと
おっしゃると思いますか？

コラム　相手と会えないとサインズ・オブ・セーフティはできないのでしょうか？

できるところはちゃんとあります…と言いますか、サインズ・オブ・セーフティはそもそも問題の種類や個別的な状況によって何をやるかを変えることはありません。サインズ・オブ・セーフティの「何を」の欄の枠組みから「どうやる」の欄まで考えるのは、変わりません。

地域関係機関からの情報を基にHSの詳細がわからないとしても、まず「どうやる」の欄の「援助者がDSとSGを書いてみます」を行います。地域関係機関から「子どもたちに直接かかわる子育ての部分での、建設的な情報」を得るために「既にあるセーフティについて」「既にあるストレングス」について質問を考え、相手に聞き、聞いたことは手元でSofSマッピングすることもできます。子どもたちとマイ・スリー・ハウスで話を聴くことができる場合もあると思います。セーフティ・スケールを用い、数字で現状を判断します。

- 10がDSに対抗できる強力なセーフティのサインが家族にあることがわかった。0が家族のセーフティのサインは非常に微弱もしくは確認できなかったのでDSで起こると予測していたことから子どもが守られないとして、いくつか。

　このあと家庭訪問し、呼び鈴を鳴らす都度、10から0のどこかを記録します。また「拒否が強くて会えない」ということに関連し、質問を作ってみます。

- このお家の人の年齢や仕事などから推測できる価値観からして一番起きてほしくない最悪のシナリオは何だろう？
- 自分が相手の立場だったら、最悪のシナリオは何が起きることだろう？
  - そうならないために家族が知っておきたいことは何だろう？
  - そうならないために自分だったらこういうことを先に教えてもらいたかったと思うことは何だろう？

仮に家族とインタホン越しにでも接触できた時には、家族の協力を讃え、共感を伝達し、その文脈の中でDSとSGを手短に伝えた上で「わたしが今言ったことについてどう思いますか？　どんなことは私たちと一緒にしてもらえますか？」と聞くことはしていきたい。「何ができるか」という家族の解決に対する考えをお話してもらうように促します。

不在の間に家庭訪問をしたことをメモで残す際、何が子どもに起きることを心配し（DS)、それに基づいてどうなってほしいと思っているか（SG)、それができない場合、次に起きてくる出来事は何かまで文字できちんと伝えます。あとはコミュニケーションとは作用　反作用ですから、家族が今までと違う反応するときに巧みに私たちがかかわることです。

第2章

サインズ・オブ・セーフティ・アプローチの実践

第２章は、サインズ・オブ・セーフティ・アプローチ（SofS）の実践報告です。ここでは８つの実践を紹介します。

ここで紹介する実践は実際に同アプローチに取り組んだ事例です。取り組んだというのは、援助者が取り組んだというだけでなく、援助者と当事者である家族、セーフティ・パーソンと協働して取り組んだという意味です。今回は、援助者が文章にまとめていますが、サインズ・オブ・セーフティが子どもの安全づくりへの協働であったように、実践報告も協働の実践報告を目指しました。実践報告もサインズ・オブ・セーフティらしく、当事者から教えていただく視点を大切にしています。

もちろん、実践をテキストにまとめることについては家族の許可をいただいています。また、いくつかの事例は実践報告そのものを読んでいただいています。実践のタイトルを一緒に考えたものもあります。そして、すべての実践報告の最後には、家族に対してのAIによるインタビューを実施し、直接保護者からコメントをいただき、率直に今回の体験を当事者の言葉から、教えていただいています。それぞれの家族の物語の中で、そのときの困難をいかに乗り越えてきたのか、援助者との出会いはどんな意味があったのかを教えていただいています。サインズ・オブ・セーフティの実践において、AIを実施するのは、これらの言葉の中にこそ、私たちがこれから進んでいく方向が示されていると考えているからです。私たちは、常に保護者、子ども、セーフティ・パーソンに問いかけ、教えていただくという姿勢を持ち続けています。実践者に対してもより良い、実践を進めていったそのチャレンジを教えてもらいます。実践の最後に編者からのリコメントを付けました。実践に対する考察をさらに深めていくことが目的です。読者の方も自由にリコメントしてみて下さい。

子ども虐待という当事者にとっては厳しい現実に直面し、ときには不本意な事態と受け止めつつも「ご家族の体験から私たちは学ばせていただきたい」とのお願いに、快く応えてくださり、素晴らしいメッセージをくださったご家族に改めて感謝申し上げます。

実践を報告するに当たっては、事例の文脈を損なわない範囲で、個人が特定されないための最低限の修正を加えています。また、子どもの名前はすべて仮名です。さらに、実践報告とテキストへの掲載については、それぞれの所属の倫理基準に従っています。

それでは、私たちにとってとても大切な８つの実践を報告させていただき、皆さんの新たな家族との出会いにつなげていければと思います。

体調不良で８年間子どもを施設に預けていた母が子どもを取り戻すまで
――児童相談所との激しい対立から協働へ

中尾賢史

さいたま市教育委員会　総合教育相談室（前さいたま市児童相談所）

1　出会いの背景

さいたま市児童相談所では、平成22年度に家族支援担当という家族再統合を支援する新しい部署が出来、当時、私はその部署を牽引する役割を担っていました。そして、より有効な家庭復帰支援の方法を模索するなかで、サインズ・オブ・セーフティを試行的に導入し始めたばかりでした。

私たちは、サインズ・オブ・セーフティの所内研修を実施した後、地区担当ケースワーカー（以下「地区担当」と略）をサポートする環境を整えるために、地区担当が対応に困っている事例を相談できる場を援助方針会議とは別につくり、定例で実施しました。そして、その場（「家族支援CC」と呼びました）では、サインズ・オブ・セーフティの枠組みで情報を整理し、支援方針を検討しました。それは、約120万の人口を有する政令指定都市に1か所しかない児童相談所において、援助方針会議で一事例に費やせる時間は限られていること。また、経験ある地区担当リーダーが少なく、グループ（係）内のスーパービジョン・システムのみでは不十分な状況等があったからでした。

まだ始めたばかりのこの協議の場に、藁にもすがる思いで相談を持ちかけてくれたのが地区担当福田さんでした。ここから、一郎君家族との旅は始まりました。

2　サインズ・オブ・セーフティ・アプローチの枠組みで情報を整理

地区担当福田さんからの相談概要

一郎君（当時小学２年生）が約８年前に生まれたとき、母亜美さんは高校生でした。亜美さんはまだ若く、精神的にも不安定だったため、周囲は亜美さんが一郎君を育てることに反対し、やむなく一郎君を乳児院に預けました。その後、亜美さんはご両親とけんかし家出。体調はますます悪化し、家庭復帰どころか、一郎君に面会に行くことすら難しくなりました。親子の交流は断続的なうえ、亜美さんは、施設の対応や施設職員としばしば衝突していました。

けれども数年前、亜美さんは加藤さんという男性に出会い、徐々に体調が改善。そして、半年ほど前から一郎君を家庭に引き取りたいという話が亜美さんから出るようになりました。けれども、依然継続的な面会はできておらず、長年交流が少なかったため、一郎君と亜美さんの信頼関係は十分と言えず、また、亜美さんは子育て経験が全くなく、うつ、PTSD、糖尿病、メニエール病等の様々な病気があり、本当に一郎君を養育していけるのだろうかと、地区担当も児童養護施設の担当職員も心配していました。母の協力者である加藤さんもうつ病とパニック障害があり無職。しかも、一郎君は特別支援学級在籍で、言葉の発達が遅れており、集団活動の参加が難しく、パニッ

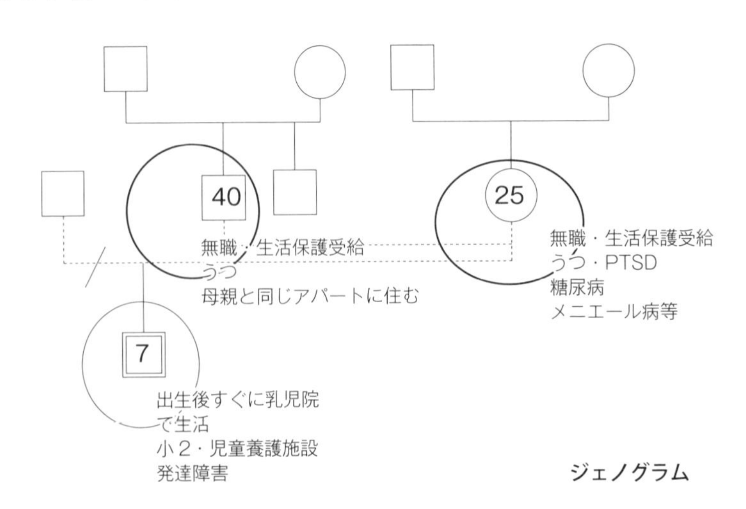

ジェノグラム

クになることもあり、育てにくさがありました。たまに実現した面会中も、一郎君はゲームをしているだけで、母と十分な交流ができていないという報告でした。

そこで地区担当や施設職員は「まずは面会を定期的にこなすこと」を母に求めましたが、やはり体調不良等を理由に約束通り実施できず、さらに、亜美さん・加藤さんから地区担当や施設職員への非難・クレームは激しさを増しているとのことでした。施設内で何度か一郎君のおもちゃが壊されており、施設が物の管理ができていないことや、国から支給された給付金を親に相談もなく使ってしまったこと等、施設の対応のまずさを亜美さんは責めていました。また、児童相談所の地区担当に「暴言を吐かれた」「子どもを返さないと脅された」と訴え、地区担当やその上司は頻回の電話対応に追われていました。亜美さんは、施設職員や地区担当の担当変更や辞職も求めており、亜美さん・施設・児童相談所側いずれも大変苦しい状況にあることがうかがわれました。

SofS マッピング

私は地区担当の話を聞き、サインズ・オブ・セーフティのアセスメント書式に書き込んでいきました。そして、これだけ関係がこじれてしまっているのなら、自分が別の立ち位置で関わることが、もしかしたら事態の改善に役立てるかもしれないと考えました。そして、自分が関わるうえで知りたかったのは、亜美さんをリスペクトできる情報でした。この仕事の成否は、私が母亜美さんと「仕事ができる関係」を築けるかにかかっていると思いました。

私は当時、同じ児童相談所で10年近く仕事をしていたため、以前に保護者と関係を築くことを断念して職権で親子分離したり、支援関係がこじれてしまった事例等が、その後、子どもが大きくなって家に帰ったり、再び親と接点を持つようになった際、親との関係で再び苦労している子どもたちを見ていました。それもあって、子どもにとって意味のある結果を出すためには、例えそれが困難な事例でも、保護者や関係者との「仕事ができる関係」を築くことを諦めないことが重要というサインズ・オブ・セーフティの考えに、深く賛同していました。

情報を整理して、私は「亜美さんが乳児院入所時から一郎君の引き取りを希望していた」こと、「以前の地区担当とは良い関係が築けていた」こと、「X 年度は、定期的に施設と保護者で連絡を取り、幼稚園行事にも参加でき、年末は外泊も行えた」という事実に気づきました。そして、「ずっと引き取る気持ちを維持できたのは何があったからなのか？」や「お母さんたちは家庭引き取りに向けて、これまでどんなことを頑張ってやってきたのか？」を聞いてみようと思いました。

それと同時に、デンジャー・ステイトメントをまとめていくなかで、肝心なのは、親子交流の段階が進まないとか、親に病気があること自体ではなく、それらのことが家庭復帰後の一郎君の安全や健康な生活にどういう心配となる影響があると考えられるのかということに焦点を置かなければいけないということに気づけました。そう考えると、まだその辺りが十分調査されていないところがあると考え、関係者が心配している点やその妥当性について、自ら情報を収集して判断する必要性を感じました。子どもの養育に直接関係する食事・掃除・洗濯・人との関わりなどの部分で、母が実際具体的にどのようなことができ、どういうことはできないのか。また、母の病気が養育や生活面にはどういう支障が生じているのか。そして一郎君自身は、お母さんのことやお家に帰ることについて何が心配で、何は良いところで、どういう望みを持っているのかを（つまりマイ・スリー・ハウスで）確認したいと思いました。

3　初回面接

母亜美さんと初対面。亜美さんは席に着くなり、施設や児相の対応のまずさを訴えました。長時間が経過し「早く返してもらいたい」という話が出たところで、私は［残りの時間それに向けての話をしませんか？］と言いました。

そして、［これまで大変な思いをされながらも、ずっとお子さんを引き取る気持ちを持ち続けることができたのは何があったからですか？］と尋ねました。すると亜美さんは、一郎君が生まれたときの話をしてくれました。亜美さんは、最初一郎君と顔も合わせないで里子に出すことを周囲から勧められていました。顔を見ないで出産した亜美さんでしたが、どうしても一郎君の顔を一度見たいという気持ちが強くなり、迷いながらもお医者さんにお願いして顔を見せてもらいました。一郎君と対面したそのとき、亜美さんの身体に強い感情が湧き上がり、「自分がこの子を守ってあげないといけない。となぜだか強く思ったのです」と言いました。私はそれを聞いて心が動かされました。

私は続けて、[お母さんたちは、お子さんを引き取るために、これまでどんなことに取り組んでこられたんですか？] と質問をしました。すると、母と加藤さんは、一郎君を引き取るために体を治すことを優先し、生活保護を受けたこと。必要な通院はこの1年確実に実行してきたこと。加藤さんが母の住むアパートの階下に住み、一郎君が帰ってきたあと、必ずどちらかが子どもを見られる体制を作ったことなどを挙げました。

そのあと、私は [引き取るにあたって心配なことは何ですか？] と尋ねました。すると、一郎君の興味の幅が狭く、また母や加藤さんに「これを買ってほしい」などの要求を言わないところなど心配があり、心理面を見てもらい、必要なフォローがあれば教えてほしいと言いました。

面接も終盤に差し掛かった時、母と加藤さんから「今月末に外泊希望。2か月後に家庭引き取りを希望」という強い要望が出て、「これはすでに地区担当と約束しており、守ってもらわないと困る！」とお話しされました。[お家に帰ることについては、一郎君の気持ちも重要。一郎君の気持ちを次回までに確認します。そのあとで外泊の過ごし方を話し合いましょう] と答えました。

4　マイ・スリー・ハウスと SofS マッピングを使って外泊での課題を捉え、親と共有する

すぐに一郎君に会いに行き、マイ・スリー・ハウスを用いて今の気持ちや考えを聴き取りました。しかし一郎君は、自分の興味関心がある怪獣の話をやや一方的に話をするところがあり、『心配なこと』として、施設でお友達から嫌がらせにあっていることを話しましたが、お家の話には明確な回答をせず、家に帰ることについても「ママとパパが決める。そのとおりにする」と言うだけで、意思が捉えづらいと感じました。亜美さんと加藤さんに、マイ・スリー・ハウスを見せ、家に帰りたいかどうかの気持ちについては「捉

えづらいですね」と伝えたところ、加藤さんも「そうなんですよ」と困った顔を見せました。こうして、外泊を繰り返すなかで、本人がお家に帰ることについて、もう少し前向きな様子が見られるようになるという具体的な目標が一つ共有できました。

外泊を繰り返し、その1か月後、一郎君は『心配なこと』として「ママが食事を作ってくれなかった。ママが朝起きてこなかった」と言い、『希望』については「順番に進めたい（この前3泊したから次は4回という意味）。お泊りはしたいけど、ずっと家に行くというのはまだ決められない」と言い、これらはそのまま亜美さん・加藤さんと共有しました。一郎君の言葉をそのまま書き取ったSofSマッピングをもとに伝えることで、亜美さんたちも、「児相が返してくれない」ではなく、一郎君の気持ちがお家に帰りたいに向くよう努力をしました。（※マイ・スリー・ハウスからSofSマッピングに変更したのは、一郎君の場合、マイ・スリー・ハウスだとお絵かき遊びになってしまう傾向があったためでした。）

その後も『心配なこと』として、「ママはいつもしょうちゃん（加藤さんのこと）に料理を任せている。しょうちゃんはいつも煙草を吸っている。いつも寝ている」という話が出たりし、その都度、それらを亜美さんらと話し合いました。亜美さんたちはショックな様子を見せながらも、料理を作ってみたり、それが体力的に難しいと分かるとより適した加藤さんが料理担当と決めたり、一方が病院など出かける際にはどちらかが必ず子どもの相手をできるようにするなど試行錯誤をしました。そして2か月後、今度は『心配なこと』に「ママと離れたくない。児童相談所が8回（8泊）までと言ったこと」と言って、もっと長くママのお家にいたいと言うようになりました。

5　最悪な状況のときでも一郎君をお世話できる仕組みをつくる

しかし、児童相談所内では「継続的な外泊を始めてまだ2か月。この良い状況は持続するのだろうか？」「どちらかが体調を悪化させると、また施設に逆戻りになるのではないか？」という心配の声がありました。

早急な家庭復帰を求める亜美さん、加藤さんの期待には応えられないため、怒りを向けられることはつらかったのですが、児童相談所が心配していること（DS）とセーフティ・ゴールを、少しでも亜美さんたちの理解が得られる伝え方を考えました。[一郎君は長い間施設で生活してきました。だから、児童相談所も簡単に失敗してまた施設に戻るということはないようにしてあげたいと思っています。つまり、亜美さん、加藤さんが体調を崩したりなど、最悪の状況になっても、他の人たちの助けで、また施設に逆戻りするということを防げる仕組みがあることを確認させていただきたいんです。そして、あと6か月は今の状態を維持できるということを見せてもらいたいと思っています。お家に帰っても大丈夫とみんなの了解が得られるまで、あともう少しなんです]。予想通り、亜美さんたちの怒りと悲しみは大きなものでした。加藤さんは「なんで今頃、新たな課題が出てくるんですか！　あとから次々出てきたら、もう返してもらえないんじゃないかと思っちゃいますよ」。全くその通りでした。この進め方は、私のミスでした。家庭復帰に向けて動き始めた頃から、セーフティ・ネットワークづくりを念頭に置いて話し合っておくべきだったのです。サインズ・オブ・セーフティでは、ソーシャル・ネットワークの動員を最初の段階でボトムラインとして提示し、プランのなかに組み込んでいくことが基本ですが、まだ学び始めでその重要性をこのときは十分認識できていませんでした。

それでも助けてくれそうな人を亜美さん、加藤さんが中心になって探してきました。教育委員会の小山さん、子どもの発達について相談できるクリニックの医師、母の体調を診てくれている内科の医師、長年心配し連絡を取り合い亜美さんの相談相手になってくれる友人、外泊時に遊びに連れて行ってくれる友人、外泊時手助けをしてくれる加藤さんの友人がいることなどが分かってきました。当時私はまだ、このなかに親族が入っていないことが心配に思えました。そして、様々な葛藤があって疎遠になっており、本当はあまり連絡を取りたくないという、近くに住む加藤さんの母と弟と直接連絡を取る許可をもらい、連絡を取りました。そして、加藤さんの両親や弟夫婦が協力的であり、何かあれば一郎君を預かってくれる人たちがいることが分かりました（※後日家族にAIした際、私が少し強引に進めたせいかもしれませんが、加藤さんは親族にこだわる必要がないことを教えてくれました。親族よりも実際に必要な動きを取れる人が重要だということです。ただその後、加藤さんのご両親とは様々な交流があるようです)。また、亜美さんたちは実際に教育委員会の小山さんに学校のことを相談し、外泊時に病院にも通って発達の相談を始めました。

6　クレーム行動について話し合う

実は、もう一つ児童相談所内で心配されていることがありました。それは、時々電話に出た職員に亜美さんや加藤さんが一方的に不満をぶつけることがあったことでした。「本当に返して大丈夫なのかな？」そういう雰囲気が児相内に漂います。

私は、加藤さんと電話で話し合いました。[こういう電話があったら、児相の職員はどのように評価すると思いますか？] と問いかけ、[帰った後、学校とうまくやっていけるのかという心配を持つ職員もいます。せっかくここまできたのに損をしていると思います。誤解を受けてもったいないなあと] などと説明しました。加藤さんは「わかりました」と言い、その後クレームの電話はピタリとなくなりました。

これはクレームに関する後日談ですが、家庭復帰後少し経った頃、一郎君が通う学校と亜美さんたちが揉める出来事がありました。その際、亜美さんと私が電話で話をしているとき、「私はこれでもだいぶ我慢しているんですよ。それを気づかせてくれたのは、一郎、加藤さん、中尾さん。一郎にとって、いいことにならないと分かったから。今は怒鳴り込みたい気持ちがあっても、そのままは言ってないんですよ」と話してくれました。

7　家庭復帰後

6か月の経過を見る予定でしたが、その後も経過良好で、親子双方の家庭復帰への気持ちが高まっており、もしもの時のセーフティ・ネットワークも確認できたため、クリスマスを家庭に引き取って迎えたいという亜美さんたちの強い希望もあり、6か月を4か月に短縮して家庭復帰となりました。

家庭復帰後、一郎君は不登校になり、亜美さんと学校が揉めることもありましたが、地域の医師や心理士、学校の先生、母らの友人や加藤さんの親戚の力を借りながら、いくつもの困難を乗り越えて、現在は、本人に合った学校を母らが見つけ、通うことができるようになりました。

亜美さんは年に一度、私に電話をくれ、幸せであること、家庭に返してもらえて感謝していること、その後も約束通り、病院や友人など人を頼り、助けてもらいながら生活できていることなどを報告してくれていました。私はその報告を聞いて、とても嬉しく勇気づけられました。家庭復帰してから7年が経過しようとしています。

8　家族へのAI（家庭復帰してから約半年後）
――支援者と信頼関係の構築ができたのは

亜美さん・加藤さんが私のことを信頼できたと仰ってくださった言葉を受けて、[私のことを信頼できるなって思えた一番の転機は何でしたか？]

亜美さん「いつも、引き取る前も一郎のこと一生懸命考えてくれて、前の学校とか、担当者とか、いろんなとこで話をしてくれて」「自分が精神疾患で、人を信じることがなかなかできなくて、本当に、いろんなとこ、施設預けたところもなかなか信用できなくて、トラブルに巻き込まれたりあったんですけど、そうやって動いてくれる、目に見えている、すごく嬉しくって、そういう人なら信用できる。それで引き取った後も支援してくれたりとか、こうやってわざわざ会いに来てもらったりとか、すごく嬉しいですね。自分は信頼、そのやっぱ色んなことに対して信じていかなきゃいけないんだなって、思いましたね。やっぱ目に見えてるっていうのがすごく嬉しかったですね。自分には」

加藤さん「子どものことを考えているように見えたって言うとおかしいですけど、まず子どもの気持ちを優先させてくれているのかなっていうのが感じられたので、その辺が信用できる一番の要因と思うんですけど。他の人は規則を優先させているようにしか見えなかったんですよね。その辺の違いですよね。こちらの気持ちとか以前に、まず規則を優先させていて、引き取りには3か月が必要だから3月って結果を出されたけど、そうじゃなくて、今の親子の関係とか、施設との関係とかいろいろ見てくれて判断してくれたっていうのが大きかったですよね」

亜美さん「あと、母親を信用してくれてるっていうのが。いつも電話口で褒めてくれるじゃないですか。あれがすごく嬉しかったですね。『よく頑張ってますね』『子どものこと理解してますね』って。そう言われるとやっぱ嬉しくって、涙が出ちゃうほど。…確かにうちはブランクがあって、親も働けない、子どもも障害がある中で、すごく理解が難しい家庭だと思うんですよね。それを一番に分かってくれたのが、中尾さんだったんですよね。誰に言ってもね。冷たい言葉しか返ってこなくて。本当に中尾さんが出てきてくれて、一生懸命動いてくれた。忙しいのに、自分ちの子を一生懸命動いてくれて、嬉しかったですね」

9　家族へのAI（家庭復帰してから約6年半後）——サインズ・オブ・セーフティ・アプローチに基づく支援の長期的な影響

［家庭引き取りに向けて私や児童相談所と取り組んできたことやその経験が今の生活にどのように活き続けていますか？］

亜美さん「まず一つ目は、児童相談所との約束ごとで、体調が悪いとサポートしてもらうということは今でも継続していますね」

加藤さん「周りに頼るということは教わりましたね。それが一番大きいかな」

亜美さん「大きいよね。あとは中尾さんがいてくれたから、引き取るときにアドバイスもらったからがんばって引き取れた」

加藤さん「その辺は大きいので、子どもにしっかり教えてますね」

亜美さん「12月24日に」

加藤さん「引き取った日を忘れないように。お祝いして」

亜美さん「それは7年間やってきましたね」

加藤さん「だから毎年引き取った12月24日に、気持ちをリセットして、初心に戻るという感じで。それでうまくいっているという感じですかね」

亜美さん「今まで中尾さんの前にかかわった人たちは決して悪い人ではないと思うんですよ。ただ精神障害があるとか、病気があるという決めつけになっちゃっているんですよね。そうじゃないんですよ。病気持っている親も子育てはしたいんですよ、本当は。そういう人たちもたくさんいるんだと思うんですよ。中尾さんが出てくる前は、病気で入院、入院寸前までいったときに、でも治さなきゃ帰ってこれない。全部治さないと帰ってこられないのかなという不安とか、でも、中尾さんがいることと周りのサポートのおかげで、病気でも帰ってこれるっていう自信がつきましたね」

一郎君とのAI

［今一番楽しいのは何？］「やっぱママといることかな」［ママと何することが一番好きなの？］「やっぱ一緒に住んでいること」［どんないいことある？］「料理を作ってくれるし、あと、やさしくしてくれるし。遊んでくれるし。いろいろありますね」［おうちに帰れてよかったなと思っている？］「思いますね」［施設と違って何がいい？］「全部がいいですね」［そうか。全部だよね。じゃあ、今よりももっとこうなれたらなあ、こうなりたいなとか思っていることある？］「もっと仲良くなれるということですよね。今は宇宙ぐらいですけど、それより銀河より」［もっと仲良くって、どんなことできているイメージ？］「助けてあげたりとかできるといいなあと思っている。将来のことも考えて」

10　まとめ

亜美さんは、我々が想像している以上に、子どものために、人は変われるんだということを私に教えてくれました。しかも、それは結果としてであって、亜美さんを変えることを目的に、私は関わっていませんでした。ソーシャルワークに無知だった心理職の私は、これがソーシャルワークのパワーであり醍醐味なんだと感じました。サインズ・オブ・セーフティがそのガイドとなり導いてくれました。

中尾さんの実践へのコメント

この実践で素晴らしいと感じたのは、約７年の時空を超えて、セーフティ・プランが稼働し続けていたということです。

サインズ・オブ・セーフティによる子どもの安全づくりを進めていくときに、セーフティ・パーソンの動員と参画は欠かせません。「病気持っている親も子育てはしたい‼　体調が悪いときはサポートしてもらえることで子どもは帰って来る。自信がつきました」という亜美さんと加藤さんとのAIから、親御さん自らができないところを、周りにいる人たちの協力を得ることで、子どもを守ることが今でも続いていることが伝わってきます。亜美さんは、６人ほどの実際に必要な動きを取れるセーフティ・パーソンを自発的に連れて来られました。親族がそこに含まれなくても、親御さんたちにとっての身近な人たちの力を借りて、自分たちでうまくできることを、私もあらためてこの実践から教えていただきました。

ソーシャル・ネットワークの動員を最初の段階でセーフティ・ゴールに組み込めなかったことで親御さんから批判を受け、中尾さんも「この進め方は私のミス」と悔いています。しかし、ここでブレずに［**最悪の状況になっても、他の人たちの助けで、また施設に逆戻りするということを防げる仕組みがあることを確認させてもらいたい**］と粘れる中尾さんの誠実な対応に感銘を受けます。親御さんの気持ちに“寄り添う”と称して「じゃあ、そこは、一旦お家に帰る中で探していきましょう」と在宅支援の中でセーフティ・パーソンを探していくという方針を出されてしまったら、果たして、親御さんたちは、セーフティ・パーソンをリクルートすることはできたでしょうか？　対立的になったとしても、セーフティ・ゴールに向けて何を見せてもらえるかを明確に伝えてることで、親御さんもそれを受け、次のステップに進んでいけると思います。間もなく、セーフティ・パーソンを連れてこられたことも、この御家族の強みだと思います。それを引き出せた中尾さんの問いも素晴らしいと思います。

中尾さんは「子どもにとって意味のある結果を出す」ため、親御さんと「仕事ができる関係」を築くことに向けて取り組んで来られました。この実践から、まさに「いい仕事」としてのサインズ・オブ・セーフティの

“旅路”醍醐味を見させていただいたように思います。（渡邉）

渡邉さんへのリコメント

この事例で、粘れた一番の理由は、「子どもの安全」と「関係者みんなの納得」を両方実現したいという切実な思いがあったからだと思います。新しくできたばかりの家族支援担当が信頼を得るには、この両方を実現することだと考えていました。

セーフティ・ネットワークについても、当時少し学び始めたところでしたが、初めは半信半疑でした。児童相談所が関わる方たちは、みなさん頼れる人なんていませんと言うし…と。しかし、面会・外泊が順調でも「これが長く続くのか？」という疑念が生じる。保護者が病気の治療を頑張っても「養育できる？」となる。親の「できます、大丈夫です」という言葉だけを信じるわけにはいかない。この本の編著者でもある菱川さんに相談したときに、「最悪何かあってもまた施設に戻らないでいいようにはしてあげたいね。子どもが生活の場を大人の都合で転々とするのは発達上良くないよね」という話をしてくださったように記憶しています。確かに、失敗して施設に逆戻りになると、母も子どももその傷は深くなると思いました。それで自然と、セーフティ・ネットワークの活用を含んだセーフティ・ゴールを描くことになりました。お母さんが万が一体調を崩して養育できなくても、誰かがその地で責任持って見てくれるのなら、親も子も不幸にはならないかもしれないと。

さて、一郎君家族との取り組みについては、2011年のオランダで開催された国際サインズ・オブ・セーフティ集会ですでに報告し、海外の実践者からも高い評価をいただきました。また、児童相談所の対応を取材したいというTV局の取材にも、一郎君家族にご協力いただきました（NHKハートネットブログ「虐待が起きた家庭のやり直しを支える」に掲載）。ご家族は、同じように苦しんでいる人たちのために役に立てるならという思いでご自身の経験を率直に話してくださいました。様々な発表機会で一郎君家族に助けていただきました。また、その後仕事で行き詰まっているときに、偶然その後の生活の報告のお電話をいただき、励まされたこともありました。

人と人との関係というのは、助けたり助けられたり、いつどのように逆転したり、また違う文脈で出会ったりするのか分からないものだなと実感しました。サインズ・オブ・セーフティがもたらしてくれた、この出会いに感謝しています。

虐待に至ってしまうほどの家族には、専門家による適切なアセスメントと、毅然とした指導が必要に思うのですが、サインズ・オブ・セーフティ・アプローチでは違うのでしょうか？

サインズ・オブ・セーフティではマッピングという形で家族と一緒に情報を収集して整理します。専門家は、子どもの身に降り掛かってきたと思われる他者からの何らかの行為としての「危害（ハーム）」は何だったのか、ここから先に起きるかもしれない子どもたちへの危害の予測として「今の状況のままでは××のことが子どもに起きることが予測されます」と未来の危害に対する援助者の判断結果を文章にし、家族に伝えます。「再度の危害を防止する」ことを援助の目的にします。これにより進むべき目標が見えてきます。子どもへの再度の危害を防ぐためのステップも見えてきます。児童相談所もいろいろとリクエストをします。どのようなプログラムやサービスを適用するという援助の内容の話ではありません。家族は誰の協力を得て子どもへの再度の危害を防ぐのか、その協力者（セーフティ・パーソン）にも集まってもらい一緒に再危害防止のプランを考えてもらいます。起きたことに対して「これは虐待かどうか」と判断する援助の枠組みとは違うのです。子どもに起きる未来の危害の心配を共有することで「何があれば危害を繰り返さずに済むか」家族の潜在的なストレングス（力）で、解決策を協働で構築する枠組みとなります。このプランは家族とそのセーフティ・パーソンがメインで作ります。援助者は作ることをファシリテートします。プランの全てを専門家が作ってしまっては、家族とその協力者は、誰かにさせられているということになってしまい、家族の主体性が奪われてしまいます。また、専門家が“腹案”として持っている助言内容は、その家族のやり方に合っているとは限りません。そんな中「専門的助言による改善指導」に一方的に従えというのは、そのやり方ができないから困っている人たちには酷ではないでしょうか。家族の話をよく聞き、家族なりに問題が起きる同じような状況のときであっても、児相が関与するような大事（おおごと）にならずに済んでいる例外的な社会的にOKなときがあるなら、私たち援助者がそこを逃さずピックアップして、エンパワしていく、そんな流れの方が、家族のストーリーにフィットすると思います。

お母さんがセーフティ・パーソンの協力を得てSofSの一連の取り組みを迅速に行い、一日で家庭引き取りになった取り組み

高橋かすみ
神奈川県次世代育成課（前 鎌倉三浦地域児童相談所）

1　そのとき子どもに起きたこと

お母さんより「風花がいなくなった」と通報がありました。その後、警察が保護した小1の風花ちゃんが「（お母さんに）叩かれて、出て行けと言われた」と訴えたことや、警察が家庭訪問した際に妹の文香ちゃんの右瞼に痣があったことから（お母さんは保育園で受傷したと訴えましたが）虐待の疑いがあり、一時保護になりました。しかし、お母さんがセーフティ・パーソンの協力を得ながら、家庭内で同様のことが起きないためのセーフティ・プランを作り上げ、子ども用セーフティ・プランを使って風花ちゃんと文香ちゃんにわかりやすく説明したことで一日で家庭引き取りとなりました。

家族は、お母さんと小1の風花ちゃん、保育園年中の文香ちゃんの3人です。離婚して別居したお父さんが隣町に、他県に母方のおばあちゃんが住んでおり、いずれも本家庭との行き来があり日頃から協力が得られていました。

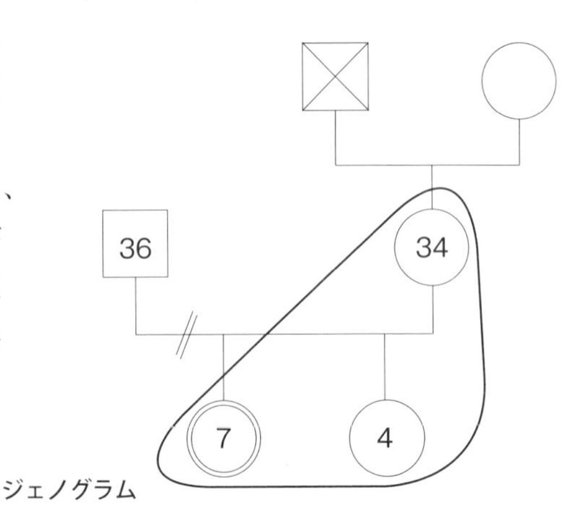

ジェノグラム

2　お母さん、お父さんから話を聞く

お母さんは子どもたちが一時保護されたことでかなり憔悴した様子でしたが、児童相談所への来所や面接にはすぐに応じ、昨晩のことを相談していたと離婚したお父さんも一緒に来所しました。お母さんの了承を得てお父さんも面接に入り、担当児童福祉司と親子支援チーム（注1）の児童福祉司と二人で話を聞くことになりました。

（注1：神奈川県が全国に先駆けて設置した家族再統合専任のチーム。児童福祉司、児童心理司の2名からなる。神奈川県所管の五つの児相に配置されている。）

お母さん、お父さんの話によると、風花ちゃんは、場面の切り替え、失敗や怒られることが極端に苦手で、そうした場面で思うようにならないと暴れたり怒った相手に手を上げたりします。好きなことには集中しますが、一度苦手な状況になると元の状態に戻るまでに時間がかかります。お母さんは風花ちゃんのそうした特性をよく理解し、周囲にも相談しながら対応してうまくいくこともありましたが、日常生活の中で苦手な場面をなくすことはできず、学校や学童で風花ちゃんの暴れた話を聞くたびに落ち込んでいました。一時保護された日は、夕食時に風花ちゃんから「学童の先生を4～5発殴ってやった」という話が出ました。お母さんは「またか」と思いつつ、「叩いてはだめでしょ」と注意しましたが、その話の最中にも風花ちゃんは隣の文香ちゃんを叩いています。お母さんはいけない、と思いながら叩くことは悪いとわからせるために風花ちゃんを叩いたり、怒られることばかりする風花ちゃんに思わず「出て行きなさい」と言ってしまいました。泣きながら家を飛び出て走っていく風花ちゃんに焦ったお母さんは、近所の人の手もかりながら家の周辺を探しましたが見つかりません。警察に連絡し、間もなく風花ちゃんは見つかりましたが、風花ちゃんが警察署員に「お母さんに叩かれて、出て行けと言われた」と言い、お母さんが連れて行った文香ちゃんの右瞼に痣があったことから虐待を疑われ、このまま家に帰すことはできないと言われ、二人とも一時保護になったということでした。お母さんは、「二人が家で安心して暮らすためにできることは何でもしたい。何をしたらよいですか」と聞いてきました。お父さんも、風花ちゃんの特性への対応に苦慮しな

がらお母さんが二人を大切に育てており、普段の母子関係はとてもよく、今回のことは躾として少し行き過ぎていたが、同様のことを繰り返さないために自分も協力したいと話しました。また、他県に住む母方のおばあちゃんは本家庭とは普段から交流があり、今回の面接に来ることはできなかったけれど、これまでどおり母子を支えるなど協力していきたいと言っているという話でした。

そこで、私たちはお母さん、お父さんにリーフレット「子どもの安全づくりのみちすじ　～私たちがご家族と取り組みたいこと～」（175ページ参照）を用いて家庭引き取りになるまでに何をしていけばいいかを説明しました。お母さん、お父さんは途中でメモを取りながら熱心に話を聞いていましたが、最後にお父さんから「この一連の取り組みを終えるのにどのくらい時間がかかりますか」という質問が出されました。これまでのお母さん、お父さんとの面接から児童相談所で協議した結果、お母さん、お父さんがリーフレットに書かれた取り組みを行い、家の中での安全作りの仕組みや引き取り後の安全について確認ができ、お母さん、お父さんから風花ちゃん、文香ちゃんにそれらのことが説明でき、二人が家に帰ることを了承すれば本日中に一時保護を解除し、家庭引き取りも可能ではないかという結論に至りました。担当児童福祉司から、お母さん、お父さんにその旨伝えたところ、本日中に引き取れるかもしれないということに驚きつつも、「子どもたちのために頑張ってセーフティ・プランを作ります」と言いました。セーフティ・プラン作りと子どもたちの面接の時間を取るため、一旦解散し、3時間後の再開を約束しました。

3　子どもたちから話を聞く

一時保護所で担当児童福祉司は風花ちゃんに、親子支援チーム児童福祉司は文香ちゃんにスリーハウスを行い、それぞれから話を聞き取りました。風花ちゃんは、神妙な様子で名前を言い、「よろしくお願いします」と挨拶してから一時保護所に来た理由を「ママに怒られて、叩かれて、出て行けと言われた」と話しました。スリーハウスでは、怒られると思ってか『心配の家』の話はしませんでしたが、『安心の家』ではお母さんについて「普段はやさしい、かわいい」と、『未来の家』では「2年生になったら1年生にやさしくしたい」と話していました。面接終了後にちょうどおやつの時間になり手洗いに向かいましたが、風花ちゃんは水遊びにこだわり次の行動に移れずにいました。担当児童福祉司がタオルで手を拭くよう声をかけたところ切り替えられ、手洗いを止めることができました。

文香ちゃんは、保護所に来た理由は「よくわからない、風花ちゃんと来た」と言い、スリーハウスでは主に通っている保育園での様子を話しました。家族については、「風花ちゃんは学校、学童、ピアノに行ってて大変なんだよ」「ママは病院で看護師の仕事をしているの」などたくさん話してくれました。

二人には、この後お母さん、お父さんと話をし、夕食前に呼びにくるので保護所で待つように伝えました。

4 マッピング

担当児童福祉司と親子支援チーム児童福祉司は、お母さん、お父さんと再会してマッピングを行い、改めて家の中で何が起きたのかについて確認しました。当日は、風花ちゃんが学童の先生を5発殴ってやったと言い出し、お母さんが「叩かないって言ったよね」と話している最中に文香ちゃんを叩いたり、ごはんをこぼしたり、オモチャをがちゃがちゃさせるなど、お母さんをイラッとさせる行動が何度もありました。一旦は風花ちゃんを外に出したものの、文香ちゃんに頼んで風花ちゃんを家に入れましたが、そのとき風花ちゃんが文香ちゃんを叩いたため、いけないとはわかっていたけど「出て行きなさい」と言ってしまったということでした。お母さんは、風花ちゃんの側にいるとまた何かやらかすのでは？と思ってしまうので、そういうときは風花ちゃんと距離を置くようにしており、この日も一旦は距離をとっていたのですが、度重なるお母さんをイラつかせる行動に離れていることができず風花ちゃんのところに戻ってきたということでした。「普段なら、離れて距離をとったりできるんですね。今回は、離れることができずこういう結果になりましたが、今後何も対策をとらずにいたとしたらどんなことが起きると思いますか」と尋ねると、お母さん、お父さんは少し考えてから、「私（お母さん）に対し不信感を持ったり、『自分ばっかり（怒られる）』と思ってしまいますよね。家が安心の場所と思えなくなってしまったり、風花の対応に疲弊した私と衝突することが増え母子関係も悪くなりますよね」と答えました。担当児童福祉司からは、一人で外に出てしまったときにケガをしたり、事故・事件に巻き込まれてしまうかもしれないという心配が伝えられました。それらをデンジャー・ステイトメントとしてまとめ、参加者で共有しました。

次に、「既にある安全」「強み」の部分を聞いていきました。「お母さんが、これまでお子さんの安全を守るために大切にしてきたことを教えてください」と質問したところ、お母さんは「大抵の場合は、私が怒って、この子（風花ちゃん）を謝らせて終わっていたのですが、この対応は自分のイライラをおさめているだけだと気付きやめました。そのかわり、シンプルで伝わる言葉で伝えることが大切と思い実践してきました」と答えました。「お母さんが、そのように気づかれたのは何があったからですか」に対し、トラブルは続いているが保育園のときに比べると落ち着いてきたこと、お母さんも失敗するんだよという話を聞いて安心するなど理解も深まっていること、「ギャーギャー騒ぐ自分はいや」と言葉で表現することが上手になったなど、風花ちゃん自身の成長を感じられるからということでした。また、風花ちゃんが近所の人（学童のママ友、近くのパン屋さんなど）にかわいがられており、周囲の人たちの理解があることでとても支えられているという話も出ました。

ご家族のゴールを聞くと、風花ちゃんには強みにつながる打ち込めること、楽しめるものができるとよい、小さな成功体験を積み上げながら風花ちゃんの自信に繋がるようにしていきたい、というお母さんの思いが語られました。担当児童福祉司は、「風花ちゃんがお母さんをイライラさせる行動をとり、お母さんが『出て行きなさい』と言いたくなったとしても、今回のようなことが起きない仕組みがあり、お母さん、風花ちゃんが回避するための行動をとることができること、そして、そのような姿を一定期間私たちに見せてもらうことができたら、児童相談所の関わりは終了します」と児童相談所のゴールを伝えました。

5 セーフティ・プラン作成

参加者でゴールを確認し、いよいよセーフティ・プラン作りに進みます。「早速作ってみました」と　お母さん、お父さんで作ったセーフティ・プランを見せてくれました。お父さんは風花ちゃん、文香ちゃんとの遊びの中でいつも描いているということもあり、絵が上手です。言葉もわかりやすく、簡潔に書いてありましたが、風花ちゃんがお友だちを叩いてしまったとき、外に飛び出してしまったときにどうなるかを心配した内容でまとめられており、どうしたらいいかは書かれていませんでした。そこで、トラブルになる前にどうしたらよいか、万が一外に飛び出したときにどうすればいいかわかりやすく伝えることを加えました。絵の得意なお父さんは、その場でお母さんと相談しながら新しいセーフティ・プランを作ってくれました。（図1）

さらに、大人版のセーフティ・プランとして、（具体的回避策）についても作成しました。これは、同様のことが起こりそうになったときに、風花ちゃん、お母さん、セーフティ・パーソンが何をしたらよいかをまとめたものです。これを見せながら、お母さんは母方のおばあちゃんや近所の人にも何をしてもらいたいかを説明し、風花ちゃんへの対応がスムーズになるようにしたいと話しました。

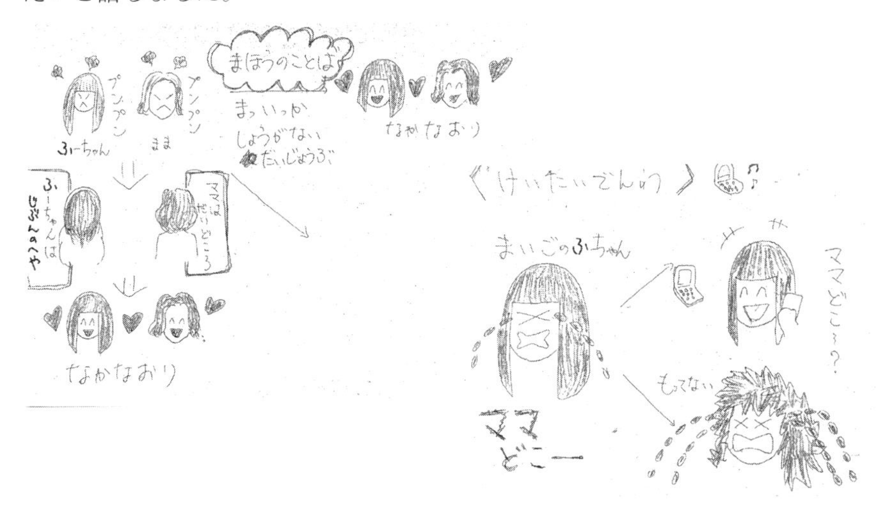

図1　子ども版セーフティ・プラン

安全プラン（具体的回避策）
子　キッズ携帯（GPS）を持たせる。
共通　クールダウン（別室に離れる）
魔法の言葉　アンガーマネージメント
親　ご近所さんや周囲環境に関わる人達に、理解・協力を得る。
（風花が自分のことを言われていると気にするので、配慮する。）
父・祖母　お母さん、子どもたちをサポート

大人版セーフティ・プラン

6　お母さんから子どもたちにセーフティ・プランを説明する

子ども版、そして大人版のセーフティ・プランが完成し、いよいよお母さんから子どもたちに説明することになりました。担当児童福祉司が二人を保護所に迎えに行ったときは、「ママ、本当に来てるの？」と笑いながら面接室まで来ましたが、実際にお母さんと対面すると風花ちゃん、文香ちゃんともお母さんに駆け寄り、泣きながら「ママー」と抱きつく涙の再開場面となりました。お母さんは二人を抱き寄せながら、「寂しかったよね、急なことでびっくりしたよね。もう大丈夫だからね」と安心させるようにやさしく繰り返し伝えていました。そんな母子の様子を見ながら、お父さんも少し涙ぐんでいました。

二人が落ち着いた頃を見計らい、お母さんから「大事なお話しをするからね」とセーフティ・プランの説明をします。お父さんの描いた絵を見ながら、二人ともお母さんの話を聞いています。風花ちゃんは、携帯電話が与えられることと、友だちを叩いては駄目という説明の際に少し落ち着かなくなる様子が見られましたが、それでも最後までお母さんの話を聞くことができました。文香ちゃんの方が落ち着いて聞いていましたが、ところどころ「わかってるよ」と口を挟むことがあり、風花ちゃんがそんな文香ちゃんを時々睨むような様子が見られました。お母さん、お父さんは二人のそんな様子を見ながらも、きちんと最後まで話を聞いた風花ちゃんを褒め、セーフティ・プランの中の絵を示しながらどうしたらいいかを伝え、実際に風花ちゃんと練習するなどしていました。そして、風花ちゃん、文香ちゃんは一時保護解除となり、お母さん、お父さんと共に自宅に戻りました。

7　セーフティ・プランの実行と稼働状況の確認

一時保護解除後、担当児童福祉司は警察、市、小学校や学童など関係機関に連絡を取り、保護解除までの経過とセーフティ・プランについて説明します。たった1日という保護期間に驚いた機関もあったようですが、担当児童福祉司が途中経過を丁寧に伝えていたこと、お母さんのこれまでの頑張りや風花ちゃんの特性を理解していたこともあり、セーフティ・プランの稼働状況を共に見ていくことを了承してくれました。母方のおばあちゃんにも連絡を入れ、セーフティ・パーソンの役割をお願いしました。

お母さんから既に連絡が入っていたこともあり、母方のおばあちゃんはお母さんの負担を受け止めながら時々は顔を出し子どもたちの様子を見るなど、自分もプランの担い手としてやっていきたいと協力を申し出てくれました。

担当児童福祉司は、一時保護解除後も電話や家庭訪問を続けるなかでセーフティ・プランの稼働状況を確認します。お母さんの話では、風花ちゃんも文香ちゃんも翌日から登校、登園をし、元気に過ごしているということでした。2週間後に児童福祉司が家庭訪問したときには、風花ちゃんの対応に困ることはあるがセーフティ・プランに沿って距離を取る等で回避できており、風花ちゃんとも折りに触れてセーフティ・プランを見返しながらどうしたらいいかを話し合っているそうです。また、お父さんや母方のおばあちゃんには電話で話を聞いてもらうなどで気持ちを受け止めてもらい、とても助かっているということでした。さらに、風花ちゃんと同じ学童に通う同級生のママ友がよき理解者で、何かあればすぐに来てもらうなどで頼りにしているということでした。訪問中、ちょうどその母子が本家庭を訪れ、お母さんより「今話したセーフティ・プランに協力してもらっている方です」と担当児童福祉司に紹介がありました。ママ友からも、お母さんが風花ちゃんの対応を頑張っており、学校や学童が一緒で近所ということもあり共に助け合っているという話が出ました。

その後、お父さんからも連絡があり、風花ちゃんがセーフティ・プランを「紙芝居」と気に入ってよく見ており、お母さん、お父さんもセーフティ・プランを示しながら「どうしたらいいか」を伝えているが、なかなか学童での暴力はなくならず、どうしたらよいか困っているという相談でした。お父さんは、以前そのことで小学校や学童に相談の電話を入れましたが、親権者ではないということで対応をしてもらえなかったということでした。児童相談所の関与についてお母さん、お父さんの了承があれば、小学校や学童に連絡を取り対応についての話を共有していくことも可能だと伝えるとお父さんより「ぜひ、お願いしたいです」という依頼があり、お母さんの了解を得て確認していくことになりました。

8　お母さんへのＡＩ

担当児童福祉司は、その後も家庭訪問や電話による定期的なモニタリングを続けています。今年の４月に担当児童福祉司が変わりましたが、セーフティ・プランについてはきちんと引き継がれており、モニタリングや関係機関との連携、情報共有は継続されています。一時保護解除後４か月を経て、お母さんに児童相談所のかかわりについてインタビューを行いました。お母さんは、「子どもを叩いたら虐待になるというのは知っていたけど、こんなに大事になるとは思わなかった。自分の思いは聞いてもらえない中で子どもたちを連れて行かれることになり、不安で漠然と怖かった。たった１回のことでそれがすべてだと思われてしまって、児童相談所の人はそう見るのが仕事なんだと思っていてもそこだけ見ないでほしい」ということでした。［そんな不安や怖い思いをしたなかで、セーフティ・プランを作れたのは、お母さんのどんなところがさせたのでしょうか］の質問に対し、「とにかく早く帰ってきてほしい、子どもたちが知らない場所で家族と離れて不安ではないのかと思うといたたまれず、使えるものはすべて使って、とにかく返してもらおうという思いでした」と答えました。［それでは、頑張れたのは子どもたちが不安に思っているのではないかと、そこが一番だったのですね］と確認したところ、「何の説明もできないまま子どもたちは連れて行かれました。警察署の人も何も教えてくれず、不安だった私はどこから二人が出てくるのか、どこへ行くのかと警察署の周りをぐるっと回ってみたりもしたけど、二人の姿を見ることはできませんでした。気が動転し、お父さんに連絡を入れたらすぐ来てくれたんです。お父さんは冷静に対応してくれて、『返してください』ばかりだと印象が悪くなるから、落ち着いて何をすればいいか考えようと言ってくれました。（略）児童相談所であのリーフレット見ながら説明を受けて、これをやるのにどのくらいかかるのかと思っていたら、担当児童福祉司のAさんがここまでやったら今日中に帰してくれると言ってくれたので、俄然やりますという気になって。お父さんがいてくれたから、セーフティ・プランも一緒に考えて作ることができました」と振り返りながら話してくれました。

［リーフレットは字が多く、わかりにくい部分もあったのでは？］という質問に対しては、「あのときは頭がパニック状態で混乱してて。でも、説明してもらって見通しがついたことはよかったです。やれば帰れるんだと。スマホで調べてみると、（一時保護所から）帰ってくるなんて書いてないし。まして１日で帰ってくるなんて書いてないから、本当に帰ってくるのかなとは思いました」と答えてくれました。児童相談所のかかわりで少しでも役に立ったことを聞くと「何かあっても今回の一時保護のことを思うと冷静になることができる、もうこういう思いは二度としたくないし、『出て行け』なんて何で言ってしまったんだろう。子育ては思い通りにならないことも多いけど、同じことになるのは嫌なので、子どもへの接し方を気をつけなければならないと思った」ということでした。

最後に今回の合同ミーティングについての感想を聞きました。お母さんは、「とにかく信じてほしいって思って何でも話しました。職場でもプレゼンしたり、まとめて記録していたので、違和感はなかったです。記録に残すことで忘れないようにできるし、言葉だけだと忘れてしまうから」という感想をもらいまいした。

突然の一時保護というお母さんにとって不安な状況の中で、頑張ってこられたのは子どもへの思いとお父さんをはじめとする周囲の助けが大きく影響しており、さらには見通しのある説明が功を奏して子どもたちの家庭での安全をより強固にする取り組みが行われ、1日で一時保護を解除することができました。今回の「グッド・プラクティス」から、私たちは家での安全作りの仕組みを作るのに必要なのは時間の長さだけではなく、早急にセーフティ・パーソンをリクルートし、セーフティ・プランを作ることができ、子どもにセーフティ・プランを説明できれば、いたずらに保護期間を延ばすことなく親子での生活を再開することができるということを学びました。こうした「グッド・プラクティス」を多くの方に知ってもらい、それを着実に行っていくことで、親子共に負担となる分離の時間を少しでも短くできればいいと切に願います。

高橋さんの実践へのコメント

親と子、それぞれ大変な負担になる分離の時間を少しでも短くできればいいという高橋さんたち児童相談所職員の誠実な思いが、心に残る実践報告でした。お家と違う場所にいる子どもたちがかわいそう、一日でも早く家に連れ帰ってあげたいという子どもたちのお母さんの強い思いに互いが呼応していたような印象です。ストレングス・モデルでは、ケースワークを前に進める一番の力は、クライエントの強い想い（aspirations）であるとしています。一日で保護解除という短時間の展開には、この部分が欠かせないことを再確認できました。

この報告の優れた点は、「既にあるセーフティ」と「既にあるストレングス」について非常に良くお話を聴かれている点だと思いました。お母さん自身からだけでなく、子どもたち、離婚されたお父さん、近所の友人と言ったお母さんのインフォーマルなネットワークの人たちからもストレングスについて援助者が聞いているところです。「既にあるストレングス」は、終結までの行程に伴う仕事をメモして聞く行動、終結までの時間を尋ねるという父親の着眼点、目的到達のために有効な手立てを考えるという優れた知的能力に表れていました。子どもが飛び出た後、すぐに一旦は家の中に連れ戻す、飛び出た後にすぐに近所の人の手を借りて付近を探し,警察に連絡している部分は、「既にあるセーフティ」です。「近所の人の手をすぐに借りた」すなわち、インフォーマルなネットワークをまず動員させているところが、サインズ・オブ・セーフティ的にナチュラルに優れた家族の既存のセーフティでした。

もう一点、ハッとさせられたのは、明確なセーフティ・ゴールの設定と提示をされたという点です。DSとSGのしっかりした理解があって、サインズ・オブ・セーフティの枠組みで実践しているということが伝わってきました。やはり、サインズ・オブ・セーフティのステップの最初の段階が援助の屋台骨だと思いました。

二度と同じ危害が子どもたちに及ぶのを防ぐことと一時保護所で過ごす期間を最小限度にすることを両立させるためには、「当座の直近のセーフティをどう計画するか」を考えることになります。この考えで行くと、今回は「当座の直近のセーフティ」を一時保護所ではなく、家庭で展開することが可能と判断された結果、1日で保護解除ができたのだと理解します。他の子どもたちと家族の状況においても、子どもたちが学校に通い、友達と遊び、好きな習い事を続けるという暮らしをできるだけ継続することを可能にし、尚且つ、二度と危害に遭わせない時限的なセーフティの構築をできるだけ速やかにどうできるか。その際、今以上にケース固有のセーフティ・スケールを作り、活用することをお薦めします。子どもがフューチャー・ハームから免れるという論点から逸れない議論が、安全が確実な合理的な配慮とは何かの答えを導いてくれると思います。これからも実践に基づくエビデンスを発信し続けてください。期待しています。(菱川)

菱川さんへのリコメント

事例へのコメントをいただき、ありがとうございます。私は、当時親子支援チームの児童福祉司としてこのケースに関わりました。お母さん、お父さんとも行き過ぎた対応が風花ちゃんを傷つけたことを理解しており、自分のしたことで子どもたちが見知らぬ場所で不安な思いをしていることが心配で、闇雲にただ返してほしいと言うのではなく「子どもにとって安心となる家に帰したいので、何をすればいいでしょうか」と聞く真摯な姿が印象的でした。そして、普段からセーフティ・ネットワークを築いており、それを活用していることにも驚かされました。親子支援チームとして多くのご家族と出会いましたが、大抵はセーフティ・パーソンのリクルートに困難をきたすことが多く、今回のようにすぐに集めてくださったり、家庭訪問のときに気軽に紹介してくれることは稀です。こうしたよい土壌があったことも確かですが、１日で返せるかもしれないという大きな決め手になったのは、お母さん、お父さんの子どもへの気持ちと既に構築してきた安全、そして子どもたちを家に帰すために新しいことに取り組もうとする前向きな気持ちでした。マッピングでは、こうした家族の「既にある安全」「セーフティ・ゴール」を聞くことに特に力を注ぎました。短時間の間に、担当児童福祉司と質問の内容を考えたり、セーフティ・プランの内容を想定して児童相談所のセーフティ・ゴールも何度も練ったり、上司に途中経過を伝え相談したりしました。こちらも、まさに時間との勝負でしたが、ご家族の頑張りに応えるためにも努力を惜しまず色々なことに取り組みました。菱川さんのコメントにもあるように、セーフティ・スケールを用いた質問で、セーフティ・プランの確からしさをご家族の言葉から導き出せればもっとよかったと思います。サインズ・オブ・セーフティの実践者はもちろん、ご家族の方にもぜひこの事例を読んでいただき、児童相談所は必ずしも長期の保護を望んでいるわけではないこと、ご家族の思いに答えるべく常に子どもの安全を念頭に置いたソーシャルワークで、一日も早く子どもたちの笑顔が家族の側で、そして慣れ親しんだ「おうち」で見られるよう日々努めていることを知っていただけたらと思います。

サインズ・オブ・セーフティ・アプローチは どんなケースに適していますか？ また、使えないケースはありますか？

☞ サインズ・オブ・セーフティは、相談援助の考え方の基本です。その人の治療や足りないところを補うサービスやプログラムを導入するときのように“ケースに実施する”というマネージメント計画ではなく、家族と共に取り組むときの基本の考え方になります。言わば、援助者側の基本的な思考のモデルとなるものです。カタカナ用語が多いからといって、新たな考え方だけで構成されているものでもありません。

援助者は、地域社会の中で、家族が誰と繋がり関係するネットワークを広げ、大事（おおごと）にならないようにその仕組みを構築できるのかを目指します。 優れたベテランがうまくやっていた方法を、あらためて言葉にして、ステップとして見える化した枠組みがあるのなら、きっと重なるところがたくさんあるはずです。ただし、サインズ・オブ・セーフティでは秘密が維持されやすい虐待の構造に光をあてるため、必ずインフォーマルなソーシャルネットワークを動員します。そして家族とセーフティ・パーソンがメインで作り上げたプランに対して「それは子どもの安全を創るためにどのような意味を持つのでしょうか？」と、質問を重ね、決して子どもの安全からぶれない一貫した対話を続けます。地域でのコミュニティの再生や、近隣・他者との共生の復古を求め、人と人とをつなぎなおすプロセスのようにも思えます。ですから、サインズ・オブ・セーフティではどの事例が適していて、どの事例は使えないということはありません。むしろ、困難を感じていたり、複雑に思えたりするケースほどサインズ・オブ・セーフティで取り組めるとよいと思います。サインズ・オブ・セーフティは、複雑な問題をシンプルに考えることを実現する枠組みを私たちに示します。また、第２章の岡本さんの実践のように、対象者の安全に係るどんな事例にも、この枠組みで考えることができると思います。

この考え方の枠組みが援助者側にあれば、創造的支援としての援用・応用の発想も広がると思います。さらに、チームとして、組織として取り入れられたら、強みがより一層発揮できるようになるでしょう。地域でも家族と関わることが多い、市町村、病院のMSW、スクールソーシャルワーカーや保育所、児童館、子育てNPOの方々が、介入当初からも、普段使いの枠組みとして共有できるとなお良さそうです。

家族自らが示したゴールに向かい、修正を重ねながらセーフティ・プランを完成させた取り組み

星　香澄

神奈川県鎌倉三浦地域児童相談所

1　家族と子どもたちの状況

「お母さんから暴力を受けた、家に帰りたくない」という子どもからの訴えで一時保護となった女児。保護者がセーフティ・パーソンをリクルート、セーフティ・プランを作成し、試験外泊でセーフティ・プランの稼働状況を確認し家庭引き取りとなりました。家族は両親と一時保護となった高校１年生の美香さん、中学２年の弟、小６の弟の５人。近隣には母方祖父母宅があります。母方祖父は他県に単身赴任しており、月の半分ほどは母方祖母が赴任先に行き不在のため、母が家の管理等を行っていました。

学校からの情報では、母は美香さんの対人関係のトラブルの際に学校に対応を求めて怒鳴り込んで来たり、次年度のコース選択や資格取得について美香さんの意向を尊重しようとする学校と母の意向が異なった際に、激しい口調で学校を非難したことがあったとのことでした。学校側は当初、美香さんを家庭には戻さず、美香さんの意向に沿った自立に向けて支援してほしいと考えていました。児童相談所も初回面接の母の激しい様子から家

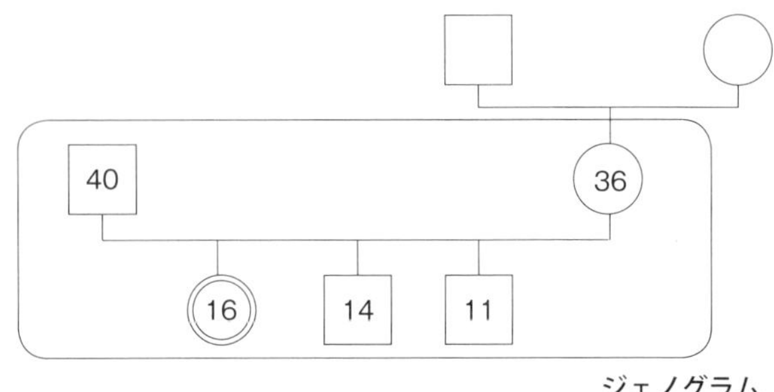

ジェノグラム

庭復帰が難しいかもしれない、と考えていました。しかし、児童相談所が家族及びセーフティ・パーソンと対話を重ねる中でデンジャー・ステイトメント（以下、DS）を共有することができ、家族自らが示したセーフティ・ゴールに向けて必要なサインズ・オブ・セーフティ・アプローチのプロセスを経て、母は子どもの安全づくりに取り組むことができたのです。

2　子どもから話を聴く

学校からの通告に基づき担当児童福祉司が美香さんに話を聞いたところ、学校の登校前に飼っているハムスターのケージ掃除、エサやりを行うことが美香さんの役割でしたが、当日、朝寝坊し掃除がきちんとできていなかったことで母が怒り、美香さんの背中を叩いたとのことでした。母は言葉がきつく、特に高校受験で第一志望の高校に落ちてからは美香さんへの暴言が増え時々叩かれることがありました。美香さんは言葉での表現が苦手で度々黙り込んでしまうため、担当児童福祉司はマイ・スリー・ハウスやセーフティ・サークルを用いて美香さんの話を丁寧に聴き取りました。

マイ・スリー・ハウスでは、心配なことは「暴力や暴言とか、しなくなるのか」「これからの生活どう過ごしたら良いのか分からない」「親とどう接していいのか分からない」、安心なことは「クラスで友だちと話している時が一番楽しい」「先生と話すのが楽しい」「家でCDを聴いている時間が好き」、希望は「暴力暴言をしないで優しくなってほしい」「家に戻って学校に通いたい」「アルバイトをしてお金を自分で管理したい」などが出されました。

セーフティ・サークルでは、中心から一番近い所に「担任の先生」、次に「Aちゃん」（友人）と書きましたが、それ以上は出てきませんでした。

美香さんには、これから児童相談所が両親と話をすること、安全な生活のためにできることを話し合い、セーフティ・プランにまとめること、セーフティ・プランを美香さんにも見てもらい完成させることを説明しました。

3　マッピング

一時保護当日、担当児童福祉司は両親に連絡し、児童相談所で面接を行いました。当初、母は一時保護に納得できず、暴言は認めたものの暴力は日常的にはなかったとして、美香さんに謝るので返してほしいと時に強い口調で引き取りを要求しました。父は当日の様子を見ていないので分からないが、仲の良い家族なのですぐに返してほしいと口数は少ないものの母に同調していました。話し合いは長時間に及びましたが、家庭引き取りに向けてこれから何に取り組む必要があるかリーフレット「子どもの安全づくりのみちすじ～私たちがご家族と取り組みたいこと～」を用い説明したところ、その日は「分かりました」と言って両親は帰宅しました。

翌日、母は担当児童福祉司に対して、「昨日はパニックになってしまい、失礼なことを言いました。手伝ってくれる友人もみつかりました」と連絡をしてきました。担当児童福祉司は母にお礼を言い、次の面接では家族再統合支援を担当する親子支援チーム（前の事例で説明）がファシリテーターとして参加し、両親、セーフティ・パーソンである友人も参加して合同ミーティングを行うことを伝え、母も了承しました。友人は美香さんが保育園時代のママ友で、子どもたちが小さいときにはお互いの家に泊まるなど家族ぐるみの付き合いをしていたので、美香さんも顔を知っているとのことでした。

1週間後、両親と友人のKさん、担当児童福祉司、ファシリテーターとして親子支援チームが参加し、合同ミーティングを行いました。合同ミーティング冒頭、母は「作ってきた物があるんです」と色紙を取り出しました。そこには「家族とは守護神　見えなくても常にそばにいる守り神。家族とは駅のホーム　出発する場所であり戻ってくる場所でもある」と書いてありました。母は「昨日、美香の弟たちも含め家族に今回のことを謝りました。その上でこれから子どもたちが自立して家を離れたとしても、いつでもここに戻ってきていいんだという意味をこめてこれを作り、家族も賛成してくれました」と言いました。また、「約束します」とタイトルのついた色紙も示し、そこには「言葉使いを直します」「暴力しません」など母が今回のことで反省し、今後同じようなことが起きないようにこうしたい、という項目がいくつも書かれていました。これは誓約書のようなものであり、本来のセーフティ・プランとは意味合いが異なりますが、家族が自ら作成したものなのでそのまま残すことにし、合同ミーティングを経て危険回避策となるセーフティ・プランを追加することにしました。そして、親子支援チームが「ご家族で話し合って作ってきてくださったんですね。ありがとうございます。最初の色紙にある家族の目指す未来の姿に向かってこれから取り組むことは何か、一緒に整理しながら話し合いましょう」と投げかけ、合同ミーティングが始まりました。

改めて当日何が起きたのか母に確認すると、「当日は私も寝坊してしまい、家事も仕事に行く支度も進まずイライラしていました。美香を見ると登校の時間が迫っているのに携帯を見ながら食事をしていて、しかもハムスターの世話がきちんとできていないので怒ったのですが、振り向きもせずに携帯をいじっていたのでこちらを向かせようと肩のあたりを叩いてしまいました。暴力をふるったつもりはなかったんです」と言いました。また、「普段だったら落ち着いたところで謝って仲直りできるのに、黙り込んで固まってしまう美香を見てさらにイライラしてしまい、時間もなかったのでそのまま出勤してしまいました」とも言いました。「普段は仲直りできるのですね、すばらしいです。ではもし何の手立てもないまま今すぐ家に美香さんが帰り、仲直りできないようなケンカが繰り返されたとすると、どんなことが起きると思いますか」と尋ねると、母はしばらく考えて、「そうですね、イライラして美香を怒り、美香は固まり、それを見てまた怒る…そんな悪循環が続くと、もう美香は家に帰りたくなくなってしまうかもしれませんね」と答えました。担当児童福祉司は美香さんの書いたマイ・スリー・ハウスを示し、美香さんも母の暴力や暴言について心配していることを伝えました。そして心配をDSとして参加者で共有しました。

その上で、家族の強みを聴いていきました。「先ほど、普段は謝ることができる、とおっしゃいましたが、お母さんのどんな努力があってそうできるのですか」と尋ねると、「普段はイライラしても、一旦離れて深呼吸して落ち着いて、美香が話せる状態か見て、もう一度話をします。それでも解決しない時は今日来てくれた友人やおじいちゃん、おばあちゃんに相談しています」と答えました。父は「普段は母子でとても仲がいいんです。よく話もしていますし、美香も学校のこととかよく相談しているんですよ」と言いました。友人のＫさんも「よく家族５人で仲良く買い物をしているのを見かけます。仲のいい家族だな、といつも思っていたんですよ。うちなんか子どもはもう一緒にでかけてくれません」等話し、家族の強みがたくさん語られました。その中で母は「確かに美香とは姉妹みたいで、遠慮なくズケズケ言っていた所がありました。気持ちを話すのが苦手な美香の友人関係が心配でしたし、高校入試で第一志望に落ちたのも面接がよくなかったんじゃないかと思うと、将来就職して自立できるのかとイライラしてしまい、つい口うるさくなってしまって…でもそれが美香を傷つけていたんですね」と涙を流しました。

４　セーフティ・プランの作成

強みを聴く中で、母子間でトラブルがあったとしても母は一旦離れて深呼吸をして落ち着いたり、誰かに相談し間にはいってもらうことで、トラブルが大きくなったり暴力に発展しないようにできることがわかりました。その上で、「美香さん自身がトラブルを回避するには、どんな手立てが考えられるでしょうか」と家族に投げかけました。しばらく両親で相談し、母は、「私の両親の家が歩いて10分ほどの所にあります。両親が不在の時に私が換気したり郵便物を確認するので、自宅のカギを預かっています。もし美香が一旦離れたいとか、家に帰りづらいことがあれば、両親の家に行くことができます。両親にも私から協力してもらうよう話をします」と言いました。「とても良い方法ですね。ところで、Ｋさんにはどんなことを手伝ってもらいたいと思いますか」と尋ねると、Ｋさんは「うちも自宅は歩いて20分ぐらいの距離です。自転車なら10分もあればいいから、うちも避難場所にしてもいいですよ」と言いました。それを聞いて母は、「避難場所もそうだけど、美香の相談相手になってもらえるとうれしいです。あの子、友だちもあんまりいないみたいだし…大人の女性としてアドバイスしてもらえれば」と言いました。それを聞いて担当児童福祉司は美香さんの書いたセーフティ・

サークルを出し、「確かに、学校の先生の他にはお友だちの名前が一人だけで、他にセーフティ・パーソンになる人がいないかもしれませんね」と言いました。そこで両親、Kさんで相談し、セーフティ・プランに「何かあったらジージ・バーバの家、もしくはKの家へ、電話をしたり行ったりして相談にのってもらってね」と書き加えました。

最後に、作成したセーフティ・プランを美香さんに見てもらい、美香さんの考えるセーフティ・プランも加えて完成させることを伝え、合同ミーティングは終了しました。

数日後、美香さんにセーフティ・プランを見せ、美香さんが安心できるプランになっているか確認しました。美香さんはプランはこれで良い、と言う一方、家族で出掛けることが多く、一人で過ごしたり友達と出かけたりする時間もほしいこと、怒られたときに携帯電話を取り上げるのはやめてほしいとの希望を述べました。セーフティ・プランの内容と直接は関係しませんでしたが、美香さんが不安に思っていることとして両親に伝えることにしました。後日、話を聞いた母は、家族の時間を大事にしたいと思う一方で、美香さんの年齢を考えると当然というKさんのアドバイスもあり、それを「○○家が楽しく過ごすために」と別の色紙に書いて持参し、美香さんの気持ちに添っていきたいと話してくれました（図1）。これはセーフティ・プランを補足するものとして、セーフティ・プランと共に自宅の壁に貼ることになりました。

○○家が楽しく過ごすために

・美香がお休みの日は自由に過ごしていいよ。
　もし家族のイベントなどがある時は話し合おうね。

・ケンカや叱られた時はケータイをとり上げたりしないよ。
　でも話をしている時はケータイをさわらないようにしてね。

図1　家族の作成した色紙

5　セーフティ・プランの試行と修正

セーフティ・プランは完成したものの、美香さんは本当に安心して家で生活できるのかという不安と、学校に通いたい気持ちとの間で迷っている様子でした。そこで一度両親、Kさんと面会してセーフティ・プランを一緒に確認すること、その上で外泊扱いとして2週間自宅に帰ってセーフティ・プランが実際に稼働するのか試すことを提案したところ、美香さんはそれでやってみたいと言いました。両親、Kさんにも提案したところ了承が得られ、約1か月ぶりに美香さんと両親、Kさんが面会をしました。

美香さんは初めやや緊張した様子でしたが、両親、Kさんと話をするうちに笑顔がみられるようになりました。セーフティ・プランを確認する中で、美香さんはトラブルがあった時にうまく母と話ができるか分からないと心配を述べました。母からはLINEでやりとりしてはどうかとの提案がありましたが、美香さんは母とのLINEでは結局ケンカのようになってしまう、と言いました。担当児童福祉司は、美香さんが自分の気持ちを紙に書いて面接場面に持ってきてくれたことを思い出し、「美香さんがうまく気持ちが伝えられない時には、紙に書いて渡すのはどうでしょうか」と提案しました。両親、美香さん、Kさんで話し合い、美香さんが言いたいことを言えない時のセーフティ・プランとして図2の内容を追加し、セーフティ・プランは完成しました。また、当日、母はセーフティ・プランに沿って祖父母宅の鍵を美香さん用に用意してくれていました。鍵を受け取り、Kさんと連絡先を交換して美香さんは試験外泊となりました。

2週間の試験外泊中、担当児童福祉司が定期的に家庭訪問をしてセーフティ・プランの稼働状況を確認しました。家庭訪問すると、自宅の壁にはセーフティ・プランをはじめ、家族の作成した色紙が貼ってありました。外泊中の様子を聞く中で、母と美香さんは、一度学校の三者面談の日程を美香さんに確認せず母が学校とやりとりして変更したことでトラブルになりかけたことがあったと言いました。しかし、美香さんが自分にも相談してほしかったと紙に書いて母に渡したことで母が謝り、話し合って解決できたことが報告されました。それ以来、いつでもやりとりできるようにと伝言用のホワイトボードをリビングに用意し、言いづらいことはお互いホワイトボードに書いてやりとりし、解決しているとのことでした。

美香が言えない時⇒紙に書いてテーブルにおく
　　　　　　　　　お母さんが返事をかいてくれる
美香が言えない時⇒Kさん家に
　　　　　　　　　・電話をする
　　　　　　　　　・LINEする
　　　　　　　　　それでもかいけつしないときはKさん家にいく
美香がまっすぐ帰りたくない時、ひとりになりたい時
　　　　　　　　⇒ジージ、バーバの家にはいってよい

図2　追加したセーフティ・プラン

6　一時保護解除、母へのAIによるインタビュー

2週間後、家族が主体的にセーフティ・プランを修正しながら母子間のトラブルを回避、解決できており、両親、美香さんとも家族でやっていけることに自信が持てたということが確認できたため、一時保護解除となりました。その後の定期的な家庭訪問の中でも母子間でホワイトボードをうまく活用しながらやりとりし、ケンカになりそうになっても祖父母宅や友人のKさん宅に行くところまでエスカレートせずに済んでいることが確認できました。

一時保護解除から一か月後の家庭訪問で、母に今回の児童相談所のかかわりについてインタビューを行いました。

［今回の児童相談所のかかわりは、ご家族にとっては不本意なところもあったかもしれません。どんなことでも構いません、児童相談所のかかわりについてご意見をいただけますか］「最初の時、パニくってしまったので、何が何だか分からず、頭真っ白になって何をどうしていいかも分からなかった。お父さんに電話してすぐに児童相談所に行った状態だった。黒田さん（担当児童福祉司）の話もちゃんと聞いてなくて、自分の焦りがあって、その日は何が何だか…」［それでもセーフティ・パーソンをすぐに連れてきてくださいました。どんな

ことがお母さんの助けになったのですか]「そうですね、黒田さんの印象がよかったというか、冷静に、落ち着いて話してもらって、この方だったら、と素直に話せて、お任せできると思ったんです」[黒田のどんなところが助けになりましたか]「最初は何なの？と思ったし、美香を取られた、帰って来ないし、なんで？という感じで、顔を見られなかったし。でも次の日とか冷静になって、やってしまったことの反省とか色んな気持ちが駆け巡って…でも黒田さんと話をする機会が増えて落ち着いた。お任せできるのかな、と思った。オープンに話せるというか、気を遣わずに何でも話せるのがよかった。気を遣われるとこっちも気を遣うし、気を遣うことがストレスになる。何を話していいのか、とか。黒田さんとは身内のような近い感じで話せる。それに美香に対する対応ですよね。気を遣わずに対応してくれた。固い感じがなく、対等に、自然に美香に接してくれているのを見て安心できるな、と」

[児童相談所のかかわりの中で、何か少しでもお役に立てたことがあったでしょうか]「離れて生活してみて美香への思いとか考えさせられた。いい機会だったと思う。自分を見直すことができた。一時保護になったこととか、自分がやったこととかよくないことだけど。それに久しぶりに美香に会った時、本人が大人になったというか、安心して本人に任せていいんだ、ひとりで十分やっていけるんだと思った。あれこれやってあげないといけない、と思っていたけど、本人が成長したのも見れたし、すごいなーって思えたんです」

[合同ミーティングという話し合いの形はどのように思われますか]「やだとも言えないし、仕方ない、こういうやり方なんだと…。リーフレットをいただいたけど、もう少し説明が欲しかった。その時はパニックになっているのでいっぱい書いてあっても何が何だか分からない。自分たちが今どの段階にいて、次の段階に進むにはこういうことをやりますという説明があるといいと思う。後から冷静になってみると、あ、この前のやつかってわかるけど。番号が書いてあっても自分たちが今どこにいるか全然分からなかった。流れが単純に分かるといい。順番とか、矢印とか。なんなら子ども用でもよかった。」

[児童相談所にもっとこうあってほしい、改善してほしいというところがあれば教えてください]「頻繁に連絡というか、子どもの情報が欲しい。『元気です

よ』じゃなくて、『今日はこういうことがありましたよ』って。何時に起きて、どんなことして、何食べて、とか。子どもの生活を心配しているのでその情報をくれるといい。どこにいるのかはどうでもいい。場所は教えられないのは仕方ないし、聞いたからといって突撃するわけでもない。ただ一日一日どう過ごしているのか、細かい情報が知りたいんです」

7　まとめ

この実践を通して、関わることが難しいとされていた保護者であっても、家族、セーフティ・パーソン、児相と協働し、対話を重ねる中で、すばらしい子どもの安全を守る保護者になり得る、ということを教えていただきました。また、「関わりが難しい」とされたことも一つのストーリーで、たくさんの真実があることもわかりました。そして、児童相談所の権威的でない対等で率直なやりとりが家族の信頼につながること、お子さんの一時保護という非日常的な出来事の中で、お子さんの様子を伝え家族に安心してもらうことが大事だということを教えていただきました。また、一時保護という短時間での対応を求められる事態であっても、より具体的でわかりやすい安全づくりへの道筋を示すことができるよう準備しておくことが、家族にとっても児童相談所にとっても助けになると思われました。

星さんの実践へのコメント

この実践の優れている点は、児童相談所のかかわりから終了までを11のステップで流れを説明したリーフレット『子どもの安全づくりのみちすじ』を活用することにより、一時保護から一時保護解除に至るまでの時間を短縮しているところです。

児童相談所が子どもを一時保護した場合、子どもの安全を確保した直後、当日中に親御さんに一時保護した旨の連絡をします。親御さんの殆どは、寝耳に水の状態で気が動転し、その当日に慌てて児童相談所を訪れます。保護者の同意を得ず児童相談所長の職権で一時保護を開始した場合はなおのこと、面接が長時間に及んでしまうことがあります。子どもに行った行為・言動等について「やった」「やらない」の話に終始したり、「どこまでが躾けでどこからが虐待か」とか、多くの親御さんは、一時保護に納得できず、混乱の中で、必死に子どもを返してほしいと要求することが多いからです。じゃあこれから何をしていけば子どもが帰ってくるのか、その見通しが明確に示された方が、親御さんは、了解しやすいと思われます。この実践では、家庭引き取りに向けてこれから何に取り組む必要があるか道筋を示し説明すると、その日は「わかりました」と言って親御さんは帰宅しています。そして、翌日、冷静になると、お母さんは担当児童福祉司に昨日の態度の非礼を詫び、セーフティ・パーソンである母の友人も参加する合同ミーティングを行う段取りをする等、早いテンポでステップが進展していきます。

子どもを引き取るための安全づくりの見通しがたったこともあるためか、更に、親御さんたちの主体性が喚起され、1週間後のミーティングの際に、8項目からなる「約束」文と、家族がこうありたい理想の姿が書かれた色紙が持ち込まれます。これらは、確かに本来のセーフティ・プランとは意味合いが異なりますが、家族により自発的に作られたものは、その作成のプロセスに意味があるように思われます。セーフティ・プランは、児相側が親にさせたいから指導という名のもとに命令したり、押し付けるものではなく、この実践のように当事者自らがしたいからするものであってほしいものです。(渡邉)

渡邉さんへのリコメント

一時保護という混乱の中で、保護者がまず知りたいことは「子どもをいつ返してくれるのか」ということです。しかし、多くの場合、児童相談所はその質問に答えることができず、保護者との対立関係が生まれる構図がこれまでの虐待対応でした。しかし、サインズ・オブ・セーフティの実践を積み重ねる中、渡邉さんのご指摘にあったように、たとえ時期を明確に明示することはできなくても「何をすれば子どもが帰ってくるのか」を示すことで見通しがつき、保護者が主体的にサインズ・オブ・セーフティのプロセスに取り組み、結果として短期間で子どもが家庭復帰する姿を数多く見てきました。

この実践に登場する母は、当初、関係機関の評価は厳しく、児童相談所も家庭復帰が可能なのか半信半疑の中、取り組みが始まりました。そのため、初めてのミーティングで身構えていた担当者と親子支援チームは、母から色紙が示された時本当に驚き、それと同時に家族と協働して安全づくりに取り組めるのではないか、と希望を持つことができました。実際、その後家族は様々なプランを自発的に作成してきてくれました。それはセーフティ・プランとは意味合いが異なるものですが、渡邉さんにコメントいただいたようにその作成のプロセスに意味があると思いました。

家族の状況から言えば、このご家族の中では母が一番強く、発言権を持っているのだろうと思われましたし、母がこれまで学校とのやりとりを含め子育てにひとりで奮闘してきたことも語られていました。しかし、母の持参する色紙（プラン）は、家族、セーフティ・パーソンと話し合い、協力して作られていきました。このプロセスを経験したからこそ、試験外泊中にトラブルが起きそうになった時にも、家族は自主的にセーフティ・プランを修正し、子どもの安全を守ることができたのだと思います。それはこの実践の中でセーフティ・プランが「家族のものになった」と実感した瞬間であり、「この後一定期間、ご家族が子どもの安全を守ることができる」と確信した瞬間でもありました。児童相談所が押し付けたものであればおそらくセーフティ・プランは修正されず、稼働もしなかったのではないでしょうか。

サインズ・オブ・セーフティの実践においては、まだまだ手探りで進めている部分があります。しかし、このような家族の主体的な取り組みや、家族の持つストレングスに勇気づけられ、我々はさらなる実践を積み重ねていこう、と思うことができるのです。

どうしてサインズ・オブ・セーフティ・アプローチは、横文字ばかりなんですか？
英語が出てくるだけでアレルギーを感じてしまう人はたくさんいると思います。

ハーム・ステイト、デンジャー・ステイトメント、セーフティ・ゴール、セーフティ・プラン、セーフティ・サークル、セーフティ・スケール、セーフティ・オブジェクト、そして、トラジェクトリなどです。カタカナことばがたくさん出てくると、それだけでアレルギー反応が起きるかもしれません。たしかに、サインズ・オブ・セーフティには、たくさんのカタカナことばが登場します。カタカナことばを日本語に落とし込んでいくと、その意味は従来からある枠組みでの言葉となります。しかし、そのことがもともとの英語の意味までも訳せるかというと、それに当てはまるコンパクトな日本語が見つけられていないというのが率直な印象です。例えば、「セーフティ（safety)」いう言葉は最頻出の単語ですが、子どもの安全という言葉に置き換えることにためらいがあります。サインズ・オブ・セーフティで「セーフティ（safety)」を定義すると「家族とソーシャルネットワークの人たちのストレングスが子どもを守るという形で示され、それがある一定期間続くことが示された状態」と、なります。これらの意味がある言葉を、日本語にしてしまうと、とても長い表現となったり、微妙なニュアンスが伝わりにくい日本語になってしまうこともあるため、そのまま、カタカナことばを使っている一面があります。

しかし、ぜひ日本語でサインズ・オブ・セーフティを教えてほしいというリクエストはたくさん耳に届きますので、正確な定義をしつつ日本語での表現については、私たちも日本語訳アレルギーにならずに検討していきたいと思います。当然のことですが、保護者や子どもに対しての言葉はわかりやすい日本語で行うことになります。日本でのサインズ・オブ・セーフティの実践をさらに重ね、保護者や子どもから教えていただく中で、英語が日本語のように違和感なく定着するのか、新たな言葉が見つかるのか検討していきたいと思います。

リーフレット
「子どもの安全づくりのみちすじ ～私たちがご家族と取り組みたいこと～」について

星さんと高橋さんの実践の中で重要な役割を果たしたリーフレット「子どもの安全づくりのみちすじ　～私たちがご家族と取り組みたいこと～」について説明します。リーフレットは次のページにあるA4の両面印刷されたものを三つ折りにしたものです（次ページ参照）。

神奈川県鎌倉三浦地域児童相談所の「鎌三チャレンジ」と銘打った新たな取り組みの一つとして取り組まれたものです。もう一つの取り組みは「同行訪問モデル」と呼ばれるもので、児相、市町に寄せられた通告の内、最初の家庭訪問から児相、市町が同行した方がよいと判断した事例を、双方が電話連絡のみで同行訪問する取り組みです。児相と市町村の役割分担が強調される中で、臨床を共有してから役割分担を考えるとした、やや今の議論と逆行するような取り組みです。今や児童相談所への通告の半数近くにも及ぶ警察の夫婦間の面前暴力の8割以上を同行訪問としています。もうひとつの「鎌三チャレンジ」がSofSの組織的な導入です。鎌三児相では毎年、運営計画を立ててその年度に取り組む重点目標を定めますが、この中にSofSの組織的導入を謳いました。平成26年からの取り組みになります。組織的導入にあたっては、年間の研修計画を立て、県の児相全体で行うSofSの研修のほかに隔月でSofSの公認インストラクターを招いての継続研修を実施しています。

リーフレットはこれらの取り組みの中で作成されたものです。リーフレットは職権による一時保護をされた保護者向けにまとめられています。もちろんSofSはそれ以外の場面でも実践されますが、最も緊張する場面で、はやくからSofSによる安全づくりを進めたいという思いから作りました。一時保護をされ、不安の裏返しとしての怒りを示している保護者とすぐに共有するのです。リーフレットにより、SofSに基づく子どもの安全づくりの道すじが共有されます。これは鎌三としてもまさにチャレンジでした。なぜなら、一度示せば、SofSでやりきらなければならないからです。

星さん、高橋さんの事例では最初からリーフレットに基づき実践が進められました。星さんの事例のお母さんが言うように、混乱しているときはもっとわかりやすいもの、子ども版でよいと言われるように、まだまだ改善の余地はあります。

なお、リーフレットはSofSの実践をすべて網羅しているものではないものかもしれません。あくまで、鎌三の実践の中で使っているもので、SofSを代表しているものではないことを理解の上ご参照ください。

リーフレット（外面）

安全を守ることに協力してくれる人たちと再び同じことが起きないようにするための回避(かいひ)策です。多くの人が作ってくれたサンプルもありますので、職員と協力して作り上げましょう。

⑦子ども版安全プランの作成

安全プランが完成したら、家族と安全を守ることを手伝ってくれる人同席で、子どもに安全づくりの方法を⑤で行った「言葉と絵」の方法を使って説明してもらいます。

⑧安全プランの稼動テスト

安全プランが実際に子どもの安全を守る仕組みになっているか帰宅訓練などを行って確認し、必要な修正、メンテナンスを行っていきます。

⑨安全プランの完成と家庭引き取り

安全プランの完成版ができたならば、安全を守ることを手伝ってくれる人たち全員に配布します。安全プランが、誰の目から見ても大丈夫と思えたら家庭引取りになります。

⑩モニターと定期的なミーティングの実施

家庭引き取り後も安全を守ることを手伝ってくれる人たち全員と定期的にミーティングを行い、安全プランの稼動状況を確認し、必要なメンテナンスを行います。家庭訪問等も定期的に行われます。また、安全プランの稼動状況を日誌として記録していただき、みんなで共有する場合もあります。

⑪児童相談所のかかわりの終了

児童相談所は一定期間(家族によって違いますが、6ヶ月が最低限の目安です)安全プランの稼動状況が確認できれば、安全プランを家族と安全を守ることを手伝ってくれる人たちに引き継ぎ、終結とします。もちろん、これ以降も任意の相談は引き続き行うことができます。

ご家族の事情は全て異なります。ここに紹介したものは、標準的なプロセスでありこの通りに進まない場合もあります。しかし、時間はかかっても道筋は同じです。

文字がいっぱいでしたが、最後まで読んでくださりありがとうございます。

担当者＿＿＿＿＿＿＿＿＿＿＿＿＿＿＿＿

連絡先　046-828-7050

子どもの安全づくりのみちすじ

～私たちがご家族と取り組みたいこと～

神奈川県鎌倉三浦地域児童相談所

リーフレット（内面）

このリーフレットを読まれている方は、もしかしたらお子さんと離れた生活を送ることになったことを不本意に感じておられるのかもしれません。

そして、一日でも早くお子さんを引き取るためにはどんなことをすればよいのか早く知りたいと思っているかもしれません。

このリーフレットはご家族がこれから何をすれば、家族の希望に近づいていくのかをまとめたものです。

私たちがお願いしたいのは、ただひとつ、子どもの安全を守る仕組みを作っていただきたい、ということです。そのために・・・

① 安全のための地図を描く(マッピング)

ホワイトボードを前にして、家族と児童相談所職員(最初から参加できるのであれば、親族、友人、子どもなど)が話し合います。ホワイトボードに縦の線を二本引いて、三つのスペースを作ります。一番左側は心配なこと、真ん中はすでにできていること、右側はこれからできると良いことです。

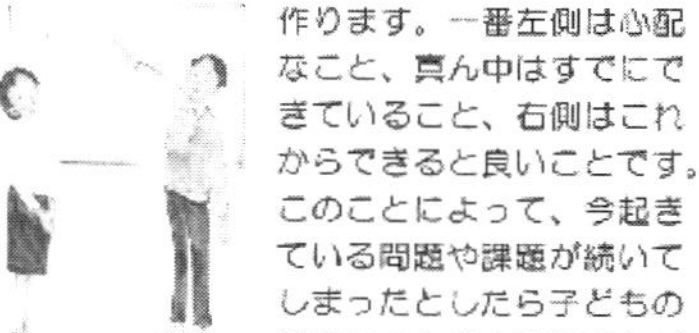

このことによって、今起きている問題や課題が続いてしまったとしたら子どもの将来にどんな心配なことが起きるのかを参加者全員で共有します。そして、これに対して、子どもの安全のゴール、つまり、子どもの安全が守られている具体的な状態を共有します。そして、この状態を参考にして、安全のものさしを作り、ミーティングの度に今はいくつかを共有していきます。

まとめられた地図は皆さんにお渡しします。

② 子どもが行うこと

私たちは、常に子どもの思いが大切にされていることを願います。

子どもに児童相談所職員が面接し、三つの家(スリーハウス)を書いてもらいます。三つの家は、心配の家、安心の家、夢・希望の家です。これを、子どもに許可を取って全員にみてもらいます。

最初の「安全のための地図作り」場面で見てもらえるかもしれません。

③ 安全を守ることを手伝ってくれる方(セーフティーパーソン)を紹介してください

これは、公的機関の人ではなく、親族、友人、知人などです。今回の出来事を伝えて、子どもの安全づくりに協力してくれる方です。

多くの方は、そんな頼れる人がいたらとっくに相談している、と言いますが、ここは是非探しだしていただきたいと思います。もう、既におられる方は安全のための地図作りから参加していただいていると思います。

④ 安全づくりの行程表の作成

おおよそ、ここまで進んでくると、家庭引取りまでの行程、その後の児童相談所とのかかわりが終わるまでの安全づくりの行程を共有できるようになってくると思います。

⑤ 子どもとの面会・交流

行程表に基づき子どもとの面会が実現したならば、そこで行ってほしいことは、これまでのこと、これからの生活について「言葉と絵」という方法で子どもに説明してもらうことです。このときには、是非、安全を守ることを手伝ってくれる方全員に参加してもらって進めたいと思います。

⑥ 安全プランの作成

ご家族と安全を守ることを手伝ってくれる人で、安全プランを作ってもらいます。これまで多くの人に作ってもらいましたが、最初は、「もう、叩かない、怒鳴らない、一人にしない」という誓約書のようになってしまうことが多いようです。私たちがお願いしたいのは、万が一今回のようなことが起きそうになったときに、

ママ、ババ、地域の人の問題だらけの子育て奮闘記

——セーフティ・ジャーナルを用いた私たちの取り組み

橋本 純

埼玉県熊谷児童相談所

1　関わり始めた時の家族の状況

母は未婚のまま、出産を迎えようとしていました。しかし、母は産院の指導を嫌がって妊婦健診が未受診でした。片づけが苦手でアパートはゴミが散乱し、放し飼いの猫の糞尿で不衛生な状態でした。退去命令が出て転居を繰り返しており、生活保護ではこれ以上の転宅費用は出せないと言われており、次に退去となると住む家が無くなる心配がありました。母は里帰り出産し、出産後もしばらくは祖母の援助を得て育児を行うことになっていました。

2　家族と地域の関係者のやりとり

特定妊婦として出産前にケース会議があり、関係機関からは母の育児を心配する話がたくさんありました。一方で、心配は取り上げられているものの、当事者である母と祖母がどうしていきたいのか、希望、願いを聞けていないということもわかりました。私は、母と祖

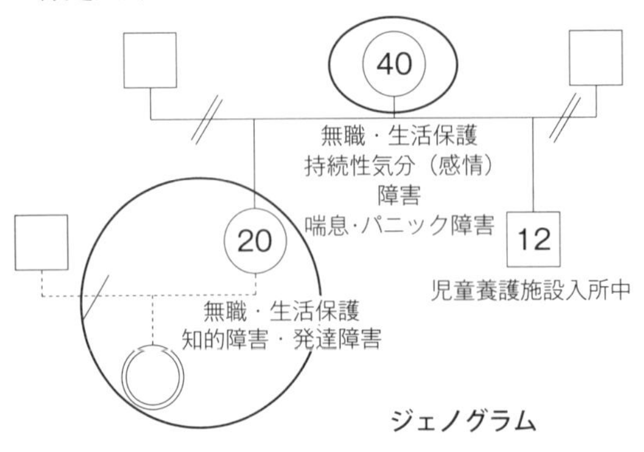

ジェノグラム

母の希望を確認しながら支援を進めることが、まずは大切なのではないかと思いました。そこで、この時点で主に母や祖母とやりとりしていた保健センターと子育て支援係に、スリー・カラムに準じた質問を紹介し、面接時に活用してもらうようにお願いしました。

その後、あることをきっかけに母及び祖母と子育て支援係の担当者との関係が維持できなくなり、連絡に応じない事態となりました。当所で家庭訪問し、誤解を招く対応や態度は損になることを伝えるとともに、関係機関が生まれてくる子の子育ての何を心配しているかをシンプルに伝え、「怪我をする等、赤ちゃんに危ないことがなく、発育が順調であれば皆安心できる」と伝えました。同時に、母及び祖母が何に不安を感じていたのかを聴くと、「赤ちゃんを取り上げられることを恐れていた」とお話してくれました。母と祖母の心配を保健センターと子育て支援係に伝えたうえで、赤ちゃんの様子が見られて話ができる関係が重要であり、一緒に子育てを応援するスタンスで関われるように話し合いました。

出生後数週で祖母から子育て支援係にSOSの電話が入りました。母が赤ちゃんの夜泣きにイラついて爆発し、叩いたような音が聞こえたということでした。

当所と子育て支援係で家庭訪問したところ、連日の赤ちゃんの夜泣きの対応に母、祖母ともに疲れきった様子だったため、赤ちゃんを一時保護し、改めて養育体制の立て直しを図ることにしました。

母、祖母と話し合いをし、セーフティ・プランとして、祖母から見て母が不安定な時は赤ちゃんを祖母の部屋に連れてきて面倒を見ることを確認しました。残念ながらインフォーマルなセーフティ・パーソンは祖母以外には見つけられませんでした。

赤ちゃんの安全な子育てのために、赤ちゃん人形を用いてSBS（シェイクン・ベイビー・シンドローム）の予防教育を行うとともに、母がイライラした時に赤ちゃんに危ないことがなく解決できる手立てについて一緒に話し合い、対応方法を考えて紙に書き出して貼り、実行してみました。セーフティ・ジャーナル（日々のうまくいっていること／心配なことを書く、誰でも見ることができて、誰でも書ける合同交換日記）を提案し、母と祖母が中心になり、実施し

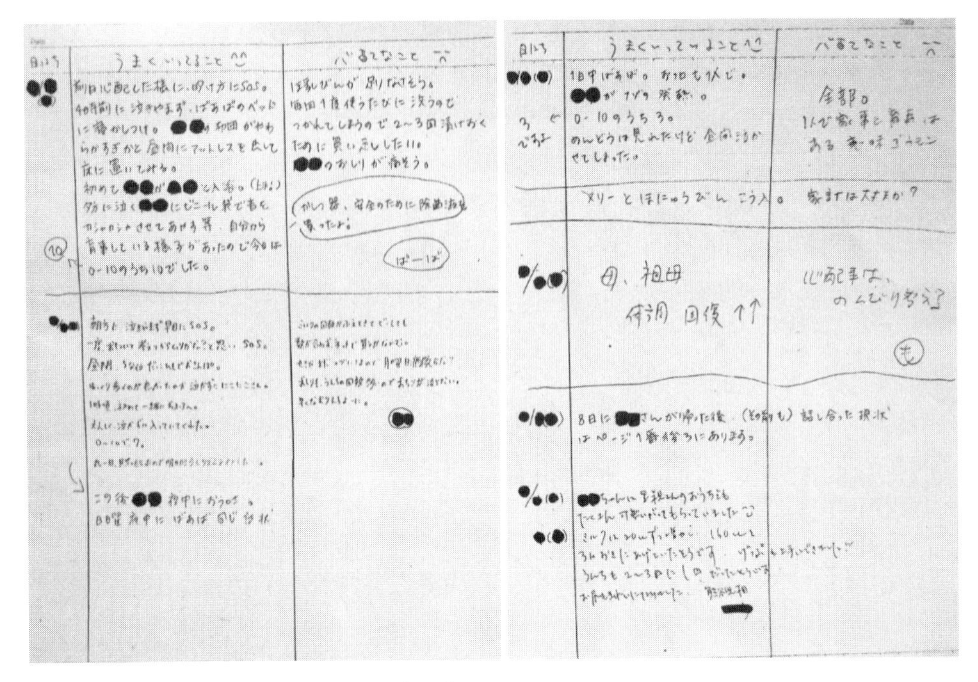

「実際の合同交換日記のある日のページ」

ました。セーフティ・ゴールまでの進捗度を測るセーフティ・スケールを作り、関係者が訪問時にスケールを確認することにしました。

家庭引き取り後は、母、祖母が日々の状況を書き連ね、月に１度、関係者が皆で集まり、状況を確認し、必要な対応について話し合いをしました。その後、母や祖母の体調不良や入院等のための一時保護の希望があり、赤ちゃんは再度一時保護となりました。

母はなるべく早く赤ちゃんを引き取って一人で育てることを希望していました。母も祖母も体調不良があり、また母は、日頃母が行っている行動パターンから外れた時の対処に混乱が生じやすく、状況の変化に柔軟な対応が図りにくいため、どのように対応できるとよいかを皆で話し合って確認してきました。

現在も取り組み中ですが、これまでの取り組みでよかったと思うことについて母や祖母にAIでインタビューを行いました。以下、少し長くなりますが、インタビューで聞けたことを紹介します。

3　母（ママ）と祖母（ババ）へのAI

［赤ちゃんが生まれてからこれまでの間に色々な人とのやりとりや関わりがあったと思いますが、ママにとってこれはよかったなと思うところがあったら、教えてください］

ママ「交換日記。あんまり口にするのが苦手だから、書いた方が楽というか。言いやすいというか、伝えやすいというか。書いた方が分かりやすいだろうし。全員が見れるから、何回も同じことを言わなくていいっていうか。私的には合ってたかなって」

［ババにとっては日記はどうでしたか］

ババ「良かったと思います。あの方法は赤ちゃんがいる家庭は取り入れた方がいいと思います。親子でも話せないことってあるんですよね、でもそこに書いてあると、『あ、こういう風に思っていたのね』もあるし、やっぱり他の方のコメントも見て読めるし。何がよかったかって考えると一対一ではなかったのが大きかったと思います。全員が見れるっていう。公開のものなので、愚痴を書くこともあればね、不満を書くこともあるけど、でもその人に反省してもらうべきところもあると思うんですよ、人間完璧じゃないから。だからそれを含めて書けたっていうのは大きかったと思います。上っ面だけで『頑張ってるね』とかああだねこうだねとかやっているよりは、人間だから感情むき出しの時だってあるし、それを書けたっていうのが。それも別に読まれたからって嫌われてしまうとか、そういうのがないっていうか、包み隠さず言っても大丈夫っていう信頼感があったから書けたけど、でもそういう信頼感がなくて書けって言われても書けなかったと思うんで。きちんと病院に通っていれば当たり前に知ることもあるんだと思うんですけど、だけど病院にすら行ってない人っていっぱいいるから。うちはたまたま運が良かったんですよ、皆さんのこの役割が。だからこうきちんと産めたというか。でもそうではない人もいるから、そういう意味でね、どこで産んでもそういう体制は整えてほしいなあって」

[信頼感がないとオープンに公開では話せないっておっしゃいましたが、どういうことがあると信頼感につながりそうですか]

ババ「やっぱりね、否定しないことだと思います。『あなたが子どもなんか産んでやっていけるの？』とか。やっぱりそういう何気ない産院とかでの言葉で不信感を持っちゃうと、どっかに相談したくても、また言われちゃうんじゃないかっていうのがあって。だから働きかけですかね。うちもみんなしぶといぐらい来たじゃないですか（笑）。その時はうっとおしいなと思っても、後々の信頼関係にはそれがやっぱりいいんじゃないかなって」

[0から10でいくつ？って聞く質問（スケーリングQ）はどうでした？]

ママ「あれはよかったかなぁ、個人的には。決めやすいというか。よく分かんない時でも下に文字を書いておけば分かりやすいというか。文字で書いておけば、あとですぐ頭に出てくるから。自分はどうしても言葉にすると一回固まっちゃう癖があるから。あと忘れちゃう。あれだったら一日一日で書いているから、あとで見れば思い出せるから」

ババ「最初に戸惑ったんですよ。何をもって0とか10なのか。その場その場じゃないですか。一日トータルで見て書いた時に初めて、ああなるほどねって分かったから書けたけど。ただやっぱり理解しづらいかな。私の場合は、0と10で線を引いて『どのへんですか？』でマルする方が合っていたかな」

[不安だったり、大変だったり、想定外のことがあったりしたと思いますが、これがあったから頑張ってこれたっていうのは何かありますか？　頑張ってこれた支えになったものはなんですか？]

ママ「ババ（祖母）。いつも一緒にいるから。何かあると必ずババ（祖母）の部屋に連れて行ってくれて、やっといてくれたりとか。土日になると、どうしても役所はつながらないから。ババ（祖母）だと常日頃いつもいるから。あと私がその時覚えていなくてもババ（祖母）が覚えてくれて、他の人に『こうでした』とか言ってくれる。生きたレコーダー的なね」

［みんなで定期的に集まって確認したり、ああしよう、こうしようって話し合いをしているのはどうですか？］

ババ「私はあれは有意義だと思います。人が代わるっていうのも見てわかるし、ディスカッションじゃないですか、意見の出し合い。一人二人で話し合ってもいい結果って生まれないと思うんですよ。そういう意味では色んな方面の人たちが集まって、最後は雑談みたくなるんだけど、大まかな方向としてはどうやったら赤ちゃんが成長していけるか、健やかにやっていけるか、親子の在り方とかが大事だっていうのが前提だと思うのでいいと思います、すごく」

ママ「私の喋る暇がない。隣でずっと喋ってくれる人（祖母）がいるから。全員もう知っている人だから大丈夫だけど」

［子育て支援係の人の連絡に応じなかった時があったけれども、あのまま「もうやりとりしません、もうこなくていいです」ってならなかったのはどうしてだったのですか？］

ママ「むしろ考えないことにした。いたらいたで話すし、いなけりゃいないでどうでもいいしみたいな。ちょっと言い方悪いけどね。嫌でも関わらなきゃいけないし、それだったら怒ってても無駄だから、気にしないでいくかって」

［こういうことはやめてほしい、こうだといいんだけどっていうことは？］

ババ「話し合いの後にいつもママがキレていたのが、みんなが話すスピードが速い」

ママ「聞き取れないんだよね。結局話半分は聞いてないからね。どんどん話が進んでいっちゃうから。普通の人だったらついていけるんだろうけど、私の場合ついていけないから」

ババ「家に帰ってきてから今日の話し合いで何を話し合ったのかを私とまた話し合ってた」

ママ「それでも三分の二を理解しているか、していないかっていうくらいだから」

ババ「だからなるべく私が覚えておいて、『あの時、言ったのはこういうこと』って、その都度その都度かみ砕いて確認して」
ママ「話し合い中に書いているホワイトボードの板書の内容と、話の進み具合が違うから、どっちを理解したらいいのか分からない」
ババ「紙に書いてもらうと実は一番ありがたいのは私なんです。これはなんでこうなっているのかがママには分からないから、帰ってきて『これはこういうことでこうなっている』って解説するのに必要」
ママ「だから、もし大丈夫だったら、レコーダーに録って持ってきてほしいぐらい。最初から話し合いをする前に『あらかじめ話すことが決まっています』の状態で紙を持ってきてもらえるといいし。みんな話し合いの最中にコロコロ話が脱線しちゃうから。結局どこの話をしているかが分からないっていう。突然こっちの話してて、終わりましたって、次に全然関係ない話をされると私どっち聞いてたんだろってなる」

［途中から、ママの気持ちが前向きになった感じを私は受けていましたが、何がそうさせたと思いますか？］
ババ「直接的な関係かは分からないけど、赤ちゃんの表情が出てきたこと。ニコッて笑ったりとか、ちょっと笑い声が聞こえたりなってからメキメキメキッて母性が出てきて、私も通院で病院に行かなきゃならないっていうのがあって、そこらへんから嫌でも自分が面倒見なきゃならない、結局（娘が）一人で面倒を見なくちゃならない状況になっちゃって、そこから一人でやればできるっていう自信が大きかったんじゃないかなと思います。それまでは私が常にいるから、赤ちゃんが泣いちゃったらもう嫌だっていうのがあったけど、やってみたらあら可愛いって。お洋服だって日々変わるでしょ？赤ちゃんの服からロンパースになってって。そうすると着せる楽しみもあるし、ミルクも減ってくれば体も楽になるし、体が楽になると心に余裕もできるし……っていうのは見ていて思ったかな」
ママ「生活サイクルがピッタリ決まったというか。そこが一番でかいかもしれない。赤ちゃんが夜中起きる時間帯が決まってきたりとか、回数が決まったとか。愚図る時も何となく今日は天気が悪そうだから悪そうだよねとか、自分の中で見通しがつくようになってきたことかな。少しずつ余裕ができてきたからかなってのが大きいかな。子どもが可愛いのもあるけど（笑）」
　ババ「でも余裕がないと全面的に可愛いとは思えないからね」

［ババは今回の赤ちゃんのやりとり以前に、児童相談所とのやりとりでも色々なご経験があると思いますが、今回の赤ちゃんのことでの児童相談所や関係機関の関わりのなかでババにとってよかったなと思うことがあったら教えてください］
　ババ「素早い対応ですよね。応対が。例えば病気してたりだとか、娘の心のバランスが取れないとか、そういう時にどこかしら話し合いに出ている人のところに電話すれば必ず誰かが来てくれたりとか、『話するの面倒臭いから来ちゃった！』って見に来るとか。そういう面ではすごく助かりましたよね。自分の子の時にこのシステムを知っていればっていうぐらい、皆さんこう、寄り添い型っていうかがあったのでよかったと思います」

［関係機関の人たちには、どんなふうにしてほしいですか？］
　ババ「とりあえずは見守ってほしい。私たちも信用してるから、そちらも信用してくださいっていうスタンスは相互でお互いにね、持てればいいなって思いますよね。どうしてほしい、こうしてほしいっていうのはそれからの話で、まずは信じること。気難しいのね、私。気に食わなければ『もう来なくていい』とか言い出しちゃうから。でもそれでも、根気強くしてくださってるから、まあこうやってお話もできるから。何ていうのかな、見捨てるっていう姿勢をとらないでほしいっていう感じかな。信じ続けてほしい。関係機関の人に言われたことで『悔しー』って思ったこともあったんだけど、相手からうちの事情を知っている人だったら言われても思わなかったんだけど、うちの事情を知らない人が細部にわたって私を攻撃してくるっていうのはやっぱり許せなかった。あとからこうだったんだねって分かってもらえたからよかったけど、話せたとか仲直りできたっていうのは、どっかこっかで信じてたからかなっていうのもあるし。役所だから最初は逆らえねーなとは思いましたよ。対等ではない。でもあの人の熱いところが私には却ってよかったかも知れないです。とりあえず心配だから来たっていう、その単純さがなんか面白いなっていう」

［赤ちゃんがママと一緒に暮らせるようにって進めていますけど、今回のやりとりはババにとってはどんな意味がありますか？］

ババ「まずはね、娘の成長ですよね。と思います。生まれて1か月間はまるで面倒を見ようという気はなかった。かわいい時にだけ『かわいいね』って言って、泣いたらはいババのところ行きなって。だったのが、今は自分から進んでやろうってやっているのはすごいなって。今までの娘だったらたぶん『あー面倒くさいからいいっす』って。例え私が具合が悪いから病院行かなきゃ、でも『面倒くさい』とかって、人のためならできても自分のためには頑張らない人だったのが、今は自分のために頑張っている気がするんですね。だからそうすると何か安心できるかな、この先」

［児童相談所とか市の人とか関わる側の人に対してでも、ママと同じように子育て中の人に対してでもいいですけど、何かメッセージはありますか？］

ママ「もし自分と同じような状況の人がいるんだったら、関わった方がいいと思う。話し合いでもそうなんだけど、いまいち理解されていないというか、分かってくれる人は分かってくれるんだと思うんだけど、頭でしか理解してないから。もし話し合いみたいなのをするんだったら、事前に資料を渡すとかしてくれた方がいいかな。どうしてもほら、喋るのが苦手だったりとか、固まったりしちゃうタイプだから、それだったら事前にこういう子ですみたいな、発達障害でも色々人によって違いがあるから、そういうのも分かった方がいいかなって。第一印象で決めちゃう人もいるから。自分が発達障害だから、言いづらいと思う。どうしても下に見られやすいっていうか。人によっては言っても分からないだろうから、お母さんに言いますとか。そういうことをされると、信じきれないというか。馬鹿にされているのかなみたいな。いくら性格が変わらないっていっても、理解できることは理解できるから、その辺をもうちょっと分かってほしいな。それを分かったうえで関わってほしいな」

4　まとめ

セーフティ・ジャーナルに取り組むまでは、母や祖母の体調や気持ちの波が日々どんなふうに起きているかは、実はよく分かっていませんでした。家の外の人にはネガティブな部分の情報のみが伝わり、分からないことも多かったため、周囲の人たちの不安が高まり、誤解や行き違いが生まれていました。面接中の会話のやりとりでは、母からはあまり話が出てこず、一見考えていないかのように周囲の人には受け取られていました。日記を通じて、日々の生活の様子や母の考えを知ることができ、母が考えていることが周囲の人に伝わり、私を含めた関係機関の人には大きな発見でした（ママ、ごめんね）。

また、母がAIで話してくれて初めて分かった、話し合いで母が困っていたことを知り、おおいに反省しました。話すスピードの速さ、一人置いてきぼりにしないこと、周囲の人と同じに話に参加できるようにするためには準備や工夫を要することが分かり、次の話し合いからは話し合う項目を事前に手渡すように工夫しました。

祖母がAIで話してくれた関係機関の人に望みたいこととして、「まずは相手を否定しないこと」「お互いに信じあうことが大事」「諦めずに粘り強くかかわってほしい」ということを、私たちは普段どれぐらいできているだろうかと改めて感じました。「日本中どこで産んでも安心して子どもを育てられるように」「自分の子を産んだ時にも同じ体制があったら自分の手元で育てられていたかも知れない」という言葉が、私には重く響きました。

母と祖母は、児童相談所から距離が離れた地域に住んでいたため、関係機関の人とチームワークをもって進められることが重要でした。児童相談所の意見を一方的に押し付けるのではなく、"何をどうしていく必要があるのか"を一緒に考えていくための素地を創るためには努力を要しました。同じ方向を向いて、よいチームワークを組んで仕事を進めるためには、普段からの会話のやりとりや会議の進め方にも工夫が必要でした。難しい状況になっても皆で集まって頭を悩ましたり、足を運んだり、赤ちゃんの成長を喜んだり、ママやババの頑張りを讃えたりしたことで、どたばたしながらも、諦めずに前に進み続けることに皆で頑張ってこれたのだと思います。

今回の発表にあたり、母と祖母には事例発表の内容を確認してもらい、一緒に題名を考え、校閲の上で掲載の了解をもらっています。自分たちの経験が他の人の役に立つならばと快くインタビューに応じ、時間を割いて一緒に取り組んでくださったことに感謝したいと思います。

そして、「ママとババの子育て奮闘記」はまだまだ続きます。

橋本さんの実践へのコメント

この実践発表は、お母さん、おばあちゃんに実際、読んでもらって掲載を許可してもらっています。その点がまず、素晴らしいです。ともすれば、実践発表を支援者の視点からだけで論じることがありますが、当事者の側は違った捉え方をしているということがあります。AIで直接教えていただくこともそうですが、書いた文章を見てもらったことが、実践報告の価値と信頼性を高めていると思います。まさに協働の実践報告と言えます。ユニークなタイトルもみんなで考えたということですから、合点がいきます。

お母さんの育児を心配する声は、お母さんも感じていたことと思います。自分は信頼されていないと思うからこそ、周りの支援を拒み、そのことが周囲のさらなる心配につながっていったことも想像に難くありません。心配が心配の連鎖を生む状態になると、家族の持っている強さ、リジリエンシーに目が向けられなくなっていきます。橋本さんはお母さんの願いを、関係機関とどうやって共有され、応援につなげていかれたのですか。

セーフティ・ジャーナルについてお母さんは「交換日記。あんまり口にするのが苦手だから、書いた方が楽というか。言いやすいというか、伝えやすいというか。書いた方が分かりやすいだろうし。全員が見れるから、何回も同じことを言わなくていいっていうか。私的には合っていたかなって」とお話してくださっています。お母さんは、ご自身に発達の課題があることを吐露され、ミーティングのテンポが速く、自分だけが置き去りにされているように感じていたと話してくれました。ミーティングの時は、喋らないのではなく喋れなかったのですね。セーフティ・ジャーナルはお母さんにとって、率直に自分の気持ちを表現し、意見をもらえるコミュニケーションの機会になっています。人と人をつなげるツールになっています。

また、おばあちゃんは支援者の態度として「否定しないこと」が必要であったとお話ししてくださいました。さらに、「電話すれば必ず誰かが来てくれたりとか、『話するの面倒くさいから来ちゃった！』って見に来るとか。そういう面ではすごく助かりましたよね。とりあえずは見守ってほしい。私たちも信用してるから、そちらも信用してくださいっていうスタンスは相互でお互いにね、持てればいいなって思いますよね」と述べています。その通りです。

お子さんが、あと、10年たって、今回の橋本さんとお母さん、おばあちゃんのことを振り返って話してくれるとしたら、どんなことを話してくれるのでしょうか。（鈴木）

鈴木さんへのリコメント

心配が心配を呼び、関わる側の人たちの不安が高まると、どうしても家族とのやりとりは固くなりがちです。また不安なエピソードばかりに目がいくと、漠然とした不安感だけで、次に何をしていけばよいかということを見失うようなことが多くあります。もちろん、本当に心配なことは差し引かずに扱っていく必要がありますし、それを軽くするようなことはしません。でも、実際のところはそうした時に「何を心配に思っているか」が家族にはきちんと伝わっていないことが多いように思います。

私自身、家族とやりとりするなかで、児童相談所の一時保護という関わりが今も恐怖体験として残っている話や、先が見えない不安の中で過ごしていた話を聞きます。その時の機関としての判断は正しいことをしたのかもしれませんが、一人の人として考えた時に果たして本当にそれでよかったと言えるのかを考えてしまうことがあります。もしかしたら、結果は同じかもしれませんが、保護者の気持ちに配慮した関わりがもっとできたのではないかと思ったりすることがあります。

在宅の家族への関わりは、どんなに児童相談所と保護者や家族、子どもとの関係が良かったとしても、地域の色々な機関との関係がよくないとうまくいくこともいかなくなってしまうことがあります。そういう意味では児童相談所だけが頑張ってもダメだと思っています。そのためには、関係機関の職員と一緒に家族の良いところや頑張りを見られるようになること、困難なことや難しいところがどういうところなのか、どうしてそれが難しいことなのかが分かることが大事で、起きていることの背景（家族側のストーリー）を捉えていけるようなやりとりをしていきます。

私の中で、今回の母の出産に関して願っていたことは、誰だっていい母親になれるし、色々な難しさを抱える母親の子育てを支えられる地域はだれにとっても良い地域だから、そういう地域にしていきたいなという思いでした。

将来、もしママやパパがお子さんに生まれた時の話をしてくれた時に、お子さんが「みんな、私のために頑張ったんだね！」って言ってくれると嬉しいです。

サインズ・オブ・セーフティをいっしょに取り組める仲間を増やしていきたいのですが、どのようにしていくといいでしょうか？

☞ 詳細は第３章の「スタートアップ」を参考としてください。

　これまで取り組んできた仕事のやり方がある人が、新たな枠組みを入れることに戸惑う気持ちを持つのは分かるような気がします。横文字も多く、何か全く新しい輸入された実践として捉えられているかもしれません。

　しかし、サインズ・オブ・セーフティはこれまで私たちが取り組んできた実践と全く異なるものではなく、私たちの実践の延長線の上にあると思っています。アンドリュータネル自身も、サインズ・オブ・セーフティは優れた実務家の実践知を集約したものと言っています。

　サインズ・オブ・セーフティは、子どもの安全づくりのためのソーシャルワークの基本の考え方です。もしも、仲間に関心を持ってもらうとしたら、従来のやり方の対極にあるものというものではないことを説明してください。先達の実践は、その人が家族との仕事の中で大事（だいじ）にしてきたこととして、今も生き続けていると思います。活かされた英知は現場の実践でうまくいっていることとして、そして、先輩の良い実践として語り継がれ、受け継がれてきたのです。さらに、家族の意見を参考に進化しつづけているもののようにも思えます。長年にわたって続けられていることのエッセンスには、今まで残ってきただけの価値のある実践の知恵が隠れています。そのやり方を言葉にし集大成したのが現在のサインズ・オブ・セーフティです。それゆえ、なにげなくその人が大事（だいじ）にしていることの中味をよく見ていくと、今、自身がしていることの中に、サインズ・オブ・セーフティとの共通点が見いだせるかもしれません。根本から違うことに取り組むわけではないことに気づいてもらえたら、明日から仲間が一人増えるかもしれません。

子育てできないと言われてきたお母さんが子どもたちの声に応えるまで

――ワーズ&ピクチャーズを用いた取り組み

小林智紀
千葉県市川児童相談所

1　ワーズ＆ピクチャーズ実施前の家族の状況

児童相談所の関わりがスタートする前は、お母さん（当時：33歳／躁うつ病）、豪(ごう)くん（当時：小5）健(けん)くん（当時：幼稚園年長）、母方祖母、お母さんの元パートナーの5人で生活していました。ある日の深夜、お母さんと元パートナー、母方祖母でけんかになり、その弾みで母方祖母が怪我をしてしまいました。その時、たくさんの物が飛び交っていたり、大人の大きな声が響いていたので、豪くんと健くんは布団に潜って自分たちの身を守っていました。

明け方、お母さんと元パートナーは母方祖母と離れて冷静になるために、豪くん、健くんと母方祖母を家に残し、外出しました。朝になり、怪我をした母方祖母は、今後どうすればいいかを相談するために以前から関わりのあった市の職員に連絡しました。連絡を受けて到着した市の職員は母方祖母が怪我をしていることを心配し、病院へ搬送しました。母方祖母の怪我は入院が必要な程のも

ジェノグラム

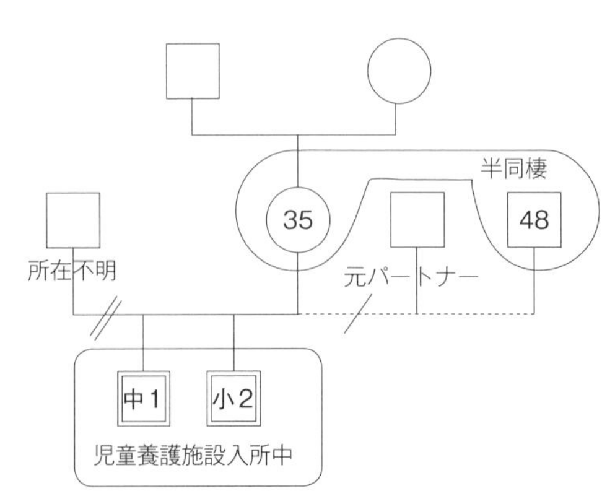

ので、市職員の判断により、母方祖母は分離保護となりました。

市職員からお母さんと元パートナーに連絡を入れても繋がらず、このままでは豪くん、健くんだけになってしまうことを心配した市職員から児童相談所は連絡を受け、豪くん、健くんは一時保護となりました。保護となった日の夕方、帰宅したお母さんは豪くん、健くんが家にいないことに気づきました。また、児童相談所から着信があったことにも気づき、児童相談所に折り返しの連絡をくれました。児童相談所とお母さんで話し合いを重ねる中で、引き取りの目処が立ち、数か月後、豪くん、健くんはお母さんの元に戻りました。

お母さん、豪くん、健くん、お母さんの元パートナーの4人での生活は、お母さんが中心となって、なんとか子どもたちに必要な家事や育児を行おうとしていました。しかし、その生活はお母さんの体調を悪化させることとなりました。母方祖母以外に養育を手伝ってくれる支援者がいない中で、お母さんの力だけでは養育が困難となったことから、お母さんが児童相談所に連絡し、豪くん、健くんを一時保護することになりました。お家で豪くんと健くんが安全に生活する上で必要なことが滞りなくできる仕組みを整えるには沢山の時間が必要だったため、豪くんと健くんは児童養護施設へ入所となりました。

2　変化の兆し

私が前任の担当者から引き継いだ時は、豪くん（当時：小6）、健くん（当時：小1）が施設入所して半年ほど経っていました。引き継いだ当初は、前任の担当者が家庭訪問してもお母さんと全く会えず、手紙か直接訪問する以外の連絡手段がありませんでした。母子面会も滞っており、特に豪くんはお母さんの体調のことやこれから自分たちはどうなるのかということを心配していましたが、そのことについてもお母さんに伝えられていない状況でした。

私は、まずお母さんに豪くん、健くんの想いを伝えるため、アポなしの家庭訪問を月2回ほどの頻度で続けました。お母さんと会えなかった際には、豪くん、健くんの近況を手紙に綴って投函しました。その状況が半年ほど続いた頃、初めてお母さんと会うことができました。その時も、アポなしの家庭訪問だったので、新しく担当となった旨のご挨拶と豪くん、健くんの近況の説明、次回の家庭訪問の日程を決めて、面接を終えました。後からお母さんに聞いた話では、手紙は全て読んでいたけれど、体調が悪く、病院などで不在にしていることも多かったため会えなかったこと、それでも豪くん、健くんの様子を知れたのは良かったということを教えてくれました。

私自身、直接顔を合わせてお話できていなかったお母さんと、次回の日程を決めることができた初回の面接は、今後のケースワークを左右するような大きな意味を持つ面接であると感じていました。次回の家庭訪問で豪くん、健くんの想いを伝えるだけでなく、次の一手をお母さんと一緒に考えられるようにしたいと思っていました。そのため、次回の面接のための事前準備として、これまでの情報を改めて整理するために、机の上でSofSマッピングするところから始めました。SofSマッピング後、このままの状況で家庭に戻った場合、子どもたちにどんなことが起きると児童相談所は考えているか（DS）と何を見ることができれば児童相談所はケースを終結できるのか（SG）を明確にしました。その中で、「お母さんが豪くん、健くんとこれからどんな風になっていきたいのか（家族のゴール）」がまだ聞けていないことがわかりました。

その事前準備を基に、お母さんと面接を行いました。その面接ではお母さんの目指すゴールや将来のビジョンを中心に聞かせてもらいました。お母さんは「できることならば一緒に暮らしたい」「豪くんと健くんに寂しい想いをさせているのはわかっています」「学校の送り迎えとかご飯とかも作ってあげたい」など豪くん、健くんに対する想いを教えてくれました。そして母と子どもに「できることならば一緒に生活したい」という想いを確認することができました。

今後、母と子が目指す目標に向けて、どんなことがあれば豪くん、健くんの安全を確保しながらその希望を実現できるのかを話し合い、そのための準備を進めていくことをお母さんと約束し、初回の面接を終えました。その面接以降、今まで全く接触できなかったお母さんと、体調が悪くてキャンセルになることはあったものの、定期的に面接することができるようになっていきました。

3　ワーズ&ピクチャーズを行うために、お母さんと児童相談所の協働関係が始動

お母さんと何度か面接を重ねた頃、豪くんから「なぜ、まだ家に帰れないのか」という声が上がりました。豪くんとしては「中学生にあがるし、自分達が頑張れば生活できるから帰りたい」という想いが強く、なぜ施設での生活が続いているのかを施設職員や私が伝えてもなかなか納得できない様子でした。私は豪くん、健くんがなぜ現在も施設で生活しなければならないのかということや、お母さんの考えをお母さんの言葉で直接伝えて欲しいと考えていました。

私は、お母さんとの面接の中で、豪くんがなぜ施設で暮らさなければならなかったのか、これからどうなるのかを思い悩んでいることを率直に伝えました。その上で「これまでにあったこととこれからのこと」を豪くん、健くんにわかりやすく説明するためにワーズ&ピクチャーズをお母さんと一緒に作ることを提案しました。お母さんは最初できるか不安そうでしたが、豪くん、健くんにはきちんと説明したいという想いで、ワーズ&ピクチャーズを行うことに同意してくれました。

4　ドラフト版ワーズ&ピクチャーズを作成する上での準備・施設職員との協働

児童相談所がドラフト版のワーズ&ピクチャーズ（ワーズ&ピクチャーズを当事者が作成する上で、叩き台となるもの）を作成するためには、改めてこれまでどんなことがあったのかを確認する必要がありました。そのため、過去の記録を参照したり、お母さん、豪くん、健くん、母方祖母、施設職員、前担当者など、豪くんと健くんに関わる関係者の中で接触可能な方々にインタビューを行いました。

お母さんからは過去の施設入所理由となった状況の詳細が聞けただけでなく、その時にお母さんが工夫していたこと、周りの人たちに助けてもらった経験など、これまで児童相談所が把握していなかった家族の強みや例外を知

ることができました。

それぞれのインタビューを基に、施設入所となった経緯の説明を主な目的としたドラフト版ワーズ＆ピクチャーズを児童相談所が作り、施設の職員たちにも確認してもらった上で、お母さんに提示しました。ドラフト版ワーズ＆ピクチャーズでは、お母さんが豪くん、健くんと一緒に過ごせて幸せだった時間があったことや、その状況の中で母子が離れなければならなかったこと、豪くんが知りたいと訴えていたお母さんの体調のことや、児童相談所とお母さんはどんな話をしていて、今後何を目指しているのかなどを明記しました。

5　ドラフト版ワーズ＆ピクチャーズを示した後の大きな変化

ワーズ＆ピクチャーズを作成していく過程で、最初は「できない、難しい」と消極的なお母さんでしたが、どうすれば豪くん、健くんにわかりやすく伝えることができるかをお母さんと児童相談所で協働しながら進められたことで、次第にお母さんから「その表現よりこっちの表現の方がいいかもしれない」といった積極的な意見が聞かれるようになりました。

また、豪くんと健くんがこのワーズ＆ピクチャーズを見てどのように感じるかを、お母さんは気にしていたため、施設職員に協力してもらい、豪くんと健くんに提示する前に、お母さん、施設、児童相談所の３者で事前に打ち合わせをする場も設けました。そこでは、どのような言葉を選んだ方が豪くん、健くんにより伝わりやすくなるのか、ワーズ＆ピクチャーズの項目の順番についてなどを検討しました。施設職員の言葉は豪くん、健くんの一番近くにいる大人の言葉として、お母さんはとても参考にしていました。実際に、施設職員の助言で、加筆、修正を行いました。

豪くん、健くんには児童相談所側からワーズ＆ピクチャーズを行いたいと考えていることや、お母さんがお母さんの言葉で話したいと考えていること、そのための準備をしているので、もう少し待っていて欲しいことを伝えました。豪くんについてはずっと待っていたという気持ちが強かったということもあり、当初は参加してもらえるか心配されましたが、お母さんが頑張ってくれていることを施設職員からも伝えられたことで、ワーズ＆ピクチャーズ読み聞かせ当日は、抵抗感も少なく、参加することができました。

また、ワーズ＆ピクチャーズを作成している上で、セーフティ・パーソンのリクルートも同時並行で行っていました。お母さんと一時疎遠になっていた母方祖父については、児童相談所が直接会ってワーズ＆ピクチャーズについての意見をもらえるようにお母さんがコーディネートしてくれました。また、今まで頼れる親族が全くいないという状況でしたが、母方祖父の兄弟がもしかしたら手助けしてもらえるかもしれないという話も新たに出てきました。

豪くんと健くんが施設入所となった後、しばらくして、お母さんには彼氏ができていました。その彼氏は元パートナーのDVから守ってくれた方なので、お母さんにとってはとても大切な方でした。しかし、豪くん、健くんには彼氏の存在を伝えることで、「自分たちのことを一番に考えてくれていない」と思われてしまうことを心配し、説明できていない状況でした。その一方で、彼氏には将来、豪くんと健くんに関わって欲しいとお母さんとしては考えていたため、彼氏の存在をこのタイミングで伝えることでのメリット・デメリットを一緒に考えました。その結果、豪くんと健くんに対して「ごまかしたくない」「今の状況を知って欲しい」という想いから今回のワーズ＆ピクチャーズで豪くん、健くんに説明することを決めました。

6　ワーズ＆ピクチャーズ完成

ワーズ＆ピクチャーズはお母さんが中心となり、母方祖父母、施設職員の協力を得て、完成しました。個人情報を含むため、完成版ワーズ＆ピクチャーズを基に修正し、その一部を抜粋し紹介します。

どうして施設で生活することになったのか

お母さんは元彼氏と家で暴れて、豪くん、健くんにすごく怖い想いをさせてしまいました。これまで色々協力してくれていたおばあちゃんに、その時怪我をさせてしまったことで、おばあちゃんと一緒に暮らせなくなってしまいました。あと、お母さんの体調が悪いことも続いていました。おばあちゃんが手伝ってくれていたご飯や洗濯がお母さん一人ではできなくなってしまっていました。そのことを心配した児童相談所は2人が安心して生活できる環境が整うまで、施設で生活してもらうことを決めました。お母さんも児童相談所と同じ気持ちでした。

お母さんの体調のこと

お母さんは2人のことを一生懸命育てていきたい気持ちでいっぱいです。でも、お母さんは「そううつ病」という病気です。お母さんは、とても気分がよくて元気一杯で、なんでもできると思い込んでしまい、色々なものを買ってしまったり、眠れなくなったり、イライラしたりすることもあれば、急に具合が悪くなって布団から出られない時があったり、気分が落ち着かなくなったり、突然泣いてしまったり、物事をマイナスに考えてしまうこともあります。お母さんは病院から処方されるお薬を飲むことで気分が安定するので、いつも気分が安定していられるように定期的に病院に通っています。

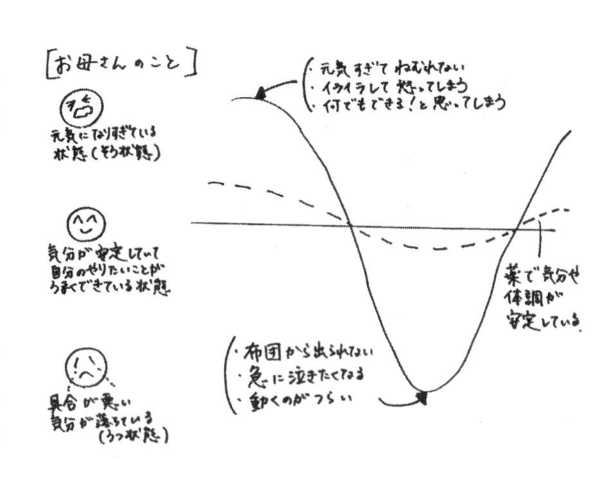

お母さんの今の生活について

今はお薬を飲みながら、ご飯を食べたり、洗濯をしたりして暮らしています。お母さんには今彼氏がいて、休みの日に会ったりしています。彼氏は1年前から付き合っていて、お母さんの支えになってくれている人です。彼氏はいるけれど、豪くん、健くんのことを一番に考えて生活しています。彼氏に豪くん、健くんのことで相談に乗ってもらうこともたくさんあります。

お母さんと豪くん、健くんのこれから

お母さんは豪くん、健くんが大好きで、一緒に暮らしたい気持ちでいっぱいです。2人もお家に帰りたい気持ちがあることも知っています。でも、今はお母さん1人では育てていくことができないので、豪くん、健くんとお母さんだけで生活していくことはできません。お母さんは今、児童相談所の人と、どんなことを周りの人に助けてもらえると2人が安心して生活できるのかを話し合っています。これからどのくらいの時間がかかるかわかりま

せん。でも、1日でも早く一緒に暮らせるように頑張ります。

7　豪くん、健くんへの読み聞かせ
――これからに向けての大きな一歩

完成したワーズ&ピクチャーズの読み聞かせは、お母さんが施設のファミリールームで行いました。読み聞かせには豪くん、健くんに関わっている人にできる限り参画してほしいと考え、お母さんに可能な限り声をかけてもらうようにお願いしました。お母さんの声かけによって、母方祖父母も読み聞かせに参加してくれました。読み聞かせの参加者は豪くん（当時：中1）、健くん（当時：小2）、お母さん、母方祖父母、施設の担当職員、児童相談所の担当者でした。特に母方祖父については豪くん、健くんとの接点が施設入所後はありませんでしたが、母方祖父がこれからの支援者になっていくことを豪くん、健くんに示すことができました。

ワーズ&ピクチャーズの読み聞かせでは、豪くん、健くんにとって初めて知ることもたくさんありましたが、お母さんの体調やこれからのことを説明する場面では、集中してお母さんの話を聞いている姿が印象的でした。ワーズ&ピクチャーズの読み聞かせが終わった後、豪くん、健くんに疑問点や、もう少し詳しく聞きたいところはあったかなどを確認した上で、感想を参加者で共有しました。感想はお母さんが説明してくれたことを肯定的に評価する意見が多く、豪くん、健くんもお母さんの言葉で聞けたことがよかったと評価していました。後日、豪くん、健くんに改めてワーズ&ピクチャーズの振り返りを行った中で、豪くん、健くんからは、「お母さんの病気のことを知れて良かった」「お祖父ちゃんも元気そうで良かった」「緊張したけど、話が聞けて良かった」などの感想が聞かれました。ワーズ&ピクチャーズによって、自分たちの身に起こったことやお母さんのことなどを具体的かつ詳しく知れたことについて肯定的に捉えていました。その後、施設生活の中で今後自分たちはどうなるのかといった不安を口にすることは少なくなりました。

8　お母さんへのAI

ワーズ＆ピクチャーズ終了後、次の面接でお母さんにAIでのインタビューを行いました。お母さんとの実際のやり取りの一部です。

[私がお母さんとお話しする中で、ちょっとでもお母さんのお役に立てたことや、児童相談所が関わってよかったなと思うことはありますか？]

「豪くん、健くんの様子をその都度教えてくれることで、豪くん、健くんの今を知れることがありがたいと思う。また絵本（ワーズ＆ピクチャーズを「絵本」と言って共有していました）については、簡単な感じで絵を描いてくれたり、文章をまとめてくれたり、ここはもっとこうした方がいいのではと協力してもらえたことが、力になってもらったなと思います。あと、私は今まで周りの人から何をやってもできない、子育てもできないと言われてきた。でも、小林さんはそんな私の話を聞いてくれたし、大変なことも一緒にやってくれた。だから大変でも頑張ろうと思いました」

[お母さんの中で、絵本を作成した上で、これは頑張ったなと思うことはありますか？]

「自分の病気のことについて、うまく伝わるかなと思ったけれど、うまく伝わるように絵を描いたり、病気の波の表現をなるべくわかるように描きました」

[悩みながらも工夫しようと考えてくれたのは、何があるからですか？]

「豪くん、健くんは小さい時には私が病気だということはわかっているけれど、病気の内容まではわかっていませんでした。それだけじゃなくて、施設になぜ行かなければならなかったのか、豪くん、健くんが知らないこともたくさんあったので、それを親なりに、豪くん、健くんもわかる年頃になったので、わかるように説明できたらなと思って描きました」

[お母さんが豪くん、健くんに伝えたいことを伝えることや、引き取りたいけれ

ど、まだ引き取れないことを伝えるというのはすごく勇気のいることだったと思うのですが、何があるからそれができたのでしょうか？　何がお母さんの原動力になったと思いますか？]

「やっぱり豪くん、健くんのことを考えて、子どもたちに後押しされたというか……。施設に入って何年か経って、何で入っているんだろうとわからないままでいるよりは、豪くん、健くんが不安になった時に描いて説明してあげた方が、豪くん、健くんも理解してくれるかなと思ったので。あとは豪くん、健くんがすごく大事なので、伝えなければいけないと思いました」

[お母さんが絵本を作っている中で、支えになっていたものはどんなものですか？]

「色々な人に支えて貰っていました。実は絵本を描いている時に彼氏に相談していて、アドバイスをもらったりしていました。あと支えになっていたのは、豪くん、健くんが必ず受け止めてくれるという信用があったから描けました」

[もし豪くん、健くんに「この絵本について、どんなところがよかった？」と聞いたら、なんて答えてくれると思いますか？]

「多分、『お母さんの病気のことが少しはわかった』とか『お母さんには彼氏がいたのか』とか……。これからのことで、ちょっとずつでも先に進んでいるのが、話せてよかったです。今までそういったことを話す機会はなかったのですが、児童相談所の人や家族を交えて、ちょっとずつでも先に進んでいるんだなというのが、知れて多分ちょっとは安心したのかなと思います」

9　施設職員へのAI

その後、施設職員にもAIを行っています。施設職員との実際のやり取りの一部です。

[今までは児童相談所が豪くんと健くんに説明する役割を担っていましたが、今回のワーズ＆ピクチャーズは当事者であるお母さんが説明する役割を担ってくれ

ていました。それは豪くん、健くんにとってどんな意味があったと思いますか？］

「やはり、第三者である大人が一方的に伝えるよりは、お母さんからの生の声とか、絵とかも入っているので、一生懸命描いたんだなというところも含めて、耳だけじゃないところでも感じられること、そしてお母さんの言葉で直接聞くというのが、すごくすごく大事なんだなというのを感じました」

［お母さんだけでなく、おじいちゃん、おばあちゃんなど豪くん、健くんに関わりのある人も読み聞かせに参加してくれましたが、そのことは豪くん、健くんにとってどんな意味があったと考えていますか？］

「豪くん、健くんが自分たちを支えてくれる人がいることを日々の生活の中で振り返るということは難しいですが、今回の読み聞かせに豪くん、健くんに関わりのある人が参加してくれたことで、家族の中でどんな人がいたかということも振り返る場にもなりました。お母さんだけでなくサポートしてくれる人がそばにいることで、そこからスタートということを豪くんも健くんも感じたのではないかと思っています」

［ワーズ＆ピクチャーズは施設職員にとってどんな意味がありましたか？］

「これまでの状況や今の状況をみんながわかるように形にしてくれたこと。それが職員にとってもありがたいし、形にしたものを豪くん、健くんに返せたことがよかった。特にこのご家庭は波があるお家。面会交流が急に途切れることがあった時、それが職員だけの説明で納得できないこともあると思います。そういう時、どう考えているかなと想像しながら施設職員は語りかけるのですが、その語りかける時にワーズ＆ピクチャーズの中で出た言葉を使える。施設職員だけの言葉じゃないことがありがたいです。ワーズ＆ピクチャーズ実施後にお母さんと豪くん、健くんの交流が途絶えた時、すごく効果を感じました。ワーズ＆ピクチャーズの波の絵の表現を利用して『今ここなんだって、波の下なんだって』などと代弁することができます。それを使うと、豪くん、健くんの反応も『あーなるほどね』という感じで、豪くん、健くんにわかりやすい表現で伝えることができています」

［実際にワーズ＆ピクチャーズを行うことは豪くん、健くんにとってはすごく大きな流れだったと思うのですが、ワーズ＆ピクチャーズをやる前とやった後の豪くん、健くんの変化はありましたか？］

「ワーズ＆ピクチャーズをやったことで、それまではすごく自分たちのことに向き合うことが大変な状況でしたが、ワーズ＆ピクチャーズの時に向き合うことができたことで、その後の話し合いに向き合いやすくなったのではと思います。特に健くんについては、以前は児童相談所との面接中、耳を両手で塞いでいたり机の下に隠れていたイメージがありました。また兄弟がぎゅっと固まって小林さんの話を聞いていたのも印象的でした。ワーズ＆ピクチャーズ後は、以前よりリラックスして小林さんの話を聴けているということが変わったところかなと思います」

10. これからのこと

ワーズ＆ピクチャーズは読み聞かせの場面だけでなく、例えばお母さんの体調の状況を施設職員から豪くん、健くんに説明する場面で使われていたり、ワーズ＆ピクチャーズに登場した人物のことを話す時に見せながら説明できるなど、読み聞かせ以外の場面でも支援者側にとって大きな意味のあるものとなっています。

ワーズ＆ピクチャーズは豪くん、健くんに１部ずつ渡していて、施設内で見たいと思った時には、いつでも見ることができます。普段は大切なものを入れる場所に保管しています。子どもたちにとって、お母さんからもらったプレゼントや写真を大切にしているように、ワーズ＆ピクチャーズもお母さんが作ってくれたものとして、とても大切にしています。今までは現実に目を向けることも困難だった２人でしたが、ワーズ＆ピクチャーズによって家族にとってとても大切なことを共有でき、未来にむけてこれから何をしていくかということも知ることができたため、今はどこまで進んでいるかといったことに目を向けられるようになってきています。

お母さんについても、体調のことを話す時に、「波の下」というような表現を自然と使ったり、ワーズ＆ピクチャーズで子どもたちにわかりやすく説明できた手応えがあったため、今後セーフティ・プランができた時には、そのプランについてもワーズ&ピクチャーズで説明することも考えてくれています。ワーズ&ピクチャーズという当事者が主体的に作ったものが、過去だけでなく、現在、未来に渡り、この家族の中心に位置していて、家族の核になっていると感じています。

ワーズ&ピクチャーズ後、お母さんの体調が悪くなることもしばしばありましたが、セーフティ・パーソンが体調の悪くなったお母さんの食事の介助やその他の家事などを分担して対応してくれていて、セーフティ・パーソンが自発的に動いてくれていることも以前よりも増えています。その動きは、豪くん、健くんがお母さんと一緒にお家で生活できるようになるための、大きな一歩に繋がっています。

当事者の声に耳を傾け、その声を形にしていく作業の中で、児童相談所主体ではなく、当事者主体になってきていると強く感じています。ワーズ&ピクチャーズは事前準備などを含めると確かに大変な作業ですが、それを行うだけの価値があるものだと考えています。

小林さんの実践へのコメント

お母さんの体調のこともあって、なかなか子どもたちとも児相とも疎遠になってしまう家族があります。子どもたちは、ずっと施設でお母さんのことを待っています。いつか必ず会いに来てくれると……。

小林さんは、なかなか会えないお母さんのところにずっと通い続け、手紙を置いてくることを続けました。そして、半年が過ぎた頃ようやく会うことができました。どんな言葉を最初にかけたのでしょうか。初めての面接でマッピングをして、小林さんは、お母さんがこれから子どもたちとどんなふうになっていきたいのか、お話が聞けていなかったことに気づいたと言います。お母さんのお子さんとの未来を考えたいというメッセージは、お母さんにはどれほどの希望となったでしょうか。お母さんは、AIの中で「私は今まで周りの人から何をやってもできない、子育てもできないと言われてきた。でも、小林さんはそんな私の話を聞いてくれたし、大変なことも一緒にやってくれた。だから大変でも頑張ろうと思いました」と話してくれています。お母さんを責めることなく、お母さんと子どもの未来の対話がお母さんの頑張りにつながっていきます。ワーズ＆ピクチャーズの取り組みは、これまでの親子関係の空白を埋める取り組みになっています。「子どもたちは小さい時には私が病気だということはわかっているけれど、病気の内容はわかっていませんでした。それだけじゃなくて、施設になぜ行かなければならなかったのか、子どもたちが知らないこともたくさんあったので、それを親なりに、子どもたちもわかる年頃になったので、わかるように説明できたらなと思って描きました」と言う、お母さんに拍手です。ワーズ＆ピクチャーズは、お母さんが子どもたちにしようとした対話をサポートしました。素晴らしい、協働の実践が行われました。施設職員が「やはり、第三者である大人が一方的に伝えるよりは、お母さんからの生の声とか、絵とかも入っているので、一生懸命描いたんだなというところも含めて、耳だけじゃないところでも感じられること、そしてお母さんの言葉で直接聞くというのが、すごくすごく大事なんだなというのを感じました」と、お話してくれたように、お母さんの直接の言葉が、子どもの言葉と実際に書いたものが、人と人をつなげていったんだと思います。SofSは、人と人、人の思い、その人の歴史をつなげていくものなのかもしれません。10年後の家族は、小林さんにはどんなふうに見えますか。
（鈴木）

鈴木さんへのリコメント

お母さんに初めて直接会えた日は、「ずっと会えなかったお母さんと話す」というイメージではなく「はじめましてのお母さんと話す」というイメージで、できるだけフラットにお話することを意識して、お母さんに声をかけていたことを覚えています。初回の面接で、私が必ずやりたいと思っていたことは、子どもたちの今の様子、今の気持ちを伝えることでした。子どもたちの様子が知れて安心しているお母さんの顔を見て、これから何かが変わっていくかもしれないという期待が持てました。

子どもたちの声をお母さんに伝え続けた返事として、お母さんはワーズ&ピクチャーズをつくってくれました。お母さんはワーズ&ピクチャーズをつくる時、何色の色えんぴつを使うかということについても、子どもたちはどんな風に感じるのか考えて、悩みながら選んでいました。それだけ子どもたちの声に、一生懸命返事をしたいという想いがあったのでないかと感じています。

何もできないと周りから言われてきたお母さんが子どもたちのために何かしたいという想いを表現できたこと、そしてその想いをしっかりと受けとめてくれた子どもたち。家族それぞれの想いが1つになって、大きな力になったのではないかと考えています。その力は、今後仮に家族にネガティブなことがあったとしても、この家族なら乗り越えられると思えるほどの力でした。セーフティ・パーソンの協力でその力がさらに強くなっていけば、その力が家族みんなで暮らせるための足がかりになり、近い将来、セーフティ・パーソンの協力のもとで家族が一緒に生活することができていて、そして10年後も、その生活が続いている。そんな姿を今回の取り組みの中で、イメージすることができました。

サインズ・オブ・セーフティ・アプローチでは、危機介入と支援という矛盾をどのように捉えているのでしょうか？

☞ 子どもの安全が阻害されたという疑いがあることを知ったとき、私たちは、そこでいったい何が起きているのかを知るために48時間以内に目視による安全確認を行います。そのとき、家族には、私たちと話したいモチベーションはないかもしれません。そのような家族にとってみれば、危機介入は寝耳に水で「呼んでもいないのに何しに来た」となるでしょう。一方で、子ども虐待に至ってしまった家族が、何とか解決の糸口を見つけるために自ら相談機関に訪れる場合もあります。この二つの出会いは、保護者の態度においてずいぶんと違いがあるように見えますが、そこには子どもの安全・安心という共通の目標があります。

サインズ・オブ・セーフティの実践を進めていくとき、子どもの安全を創る危機介入と支援（もちろん危機介入と支援という定義にもよりますが）を明確には区分できないと感じています。たとえ対立的であったとしても、家族が作ろうとする子どもの安全のサインをみつけ、そこに働きかけていくことは、まさに危機介入場面での支援と言えるからです。

子どもに危害を及ぼすことを繰り返したくない思いは一緒です。子どもへの危害を繰り返さないために、強い指導で「もうしない」ことを約束させるのか、対話で家族が誰かの手助けを得て例外的に子どもの安全を守れていることを明確化し、出来ている仕組みを強化する「支援」をすすめるのかです。危機介入機関だからこそ行わなければならない「支援」があります。このとき、子どもの安全を図るという軸から一切ブレることなく当事者と対峙的な関係にあっても対話を可能とする実践モデルとなるものが、サインズ・オブ・セーフティです。

親子が一緒に生活するための道のり

——家族に希望をもたらすトラジェクトリ

糸永悦史・山中庸子
埼玉県越谷児童相談所

1　家族と子どもの状況

睦さんが自宅でお母さんに包丁で切りつけられたことから、警察から児童相談所に身柄付通告があり、睦さんを一時保護しました。その後、睦さんは児童養護施設に入所しましたが、その時点では児童相談所は睦さんとお母さんが再び一緒に生活するための具体的なプランを考えることができず、睦さんとお母さんの面会交流もないまま月日が流れました。ところが、ある時、睦さんから「家に帰りたい」、お母さんから「睦が家に帰る時期を明確にしたい」との話が出たことから、再び睦さんとお母さんが一緒に生活することを目指した話し合いが始まり、現在に至っています。

睦さんを一時保護した時は、お母さん（40歳）、異父姉（20歳、以下「姉」）、睦さん（10歳）の3人で生活していましたが、現在、お姉さんは近隣の市で

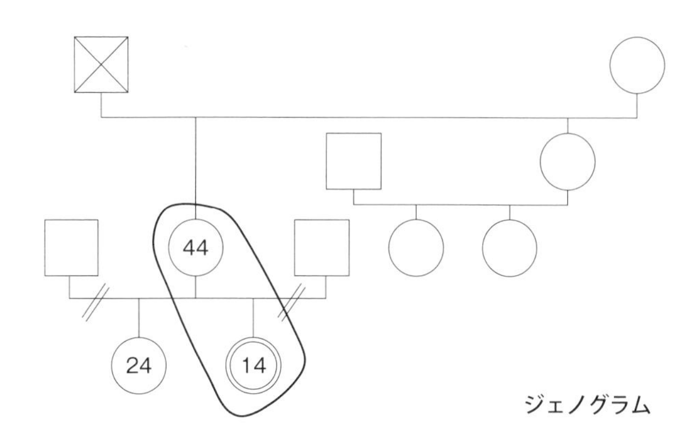

ジェノグラム

1人暮らしをしています。

2 睦さんの一時保護、そして施設入所に

X年7月2日、民生・児童委員から児童相談所に、「自宅で睦さんがお母さんから包丁で切られ友人宅に避難した。左腹部及び左掌を怪我している」との通告が入りました。すぐに警察も動き、お母さんはその日に逮捕され、翌日、警察から身柄付通告があり、睦さんを一時保護しました。睦さんは「左腹部線状挫傷、左手掌挫傷により全治1週間」との診断でした。

睦さんによると、「小さい時からお母さんの暴力（風呂に沈められる、包丁を突き付けられる、首を絞められるなど）があった。7月2日は宿題をしていなくて、お姉さんの部屋で横になっていたお母さんに質問をしに行き、部屋を出る際に自分の足がお母さんの背中に当たったところからお母さんが怒り出し、首を絞められ、包丁で切られた」とのことでした。

お母さんによると、「睦が反抗するようになり、イライラしていた。睦の父は借金を自分に押し付け、行方不明になった。睦と父が重なり、自分の怒りを睦にぶつけていた。包丁は脅すつもりで持ち出した、首を絞めたがこのままでは睦を殺してしまうと思い、ブレーキがかかった」とのことでした。

担当児童福祉司が警察でお母さんと接見した際、お母さんには「児童相談所はすぐに睦さんを家庭に戻すことはできない。睦さんは児童養護施設に入所させ、引き取りなどについては、お母さんの処分が決定した後に相談していきたい。お母さんと話し合いをしていくことになるが、引き取りには時間をかけていく」と説明しました。

同年9月、お母さんは執行猶予付の判決が出て家に戻りましたが、同年10月、睦さんはお母さんの同意を得た上で児童養護施設に入所となりました。

3 睦さんとの面会に向けて

児童養護施設入所後、睦さんとお母さんの面会交流については施設と睦さ

んが通院している病院（睦さんは、『反応性愛着障害』との診断を受け、定期的に通院していました）の医師がとても慎重だったこともあり、面会を許可しないまま月日が流れました。

X +2年2月、施設の職員から、「睦さんが『中学校入学までに家に帰りたい』と話していた」との報告があり、担当児童福祉司が睦さんと面接した際にも「お母さんには暴力をせずに、怒る時は優しく怒るお母さんでいて欲しい。面会、外出、外泊をやって、お母さんとの生活に慣れて家に帰りたい」と話しました。

同年7月、お母さんから児童相談所に届いた手紙にも、「家に帰る時期を明確にしたいと思っています」と、児童相談所に相談がしたい旨が書かれていました。

睦さんとお母さんはともに一緒に生活することを望んでおり、お母さんが睦さんを傷つけたとはいえ、このまま今後のことについて曖昧にしておくわけにはいかないということになり、睦さんとお母さんが再び一緒に生活するために何をしていったらいいのかお母さんと話し合っていくことにしました。

お母さんと面接をする前に、改めてマイ・スリー・ハウスを使って睦さんから話を聞きました。一時保護中にマイ・スリー・ハウスを使って睦さんから話を聞いた時は、睦さんはお母さんから受けた危害を絵で表現していましたが、この時に話を聞いた際には、時間が経っていたせいか、心配な家については、睦さんは「今はないからわからない」と話し、白紙でした。

その後のお母さんとの面接では、お母さんに睦さんが書いたマイ・スリー・ハウスを見せながら睦さんから聞いた話を伝えました。お母さんは身を乗り出して、睦さんが書いたスリーハウスを見ていました。面接では、マッピングをしながらいろいろ確認をしていきました。お母さんは、睦さんへの危害を話す時に、気持ちが辛くなり、涙を流すことがありました。

次に、ワーズ＆ピクチャーズ（「絵本」と呼んでいる）の作成に着手しました。お母さんは仕事で忙しかったものの、合間をぬって下書きを作ってくれました。ワーズ＆ピクチャーズは下書きの段階から医師や施設職員にも見てもらい、助言をもらいました。最初、睦さんに起こった危害の部分については曖昧な表現にとどまっていましたが、最終的には、睦さんに起こった危害をきちんと伝えることになり、「ママが包丁を持ちました。睦さんを傷つけたよね」という表現になりました。何度も話し合いを重ね、時間はとてもかかりましたが、ワーズ＆ピクチャーズが完成しました。

4　睦さんと初めての面会、そして再び一緒に暮らすために

X＋3年8月、お母さんは睦さんが施設に入所してから初めて面会をしました。そして、お母さんは睦さんに完成したワーズ＆ピクチャーズを使って、家で何が起こったのか、なぜ睦さんが施設に入所することになったのか、みんなは何を心配しているのかなどを説明しました。お姉さん、施設職員、児童相談所も同席しました。お母さん、睦さんは涙を流していました。睦さんとの面会が終わった後、話し合いをして、お母さんにセーフティ・パーソン（「支援者」と呼んでいる）を探してもらうことになりました。お母さんからはセーフティ・パーソンとしてお姉さん、母方叔母（以下「叔母」）、お母さんの友人の名前があがりました。

その後、児童相談所は医師と施設の意見なども参考にした上でトラジェクトリ（「睦さんが家に帰って生活するまでの道のり」とのタイトル）を作成しました。お母さんと睦さんの願いは、X＋4年3月に睦さんが家に戻って一緒に生活することでしたが、「ステップ」「ミーティング」「子どもとの交流」の調整等を決め日付を検討したところ、どうしてもX＋4年3月では難しいと思われました。そのため、トラジェクトリをお母さんとセーフティ・パーソンに提示した上でそのことを説明し、お母さんの同意を得た上で、家に戻る時期はX＋5年3月に設定しました。

トラジェクトリ（「睦さんが家に帰って生活するまでの道のり」）

日付	ステップ	ミーティング	子どもとの交流の調整
X＋2年12月	お母さんがセーフティ・プランについて話し合っていくことを希望する。	お母さんと振り返りも含めた面接を1回。	
X＋3年3月～8月	睦さんに説明するためのワーズ&ピクチャーズの下書きを作る。	ワーズ&ピクチャーズを作成するための面接を3～4回。	
X＋3年8月	お母さんがワーズ&ピクチャーズを使って、睦さんに説明をする。	お母さんが睦さんにワーズ&ピクチャーズを使って睦さんに説明をするための面接を1回（お姉さん、施設職員、児相職員も立ち会う）。	睦さんとお母さんとの初回面会。
X＋3年8月～9月	お母さん、施設、児相で心配していることと安全に生活するために必要なことについて共有し、当面の面会の進め方について合意する。	お母さん、施設、児相で心配していることと安全に生活するために必要なことを再確認するための面接を1回。	月1回、睦さんとお母さんの面会（施設職員同席）
X＋3年9月	お母さんがセーフティ・パーソンを見つける。児相が心配していることと安全に生活するために必要だと考えていることについてセーフティ・パーソンに知らされている。	お母さんとセーフティ・パーソンと児相が心配していることと安全に生活するために必要だと考えていることの再確認、セーフティ・プランの説明のための面接を1回。	
X＋3年10月～X＋4年3月	お母さんとセーフティ・パーソンがセーフティプラン(案)を作成する。	お母さん、セーフティ・パーソンとセーフティ・プラン（案）作成のための面接を3～4回。	
X＋4年3月	お母さんとセーフティ・パーソンが作成したセーフティプラン（案）を関係者で共有する。	お母さん、セーフティ・パーソン、施設、医師、児相でセーフティ・プラン（案）について話し合い。	月1回、睦さんとお母さんの面接（セーフティ・パーソン同席）。月1回、睦さんとお母さんの外出（セーフティ・パーソン立ち会い）。
X＋4年3月	お母さんとセーフティ・パーソンでセーフティ・プランを作成する。	お母さん、セーフティ・パーソンとセーフティ・プラン作成のための面接を2～3回。	
X＋4年3月	お母さんとセーフティ・パーソンが作成したセーフティ・プランを睦さんに見せ、意見を聞く。	睦さんとセーフティ・プランを作成するための面接を1回。	

X＋4年4月	お母さんとセーフティ・パーソンでセーフティ・プランを完成させる。	お母さん、セーフティ・パーソンとセーフティ・プラン確認のための面接を1回。	月2回、睦さんとお母さんの外出（セーフティ・パーソン立ち会い）。
X＋4年4月	睦さんにセーフティ・プランを説明するためのワーズ&ピクチャーズの下書きを作る。	睦さんにセーフティ・プランを説明するためのワーズ&ピクチャーズを作成するための面接を1回。	
X＋4年4月 ～5月	お母さんとセーフティ・パーソンが作成したセーフティ・プランとワーズ&ピクチャーズを関係者で共有する。	セーフティ・プランについて、お母さん、セーフティ・パーソン、施設、医師、児相による話し合いを1回。	
X＋4年5月	セーフティ・プランをワーズ&ピクチャーズにより睦さんに説明する。	セーフティ・プランについて、睦さん、お母さん、セーフティ・パーソン、施設、児相による話し合いを1回。	初回外泊（1泊）。
X＋4年5月 ～ X5年1月	セーフティ・プランが上手く稼働しているか確認する。	お母さん、セーフティ・パーソンとセーフティ・プランが上手く稼働しているか確認するための面接を3～4回。	外泊（月2～3回）。
X＋4年5月 ～ X＋5年1月	セーフティ・プランが上手く稼働しているか確認する。	睦さんとセーフティ・プランが上手く稼働しているか確認するための面接を3～4回。	
X＋5年2月	家庭引き取りに向けたセーフティ・プランの再点検。	セーフティ・プランについて、睦さん、お母さん、セーフティ・パーソン、施設、医師、児相による話し合いを1～2回。	外泊（毎週末）。
X＋5年3月	家庭引き取り。		
X＋5年3月 ～9月	セーフティ・プランが上手く稼働しているか確認する。	睦さん、お母さん、セーフティ・パーソンとセーフティ・プランが上手く稼働しているか確認するための面接を5～6回。	
X＋5年9月	終結。		

お母さんとセーフティ・パーソンには、セーフティ・プランについて考えてもらいましたが、そのセーフティ・プランについては、何度も話し合いをしました。

お母さんがイライラしているかどうかを毎日どのようにチェックしていく

かを話し合っている時は、具体的に何をやるかホワイドボードに書きながら整理しました。毎日、仕事が終わって帰宅する前に、イライラ度を0から10でチェックし、その数字をどんなところからつけたか、つけた数字をラインでセーフティ・パーソンに送る、ラインの人からの返事をもらう、そしてそれらをノートにつけるということになりました。話し合いの翌日から実際に行い、その後は面接時にお母さんが行ってみてどうだったかノートを見ながら話し合いを進めました。初めは、お母さんがラインを送ってから、返事が届くまで時間がかかり、お母さんが帰宅してから返事が届くことがありました。しかし、イライラ度によってはお母さんが帰宅する前に対応することになるプランもあったため、イライラ度をラインで送る意味等についてお母さんとセーフティ・パーソンと改めて話し合いました。それからは、お母さんが帰宅する前に返事が届くようになりました。

また、ワーズ&ピクチャーズを使って睦さんに説明してから、お母さんと睦さんは交流を重ねていますが、交流後はお母さんと睦さんがセーフティ・ジャーナル（「交流日誌」と呼んでいる）に、上手くいったこと、上手くいかなかったこと、交流してよかったと思ったこと、心配だったこと等を書き、睦さんとお母さんにかかわる人みんなが見てコメントを入れています。最初、睦さんはセーフティ・ジャーナルを、「書きたくない」と言っていたこともあり、お母さんと交流した際にどのように過ごせたかを数字でつけるようにしました。

同時に、お母さんとセーフティ・パーソンが考えたセーフティ・プランを睦さんに説明するため、改めてそのためのワーズ&ピクチャーズを作成しました。下書きを作成してみると、セーフティ・プランで詰め切れていない部分が見えてきたので、その都度、お母さんとセーフティ・パーソンに集まってもらい、話し合いを重ねました。睦さんが実際にどう行動するかということもプランに含まれていたので、行動できそうか睦さんにも話を聞きに行きました。

お母さんとセーフティ・パーソンが考えたセーフティ・プランは、「①イライラ度が『0』『1』の時、お母さんは家に帰る。帰った後、叔母さんとお姉さんは電話で睦さんとお母さんから家の様子を聞く。②イライラ度が『2』

『3』の時、お母さんは家に帰る、お姉さんが仕事帰りに家に寄る。一緒に食事をして、場合によってはそのまま泊まる。睦さんとお母さんから家の様子を聞く。お姉さんが残業で家に行けない時は、叔母さんが家に行って、睦さんとお母さんから家の様子を聞く。③イライラ度が『4以上』の時は、お母さんは家に帰らない。お母さんが帰らない間に、叔母さんは睦さんに連絡し、睦さんは叔母さんの家に行く。睦さんが叔母さんの家に行くのが無理な時は、叔母さんが迎えに行き、一緒に叔母さんの家に行く。睦さんがお母さん方叔母さんの家に行った後、お母さんは家に帰る。④睦さんとお母さんが家にいる時に、お母さんが睦さんのことでイライラして睦さんを傷つけそうになった時は、お母さんが家を出る。お母さんが叔母さん、お姉さん、お母さんの友人に連絡して、睦さんに電話をしてもらう。お母さんが家に帰らない方がいい場合は、睦さんは叔母さんかお姉さんかお母さんの友人の家に行く」というものです。このプランについては、外泊中の様子も確認しながら、必要に応じて見直しを行っていく予定です。

睦さんに家に帰ることに向けて進んでいる感じがあるか、数字で聞いたところ、「5」と話がありました。6に進むためには、「お母さんとの交流が進むこと」と話がありました。

今後は叔母さん、お姉さん、お母さんの友人、医師、施設職員、児相が同席するなかで、お母さんから睦さんにワーズ&ピクチャーズを使ってセーフティ・プランについて説明してもらう予定です。その後に外泊を開始し、セーフティ・プランが上手く稼働しているか確認していくことになります。

5　お母さんとのAI

[児童相談所が睦さんをお預かりしてから何年か経っていますが、これまでの児童相談所とお母さんのやりとりの中で、お母さんが思っていることや感じていることについて、何でもいいので話をしてください]

「話を聞いてもらえたのが一番。今まで言えなかったことがあって、溜めて溜めて溜めて溜まって子どもに手を出したというのがあったので、その原因を聞いてもらったりしたのが一番ほっとしたかなという感じですね」

[話を聞いてもらえたというのは、児童相談所がかかわり始めてから最初の時からそうだったのですか？]

「そうです。そこからいろいろといろんな人に、妹（母方叔母）や上の子（異父姉）とかにもいろんな話ができるようになったし、とにかくみんなに話せることができたのが一番だったので、それでちゃんとした児童相談所というところが入ってくれて、それが一番本当に今は感謝しています」

[これから一緒に暮らしていくまでに具体的に何をしていくのか行程表（トラジェクトリ）という形でお母さんに示しましたが、お母さんは見た時にどのように思いましたか？]

「最初は２年の進級の時に帰ってくるというのが希望だったので、それがまた１年先に延びているところがあったんですけど、でもこうやって日々いろんなこと、仕事をしながらあたっているとやはり私だけの気持ちじゃちょっともう決められないというと言葉が変だが、子どもの気持ちと私の気持ちがちゃんと一つになった時に帰れるようになるって、ちゃんとそこにプロの児童相談所の人たちがそうやって決めてくれたことなんだから、自分の中で焦らずに、そういう行程に従ってやっていくことで、ちゃんと今度は上手くやっていけるまで考えてくれていることなんだからと思いながら今はいるのですが」

[同じことが起こらないようにするため、何度も児童相談所の職員とそのためのプランを話し合っていますが、その話し合いはお母さんにとってどんな意味がありましたか？]

「まず気持ちが、あとやはり明確に日付がちゃんと出てきているので、本当に『あっ、あと何か月だな』ってカレンダーをめくるという風に思うようになるし、はっきりとした数字というか何日にどうのこうのというのが出てくるから、それがやはり心の支えでした」

[児童相談所はお母さんの考えていることとか気持ちをとても大事にしてくれていると思うが10で、児童相談所はお母さんの考えていることとか気持ちとかを全く理解しないで、何か勝手にいろいろ進めてしまっていると思うが0だとすると、いくつですか？]

「今は10。本当に。本当にまず話を聞いてもらったし……それが一番」

[引き取りに向けて、お母さんが思っている通りにとても順調に進んでいる、何の不満も感じていないが10で、いや全然思うように進んでいなくてイライラする、本当にこの先のことがわからないが0だとすると、今0から10でつけるといくつくらいですか？]

「10。でもなんかここにきて本当に、今年に入ってからか、面会、それで外出、もう外泊も話が出ているし、なんかそうやって、なんかこの間しみじみ、ちょっと上の子（異父姉）と話をしたのですが、『何か急にここにきてバタバタしているよね』っていう話になって、だからもう本当に、『ちょっと私の体力がついていけるかね』なんて冗談を言って、何かそういう感じですね」

[今は10とのことですが、もっと何年か前は違ったか？同じ質問をされていたら？]

「最初やはり全然いつぐらいに帰ってくるのかも本当にわからないし、面会もいつから？みたいな感じだったので、上の子（異父姉）とは面会はできるが、でも妹（母方叔母）の面会はできないので、『どうなっているの？』とたまに言われました。『そうだね』という感じだったのですが、あの頃は不安でした。話は聞いてもらっているが、やはり見えない、先が見えなかったから。でもまあいろいろなことでちゃんと計画的にやっていってもらえているのかなっていうものが、もう気持ちの中であったし、でもやはり見えないどっちだろうみたいな、ちょっとあった感じですね」

[お子さんを預かった児童相談所が保護者とやりとりしていくわけですが、児童相談所がお子さんを預かって、それで保護者とやりとりする時に、やはりこういうところは大事にして欲しい、配慮して欲しい、気を付けて欲しいというところを教えていただけませんか？]

「私自身はそんなに感じてなかったが、やはり担当の方からは『お母さんが悪い』という言葉は出ていなかった。そういうことは一言も言わずに聞いてくれていたので、だからそういった『あなたが悪いのよ』って、その人を悪者扱いというのかな、そういうことはやはりして欲しくはないです。『どうしてこうしちゃったの？』みたいな話をやはり聞くっていうのが、事務的じゃなくて一人の人間としてやはり聞いて欲しい。それが一番の気を付けて欲しいことかな。だから本当に、『私たちは仕事だから、あなたがこういうことやらなくちゃいけないのよ』っていう態度じゃなくて、一人の人間として話を聞いて、それが気を付けて欲しいかなという感じ。だから今の担当の方は本当に話を聞いてくれたので、そういう『悪い』『あなたが悪いよ』という言葉も一切言わないでいてくれたので、それがやはり嬉しかったですね」

6　私たちが学んだこと

この事例は、途中からサインズ・オブ・セーフティでケースワークを行い、そしてトラジェクトリを実践の柱として取り組んだものです。

今までは、お母さんや睦さんから一緒に生活したいという希望があっても、起きた危害等から、引き取りに慎重な意見もあり、明らかな引き取りの時期や、これから何をやっていったらいいかを親子に説明することができておらず、担当児童福祉司としても今後の見通しを立てられずにいました。

今回、引き取りに慎重な意見があったとしても、親子が再び一緒に暮らすためにお母さんやセーフティ・パーソンにどんなことを考えてもらう必要があるのかを明確にし、親子が再び一緒に暮らすまでの道のりと時期を睦さんに関わる人みんなで共有することで、ケースワークが前進していくということを学びました。

睦さんのセーフティ・プラン作りでは、お母さんやセーフティ・パーソンから自然に案が出てきたことが印象的でした。児童相談所が一方的に必要だと思う人や条件をお母さんに提示するのではなく、睦さんの安全に責任を持つべきお母さんに、必要な人を連れてきてもらい、その人たちとセーフティ・プランを作ってもらうことで家族の現状に合った現実的なセーフティ・プランが出来上がっていくことを学びました。

担当児童福祉司としては、いつまでも見通しが立てられずに、親子の希望が置き去りにされるという精神的な負担は軽減されたように感じています。

なお、ここまで記載した内容については、お母さんに直接読んでもらい了承を得ています。

糸永さん、山中さんの実践へのコメント

ご紹介していただいた実践では、お母さんが逮捕されるほどの重篤な虐待があり、長い間、母子の交流が途絶えてしまっていました。確かに、周囲の方々が心配されているように、交流は慎重にすべきだとは思います。しかし、このことを決めていくのは誰なのかということをあらためて考えてしまいました。会えなかった何年間は誰の意思によって、誰がこのことを決めていたのでしょうか。実践では、子どもが家に帰りたいことを訴えて、交流が始まります。サインズ・オブ・セーフティによる実践はここからです。もし、お母さんが釈放されてすぐにマッピングをして子どもとお母さんの願いを聴いて、子どもの安全づくりをセーフティ・パーソンとともに進めていたら、会えなかった何年間はどうなっていたでしょうか。周りの心配だけで当事者の生活が決まるのではなく、当事者の願いを周りの心配と重ねて意思決定ができるのがサインズ・オブ・セーフティであると、改めて思いました。

ワーズ&ピクチャーズを創るプロセスで、お母さんが行った行為をどう子どもに説明するかということがテーマでした。お母さんは、説明を逡巡しながら実際あったことを説明する決心をしました。この説明ができなかったり、あいまいにすることが母子の交流を遅らせていた一つの要因かとも思いました。また、援助者が、このテーマに関与する方法がなく、結局、アンタッチャブルになってしまうのです。関係機関は、これだけの事案ですから、また、子どもに症状があれば交流には当然消極的になります。これを超えるものがワーズ&ピクチャーズにあったのだと思います。そこにある真実を前にして、関係機関が子どもとお母さんとセーフティ・パーソンと一つになっていったのだと思います。トラジェクトリは、子どもと家族の願いを実現するプロセスです。児童相談所としては、終結までのプロセスを示すことに抵抗があります。課題をこなせば帰れると思われても困ると思うからです。しかし、あいまいにしたから、安全が保たれるわけではありません。安全づくりの道すじがあるのなら、それを示すのは当然のことです。

お母さんはAIの中で「事務的じゃなくて一人の人間としてやはり聞い

て欲しい。それが一番の気を付けて欲しいことかな。だから本当に、『私たちは仕事だから、あなたがこういうことやらなくちゃいけないのよ』っていう態度じゃなくて、一人の人間として話を聞いて、それが気を付けて欲しいかなという感じ」と話されています。「一人の人間として聴いてほしい」という言葉が耳に残ります。（鈴木）

鈴木さんへのリコメント

実践へのコメントどうもありがとうございます。起きた危害の重大さ、面接場面で子どもが、「お母さんが怖い、また同じことがありそうで心配」という話をしていたこと、子どもの診断結果などから、関係機関も児童相談所も母子の交流についてはかなり慎重に進めるべきと考えました。しかし、どう慎重に交流を進めるかを具体的に考えることもないままに、年月だけが流れてしまいました。子どもを保護して約１年半は、正直言って母子の交流を始めるためには何から手をつければいいのか、何をすればいいのかがわかりませんでした。

この実践は、そのような状況でケースワークをしていた時に、サインズ・オブ・セーフティを学んでいた上司が異動してきたことから、相談をしながらサインズ・オブ・セーフティを意識して取り組んだものですが、この家庭にかかわり始めた当初からサインズ・オブ・セーフティでケースワークができていたら、コメントにもあるように、お母さんと子どもが会えないなかでも、子どもの願いをお母さんに伝えて、子どもの安全づくりをセーフティ・パーソンと共に進めることができ、そして子どもにもわかりやすく説明できていたのではないかと思いました。そうすることで子どもも、もっと早い段階でお母さんと再び一緒に生活するイメージができたのではないかと感じました。

ワーズ＆ピクチャーズを関係機関やセーフティ・パーソンがいるなかで実施したことで、危害についてもオープンに話題にできるようになり、施設職員、お母さん、セーフティ・パーソン、児童相談所で面接をする時も、以前よりも具体的に話ができるようになったと感じています。

トラジェクトリは、「ステップ」の項目があることで、お母さん、セーフティ・パーソン、関係機関が現在はどの段階にいるのかをその都度確認することができ、これから何をしたらいいのかが見通せるようになったと思いました。お母さんからも、以前のケースワークは、「先が見えない」と語られていますが、その通りだったなと思います。たくさんの不安を与えてしまったなと思います。そのなかでも、サインズ・オブ・セーフティでケースワークをすることによって、「一人の人間として聴いてほしい」というお母さんの思いが実現できていたら、嬉しいなと思います。

安全づくりの行程表としてのトラジェクトリとは、援助者側の「させたいことリスト」のことですか？

☞ トラジェクトリは、行政側のプランを「引き取りまでにはこのようなステップを辿ります」と一方的にすることのリストとして作成し押し付けるものではなく、親やその協力者と協働しながら、子どもの安全づくりのために取り組むべき課題とその行程を組み立てていくものです。トラジェクトリを作る前段階として「何が起きているのか」の情報を収集して整理（アセスメント）するために、家族とホワイトボードなどを活用し「うまくいってなかった所（−）」「いいこと（＋）」「これから・希望（→）」といった３つのテーマを板書しながらマッピングします。マッピングすると「このままの状態だと何が子どもの安全にとって心配なのかの入口（DS）」と「どんなことを見ることができると児相はケースを終結できるのかの出口（SG）」が明らかになります。親にしてみれば、子どもとの生活の再開に向けて何をすることがいいのか見通しが見えてきて、児相と取り組むことへのモチベーションがあがります。親とDSとSGを共有することをベースに、児相が関わる目的である「子どもの安全に焦点を当てて話し合うこと」が進められ、パートナーシップが築かれていきます。協働のアセスメントによって、明らかになった目指すべきSGに具体的に近づいていくための課題とプロセスを時間軸にまとめたものがトラジェクトリです。安全づくりの道筋で欠かせない作業を明らかにし、その作業が子どもの安全にどのような意味があるのか、検証しながら一歩ずつ進めていくイメージです。決して、児童相談所が示す「させたいことリスト」ではありません。もし、保護者がそのように感じたのであれば、なぜそのプロセスと課題が子どもの安全のために欠かせないのか徹底的に話し合わなければならないでしょう。あくまで、安全の仕組みの土台作りを主体的に行うのは児相ではなく親なのです。

姉弟間暴力の解決に向けて家族本来の力を取り戻していった取り組み

岡本亮子
さいたま市教育委員会　総合教育相談室

1　はじめに

学校や教育相談室で対応する事例の多くは、不登校や発達課題について等、子どもの状態についてのものです。さいたま市では、平成26年度に教育相談室に精神保健福祉士が配置され、その後スクールソーシャルワーカーが配置されました。その影響もあってか、不登校や発達課題に関する相談だけでなく、福祉的な支援が必要な家庭や家族関係に困難を抱えた家庭といった、家庭全体への支援が必要な相談にもアプローチが以前よりも充実してきました。不登校等が主訴の相談でも、話を伺っていくと、背景に家族関係の問題が隠れていたということも少なくありません。相談を進めていくと、家族関係に困難を抱えている家庭では、暴力の問題が起きていることがあります。また、暴力はなくても、子どもが家庭の状況を必要以上に気にしなければならない緊張感のある関係になっていたりすることもあります。私が紹介する事例は、家庭の中で暴力という問題が起き、家族全員にとって緊張感のある状態になっていた事例です。学校教育分野の相談においても、"子どもが安心して生活できる仕組みを作る"ことは支援の軸になるため、サインズ・オブ・セーフティの考え方をベースに支援をしていくことは有効であると感じています。

2　家族と子どもの状況

当時、小学校高学年の直人くんは、高校生の姉から「一緒にゲームをしろ」「ジュースを買ってこい」「遊びに行くな」等と行動を指示、強制、制限されていました。また、姉の指示に従わなかったり、姉にとって気に入らないことがあると暴力を振るわれていました。母はその状況を知っていましたが、止めることができず、直人くんへの身体的・心理的ダメージが懸念されていました。直人くんが小学校の担任の先生に訴えたことをきっかけに家庭で起きている問題が把握され、教育委員会教育相談室の相談につながりました。

3　安全づくりの道筋

問題の把握から学校の動き

直人くんが、担任の先生に「お姉ちゃんから足を蹴られた」と話し、先生が足に痣を見つけ、小学校から教育相談室にどのように対応したらよいかと相談が入り、支援が始まりました。直人くんは、高校生の姉から、行動を命令、制限され、ときには暴力を振るわれていました。母はその事実を知っており、なるべく直人くんと姉が二人きりにならないようにと工夫していましたが、暴力等から直人くんを完全に守る方法をとることはできていませんでした。元々、姉から母への暴言、暴力があり、母はその対応に疲弊し、精神的に不安定になるほど追い詰められていた時期がありました。そのため、母は今の状況を何とかしたいと思いながらも、どのようにしたらよいか分からなかったのです。直人くんは、そのときの母の状態をとても心配し、「お母さんを守りた

ジェノグラム

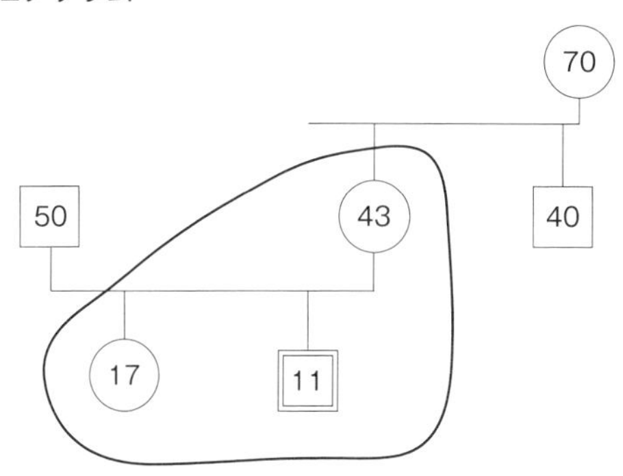

い。お母さんに心配をかけたくない」と考えていました。

この状況を把握した担任の先生から教育相談室に相談が入り、まず、緊急性があるかのアセスメントのため、暴力等の具体的な状況について、先生から直人くんへ詳しく確認してもらいました。姉が直人くんに暴力を振るったりするようになったのは、直人くんが小学校低学年の頃でした。姉が興奮状態になって警察を呼ぶほどの騒ぎになったことも度々あったり、姉の暴力が母に向いていたときには母が過呼吸になり救急車を呼んだことがありとても不安になったそうです。現在は１日おきくらいの頻度で足を蹴られる等の暴力があること、できるだけ直人くんと姉だけになる時間を作らないようにすでに家庭で工夫していること等が分かりました。

担任の先生には、母とも面談をしてもらいました。母も現在の状況を心配し何とかしたいと思っていることを確認してもらい、教育相談室の職員が学校に訪問して面接をしていくことになりました。

直人くん、母と問題の整理――マイ・スリー・ハウス、セーフティ・サークルを用いて

１回目の面接は、教育相談室の職員２名で、学校にて、担任の先生にも協力してもらい、直人くん面接、母面接を並行して行いました。直人くんとの面接では、マイ・スリー・ハウス、セーフティ・サークルを用いました。[心配なお家] については、「(姉に) 猫の掃除をさせられる」「(姉が) アイスが食べたい、ジュースが飲みたいと言い、買ってくるよう命令される」「(姉に) 蹴られる。誰かに言ったらぶっ殺すと言われる」「友達を家に連れてくることができない」「祖母宅にいるのが見つかると姉に連れ戻される」など、姉との関係についての事柄が多くあげられました。[良いお家] については、「お母さんに甘えられる時間がある」「おじさんと楽しい話をする」「姉と二人きりにならない」等、母や叔父と良い時間が持てており、直人くんにとって安心できる人がいることが分かりました。[夢のお家] については、「お姉ちゃんと逆の立場になって、僕の命令を聞いてくれる」「『お姉ちゃん、消えろ』と言ったらお姉ちゃんが消える」「お姉ちゃんが土下座で謝る」といった姉に対しての内容があげられました。一方で、「お母さんが笑顔でいることが多い」「お母さんとゲーム通信をして遊びたい」といった母への思いも

あげられました。セーフティ・サークルには、母や叔父、祖母といった親族だけでなく、担任の先生や友達、友達のお母さんもあげられました。

母との面接では、母は、直人くんが追い詰められている状況を心配し、直人くんへのストレスを軽減してあげたいと考えていました。また、直人くんが母に対して極端に甘えたり、依存的になっていることも心配していると聞くことができました。姉については、中学生の途中から不登校になり、通信制高校に入学するもののうまくいかず、ひきこもり状態となっていること、不登校になってから感情のコントロールができないことを、姉自身も困っていることが分かりました。本人面接と母面接の後、直人くんの了承を得て、スリーハウスを見せながら母へ直人くんの気持ち、希望を伝え、直人くんの安全を守る仕組みを一緒に作りたいことを伝えました。ちょうど夏休み前で、姉と直人くんが二人きりになる時間が増えることが心配されていたので、2回目は夏休み前に、直人くんが頼りにしている叔父と祖母も面接に同席してもらうようにお願いしました。また、この面接の翌日から三連休であり、直人くんは休日に姉と一緒にいる時間が増えることを心配していたため、三連休中の毎日の過ごし方（どこで、誰と）と姉に気付かれないようにどのように外出するか、もしも暴力をふるわれそうになったらどのように逃げるかを具体的に確認しました。

セーフティ・パーソンを交えて話し合う

2回目の面接は、連休後に、直人くん、母、叔父と行いました。スリー・カラムを意識し、[心配していること][うまくいっていること][ゴール]を確認していきました。そうすると、その時点で、「おばあちゃんが近くにいること」「叔父さんが毎日励ましてくれること」「直人は叔父さんの携帯電話の番号を知っていて電話ができること」「お母さん、おばあちゃん、叔父さんが情報を共有してくれていること」等が直人くんの安心につながっていることが分かりました。家族の中で、様々な工夫をして直人くんや姉も含めた体制を考えてくれていました。心配なことが起きたとき・起きそうなときにどのような対処方法をとるかは、これまでの対処でうまくいっていること、直人くんや母、叔父のアイデアを活かしながら、「仕事に行くお母さんと一緒に家を出て、おばあちゃんの家に行く」「母が入浴するときやゴミ出しに行く前に、おばあちゃんの家にお手伝いに行くという理由でおばあちゃんの家に行く」等の祖母宅の利用方法と、緊急時の具体的な行動として、「もし暴力を受けそうになったときは、マンションの別棟の1階ソファのところに行く。お母さんは、直人がいない場合は決めた場所を見に行く」というセーフティ・プランを決めていきました。セーフティ・プランを決めたことで、安心度がどのくらいか、実行できそうか、スケーリング・クエスチョンを用い、それぞれに確認しました。

3回目の面接の前に、母は、「姉を悪者にするのではなく、姉にもどうしたらよいか一緒に考えてほしい。相談に参加してほしい」と考え、姉の暴力で直人くんが困っていること、相談をしていること、次の相談日時を姉に伝えました。そうしたところ、姉は攻撃的だった面が少し落ち着き、「話してもどうせ変わらない」と言いつつ、相談に参加することを「考えてみる」と言ってくれました。どうやら、ここ数回、直人くんと母が数時間外出していたことが、疎外感を感じて気になっていたようで、理由が分かり安心したようでした。私としても、姉なりの苦しさや思いがあると感じ、話したいと思っていることを母から伝えてもらうようお願いしました。

3回目の面接は、直人くん、母、叔父、祖母と行いました。前回の面接で決めたセーフティ・プランの実行度を確認したところ、ほとんど実行できていたので、新たに直人くんが不安だと感じている場面への対処方法を確認しました。母、叔父、祖母は、姉の状態も非常に心配し、祖母は、姉に会ったときには「できることは協力するよ」と声をかけていました。姉は、「担当者は男性？女性？」と母に訊いてくるなど、面接に同席するか直前まで悩んでいたようですが、最終的には参加はできませんでした。母が、姉が書いたものを持ってきてくださり、母を責める言葉がある一方で、やりたいことや家族を含めた人間関係に関すること等、なんとかしたいと思っている気持ちが綴られていました。気持ちが落ち着いているときには、母に対して、「（暴力を）自分でコントロールできないんだ」等と直接話せていたようです。これは想像になってしまいますが、直人くんが祖母宅で過ごしているところに連れ戻しに行かなくなったりしたのは、姉なりに距離を保つことが必要だと感じていたように思います。

4回目の面接は、直人くん、母とセーフティ・プランの振り返りを行いました。夏休み中でしたが、祖母宅の利用や友人との約束等がうまく組み合わさり、直人くんは「この調子なら問題ない」とセーフティ・プランの変更の必要性や新たな問題もないと感じていました。そのため、二学期に入ってから、学校で担任の先生も交えて面接をし、状況の確認と再度困った時にどうするかを話すことにしました。

終結に向けて

5回目は、直人くん、母と学校にて担任の先生に同席してもらい、状況やセーフティ・プランの実行度の確認を行いました。姉がやりたいゲームにつき合わされたりすることはありましたが、母が直人くんと姉のやりとりに声をかけられるようになり、姉の行動がエスカレートすることはなくなっていました。セーフティ・プランが実行できていることに加え、姉がアルバイトを始めて外出するようになったことも良い影響があったようでした。今後、直人くんがまた相談をしたいと思ったときには、母、祖母、叔父、担任の先生に助けを求められる、ということ、直人くんのSOSを受け取った大人が教育相談室に相談をするということを決めて、終結となりました。

4　直人くんと母へのAI（終結から2年後）

今回、事例をまとめるにあたり、直人くんと母へインタビューをさせていただきました。姉にもAIを行えれば良かったのですが、2年前に直接接点を持つことができなかったこと、母の話では、姉はそのときに長い時間一人で留守番をさせられた良くない思い出もあるということで、姉にAIをすることは叶いませんでした。

現在、直人くんは中学生になり、勉強や部活、習い事と忙しく、姉はアルバイトを続け、二人の生活スタイルはそれぞれほぼ確立されており、時々姉からの「アイスを買ってこい」等の指示はあるものの、暴力が起きる関係性は改善していました。

[私たちの支援がどのように役に立ったでしょうか。どのような点が良かったでしょうか] 母「すぐに動いてくれたこと。1週間に1回とか頻繁に会ってもらって、電話ももらって、親身になって相談に乗ってくれているというのを感じました。具体的な逃げ方とかの対策も立てることができました」「おばあちゃんや叔父さんにも直接会ってくれて、心配がダイレクトに伝わったし、おばあちゃんや叔父さんの考えを聞いてもらえたことも良かったです」。直人くん「逃げることや電話のかけ方とかの対策が立てられたこと」「緊急なことはその後、起きなかったけれど、対策があったから安心できた」

[私たちのどのような態度や方法が良かったでしょうか] 母「やっぱりすぐに対応していただいた部分」。直人くん「自分の意見を対策に入れてくれたこと」

[直人くんの気持ちや意見を聞くことを大事にしたいと考えていましたが、直人くんに話しを聞いたことの何が良かったですか] 母「私には話せないことも聞いてくれたと思いますし、(マイ・スリー・ハウスは) 文字になって分かりやすかったです」。直人くん「溜まっていたことが話せたし、(マイ・スリー・ハウスは) 落ち着いて話すことができたり、気持ちを表すことができた」

[私たちの関わりが、今、役に立っているなという部分はあるでしょうか] 母「今、直人はお姉ちゃんに言い返せるようになったり、お姉ちゃんは自分のお小遣いで直人に物を買ってくれたり、解決はしていないが関係性が変わったんですよね。今は、プランを使うようなことは起きていないんですけど、プランを作ったのは大きかったと思います」。直人くん「真剣に話を聞いてくれて、相談相手になってくれて、相談ができるようになった」

5 私が教えていただいたこと

直人くんには、信頼できる大人が複数おり、しかも親族だけではなく、担任の先生や友達のお母さんも事実を知っている人として直人くんの話から分かりました。また、母だけでなく親族の協力もあり、強みをたくさん持っているお子さんでした。それを、セーフティ・サークルやセーフティ・プランを用いて、すでにできている工夫を明確にし、安全のために不足しているところに対して、強みを生かして具体策を追加していく、という作業はとてもスムーズで、こちらはほんの少しお手伝いしているだけという感覚でした。

マイ・スリー・ハウスは、AIでの直人くんからの「落ち着いて話すことができたり、気持ちを表すことができた」という言葉にあるように、起きている事実を整理して、どうなっていきたいかの希望を聞き取るツールとして、あわせて家族に直人くんの気持ちを伝えるツールとしても有効だったと感じました。また、セーフティ・プランの作成にあたっては、家族、とりわけ子ども本人の意見を取り入れたことがプランの実行性につながり、意味のあるものになっていったことがよく分かりました。それだけでなく、そもそも、"セーフティ・プランを作った"ことや、"セーフティ・プランをセーフティ・パーソンと共有している"ことが安心感につながっていたことが直人くんと母から繰り返し話があり、具体性のある計画を作ることと、早い段階で協力者となる親族に家族内の問題をオープンにしていったことがいかに重要かということを気付かされました。

今回、AIを用いてインタビューさせて頂いた中で一番心に残ったのは、直人くんが「自分の意見を取り入れてくれたのが良かった」と話してくれたことです。改めて、本人抜きの支援は本当の意味での支援にはならないこと、本人や家族の力を信じることの重要さを教えていただきました。

"本人主体""強みを生かすこと""協働すること""本人や家族の力を信じること"等はソーシャルワークの考え方の基本であり、価値でもあります。この事例で初めてサインズ・オブ・セーフティをベースにケースワークをしましたが、ケースワークの考え方の基本であり価値を、支援として実行するために、次に何をすれば良いのかをサインズ・オブ・セーフティの考え方やツールが支えてくれたと実感しました。

6　学校教育分野でサインズ・オブ・セーフティ・アプローチに取り組む意義

これまでサインズ・オブ・セーフティは児童相談所で取り入れられていた技法ですが、学校教育分野の相談援助活動においても非常に有効だと感じています。それは、学校はほとんどの子どもたちが通う場所であり、子どもの小さな変化をキャッチでき、子ども自身がSOSを出す可能性のある場所だからです。また、学校は保護者とやり取りをすることが多いため、家庭状況の把握もしやすいと言えます。学校現場でも、「ネグレクト」「虐待かも」という言葉を教員からよく聞くようになりました。それだけ学校教育分野でも児童虐待への意識が高まっている証拠ではないかと思います。この事例も子どものSOSを先生がキャッチしたところから始まりました。

子どもの身近な場所にいる援助者が、児童相談所に近いアンテナを張りスキルを身につけられているかは重要だと感じます。これは、学校教育分野だけではなく、市町村の行政機関（一次相談機関）においても同様ではないかと思います。子どもが生まれる前から、市町村の保健師が把握し、健診でのフォロー、諸々のサービスや手当の手続き等、市町村が関わる機会に、「あれ？」と違和感を持ち、育児相談からキャッチしたりすることがあると思います。地域の一次相談機関や学校で安全を築くための支援が迅速に行えることで、深刻化を防ぐことができるのではないかと期待しています。また、児童相談所は日々重篤な事例への対応に追われ、すべての事例に丁寧に対応することは困難であるように見えます。軽度な事例に関しては、その場限りの指導で終わることもあるでしょう。サインズ・オブ・セーフティは、地域や学校が児童虐待の問題にもっと効果的に関われる可能性も持っているのではないかとも期待しています。

岡本さんの実践へのコメント

この実践の優れたところは、教育相談の分野で、サインズ・オブ・セーフティの考え方に基づいて支援したところを見せていただけたところです。広く子どもの安心をつくる事例に援用できるということをあらためて教えていただきました。

プロセスの中で、岡本さんは、子どもや家族にお話を聞くとき、SofSマッピング、マイ・スリー・ハウスとセーフティ・サークルを巧みに活用し、面接の「見える化」に向けて工夫されています。AIにおいても、これらのツールを使うことによって、子どもからは「落ち着いて話すことができたり、気持ちを表すことができた」と語られ、母親からは「文字になって分かりやすかった」と評価を得ています。うまくできていることをあらためて文字化し注目していくことがこの家族の強みの活性につながり、すでにできている工夫の明確化にスムーズにつながっているように思われます。また、子どもは、話を聞いてもらえる経験から、自分も人にお話をしている力をつけていったように感じました。

また、実践では、叶いはしませんでしたが、姉との直接の接点を持とうとし、さらに協力者を得ていくプロセスにおいて、誰も悪者とせず、みんなも心配しているスタンスで取り組めるよう工夫されているところも素敵です。お母さんも「姉にもどうしたらよいか一緒に考えてほしい」とオープンにする力が賦活され、それにより、姉の攻撃的だった面が少し落ち着き、「話してもどうせ変わらない」といいつつ、相談に参加することを「考えてみる」と言えるくだりは、姉自身が主体的に考える機会になっていると思います。

「安全のために不足しているところに対して、強みを生かして具体策を追加していく、という作業はとてもスムーズ」「こちらはほんの少しお手伝いしているだけという感覚」と岡本さんは言われています。そして、「“本人主体”“強みを生かすこと”“協働すること”“本人や家族の力を信じること”」等はソーシャルワークの考え方の基本であり、価値でもあります。「次に何をすれば良いのかをサインズ・オブ・セーフティの考え方やツールが支えてくれたと実感しました」とも語っていますが、サインズ・オブ・セーフティの枠組みをうまく活用された岡本さんのセンスが光った実践と思われます。（渡邉）

渡邉さんへのリコメント

この事例を学校から相談されたとき、サインズ・オブ・セーフティについて何も知らなかった私が、サインズ・オブ・セーフティを活用して取り組むことになるとは思ってもいませんでしたし、私に使いこなせるのだろうかと自信もありませんでした。児童相談所の勤務経験がある職員に「サインズ・オブ・セーフティを使ってみよう」とアドバイスをもらい、一緒に取り組めたことはとても心強かったです。また、子どもや保護者、セーフティ・パーソンになってくれた親族みんなが、「今の状況を何とかしていきたい」と、抱えていた問題に前向きに取り組もうとされていたことも、サインズ・オブ・セーフティ初心者の私が挑戦しやすかった理由だったと思います。また何よりも、SofS マッピング、マイ・スリー・ハウスを活用して、目の前の子どもや保護者の話しがスムーズにまとまっていき、セーフティ・プランに全員が納得して進んでいる感じをその場でつかめたことが大きかったと感じています。

出会った最初の頃の母は、一生懸命に子どものことを考えて様々な工夫や努力をされていましたが、状況が変わらず追い込まれ、疲れ切った表情で、本来の力が奪われているように感じました。セーフティ・パーソンが加わり、セーフティ・プランに組み込まれたことで、母のエンパワメントがされていったと感じます。だからこそ母は姉にオープンにしていくことができたのだと思います。何とかしたいという思いがあっても、毎週のように１回の面接に数時間かけるというのは、大変なことだったかと思います。元々この家族が持っていた力があり、上手にかみ合ってそれぞれの力が発揮できるようになった、という面を見せていただきました。

この事例は、暴力が落ち着き、セーフティ・プランの実行がうまくいったため相談は終結となりましたが、姉自身の困り感や生きづらさは続いていたように感じていました。しかし、それに対して何もできなかったことは心残りでした。ただ、AI のインタビューの機会をいただき、姉がアルバイトを継続していることを知り、悪い状態には戻っていないことが分かり少し安心しました。もし今後、この家族の中で似たような問題が起きても、誰かを悪者にするのではなく、家族としてどうなっていきたいかに向かって、力を合わせて向き合っていけるのだろうな、と感じています。

親のアイデアを活用したセーフティ・プランでは甘いので、虐待をしてしまった親には「ダメなものはダメ」とはっきり伝えて、もう二度としないと約束させるぐらいのことをした方がいいのではないですか？　そして、ペアレント・トレーニングなどの受講を義務付けた方がいいのではないでしょうか？

ペアレント・トレーニングなどの親支援プログラムは、子ども虐待の再発防止に有効なプログラムです。諸外国では司法によるカウンセリングの受講命令等もありますから、一定の強制力を背景とした受講も効果を否定するものではありません。

確かに、子育てのスキルを身につけたり、カウンセリングを受けることなど個人が変容することと子どもの安全とは、密接な関係はあります。しかし、個人が変容することと、子どもの安全は同義ではありません。ネグレクトをしていたお母さんが変容し、子どもに関心が向いたとき、そこに新たな危険が生じることはよくあります。それに個人の変化は必ずしも持続することは約束されていません。ですので、サインズ・オブ・セーフティでは、この点を明確に区別します。

また、援助者が親支援プログラムを実施していると、確かに、保護者との関係性がよくなってくるように感じるときもあります。そこで保護者との関係性を維持することが目的となって、支援の本来の目的である子どもの安全を確保するというテーマがすり替えられることがあってはいけません。地域における永続的な子どもの安全・安心の土台を作ることからブレない一貫した対話が続けられることが大切です。

当事者が自分で自分のことをなんとかできるようになることをサポートしていくスタンスは大事（だいじ）だと思います。当事者が主体者となれるためには、自分でなんとかできているときもあるという自己効力感や、ちょっとした成功の体験が重要となります。その成功の兆しを逃さず拾い、できていることを認めて言語化して返していくことが次への道筋に繋がるように思われます。また、ペアレント・トレーニングなどの親支援プログラムは、子どもの安全を創る取り組みとして行われることが必要です。さらに、当事者自身が安全づくりの取り組みの中で必要であると思って取り組むことが有効なのだと思います。子ども虐待対応における保護者支援の中心にあるものは、子どもの安全を確保するという目標に向かい、保護者の主体性が維持されるようになることを支援することに思えます。

今後の子どもの安全な生活に焦点をあてて家族と一緒に考えたこと

岡野典子
茨城県筑西児童相談所

1　概要

葉月さん（高校3年生）は家出してお父さん（養父）からの性的虐待を訴えたことから一時保護となりました。しかし、お父さんとお母さんは性的虐待を認めませんでした。そこで、虐待事実の有無については争わずに葉月さんの安全について焦点を合わせた話し合いを続け、その結果、お父さんとお母さんから、葉月さんにとって安心できて「二度と被害が疑われない生活」について提案されたことで一時保護の解除をすることができました。お父さんは、その後自ら来所して性的虐待を認めました。後日、お父さん、お母さん、葉月さんそれぞれから、児童相談所とのやり取りや、一時保護中の思いについて話を聞くことができました。

葉月さんの家族はお母さんとお父さん（養父）、5歳の異父弟です。お父さんとは小4から一緒に生活していました。

少し離れた市にある実父宅は実父方祖母もいて、小1まで葉月さんが住んでいた家でした。

ジェノグラム

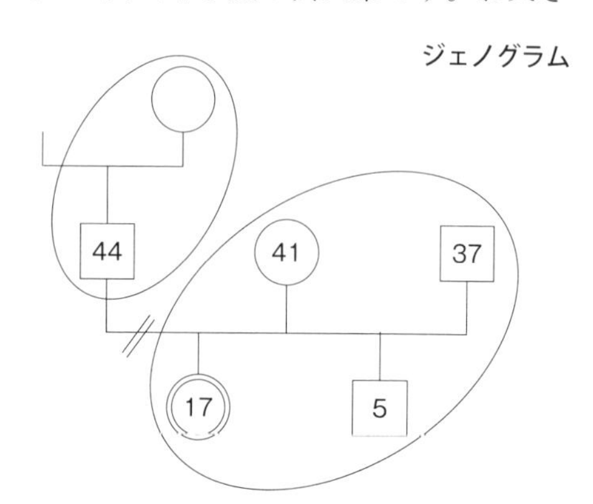

2　経過

通告の経緯

高校3年生のある日、葉月さんは実父の家に家出してきました。少し前にも、葉月さんが家出してきたことはありましたが、お母さんに電話をするとすぐにお母さんとお父さんが迎えに来て家に帰ったことがありました。今回実父は、葉月さんが「一緒に暮らしているお父さんから裸にされて体を触られるのが嫌」と話すのを聞いて、このままでは葉月さんを守り切れないと考えて警察に葉月さんを連れていき相談しました。その日、児童相談所は警察からの虐待通告で葉月さんを一時保護しました。

葉月さんの被害について

児童相談所は、被害確認面接を行い、高1のころからお父さんに裸にされたり触られたりしたことを聞きとりました。婦人科健診前の聞き取りでは性交に至っていたこともわかりました。また、お母さんに打ち明け、お父さんと3人で話し合って、もうしない約束をしたあとも繰り返されたことが話されました。

お父さんと、お母さんとの面接（1回目）

お父さんとお母さんに来所してもらい、まずはこちらから決めつけることなく、これまでのことについて良く話を聞かせてもらうことにしました。

来所してくれたことをねぎらい、一時保護の経緯を話したのち、個別に話を聞きました。お父さんもお母さんも警察から話を聞いていたこともあり落ち着いて穏やかな様子でした。

お父さんは面接で、性的接触について「思い当たることはなく、家出の前日も葉月にテスト前の勉強を教えていた」と話し、家族でよく遊びに出かけていた話もしていました。同居前の小4のころは不登校だった葉月さんに勉強を教えて学校に行けるようになった話も聞けました。また、性的虐待はしていないが、インターネットで調べて最近の児童相談所は子どもが父から性的虐待されたとの話をすれば父のいない環境が整わないと帰さないと知ったこと、必要ならば自分が別のところに住むので、母子は一緒に生活させたいことが話されました。

お母さんとの面接でも、お母さんは、お父さんからの性的接触については、「え？という感じ」で聞いていないこと、「楽しい話はよくするけど、心配な話はあまりしなかった」と言いました。お母さんの話を、紙を横長にして三分割したSofSマッピングに書き込みながら（マッピングしながら）聞きました。「－（マイナス）」の欄には、「葉月が父から性的接触を受けたと実の父に話した」「葉月は母には心配な話はしない」「葉月は勉強のことで悩んでいた様子があった」「前にもテスト前に家出をした」ことを書き、「＋（プラス）」の欄には、「長い休みには家族旅行に行く仲の良い家族」「父はよく葉月の勉強をみていた」ことなどを書き込みました。「これからの希望」の欄には、「いつになっても仲良く笑っていたい」「（葉月の話は）嘘だと信じたいが本当の話なら父と別れても葉月と暮らしたい」というお母さんの言葉を書きました。SofSマッピングをお母さんに見せて確認してもらい、葉月さんに見せて伝えたいと話しました。お母さんは少し考えて「大丈夫です」と言いました。

葉月さんとの面接

葉月さんは、真面目でしっかりした印象の高校生でした。

葉月さんに両親が話したことを伝え、お母さんと作ったSofSマッピングを見せました。葉月さんはそれを見て「母にはあんなに相談したのに」としばらく泣いていました。翌日は、「父と母が本当のことを言わなかったことがショックだった」と話しながらも落ち着いていました。葉月さんの話もSofSマッピングで伝えたいと提案するとすんなり応じて自分で書いてくれました。

「うまくいっていたこと」の欄には、「父が今の高校を受験することを勧めてくれて、やりたいことをできるだけさせてくれたこと」「キャンプとか外食とか、毎月家族の楽しみがあったこと」「学校でクラスの女子と話して楽しいこと」が書かれました。「あのこと（性的虐待）以外は家のことで嫌なことはあまりなかった」と静かに話していました。

「困っていたこと、嫌だったこと」の欄には、「父が（恋愛感情で）『好き』

と言ってくること」「キスとか抱きたいとか、言ってきて実際にしてきたこと」「夫婦げんかのこと」などが書かれました。

「これからの願い」の欄には、「実父の家から高校に通いたい」「父と母、弟の3人で普通に暮らしてほしい」と書きました。「もし父が家を出て母や弟だけと暮らしても、いつ父が来るかと心配しながら暮らすことになり安心できない」と話していました。

所内での話合い

お父さんとお母さん、葉月さんの話は、うまくいっている話はおおむね一致していましたが、虐待に関するところでは全く異なっていました。何が本当かの言い争いで保護を長引かせることは葉月さんのためにならないと考え、関係した職員で話し合って、「今のままの家に戻れば葉月さんにどのようなことが起きると考えるのか」説明できるようA4一枚の書面にしました。

「児童相談所が心配していること」と題された紙は、まずは親子双方の一致していた良い話から始めました。そして、「双方の話が一致しない点もありました」として、葉月さんから聞いた、お父さんからの性被害の内容やお母さんも含めての話し合いがあった話、お父さんから聞いた「性的接触はなかった」という話、お母さんから聞いた「葉月から相談されていなかった」という話を並列に書きました。その上で、「葉月さんの話は重篤な内容なので」と前置きして、葉月さんの話から考えると「お母さんに相談してお父さんと3人で話し合っても結局同じようなことが繰り返されたことから、同じ家に戻ったり，お父さんと会うようになれば，また葉月さんがお父さんから性的な被害を受けて心身に深い傷を受けたり，たとえやさしくされたとしても，被害にあうのではないかと不安になりながら生活すること」になり、また家出を繰り返すことで「○○という将来の夢に向かっての高校生活が滞ること」が心配されると書きました。お父さんとお母さんの話が本当だったとしても、親子関係の悪化は深刻で家出を繰り返すことになる心配は同じだと考えられました。

お父さん、お母さんとの面接（2回目）

今回は両親一緒に面接をしました。葉月さんがお母さんのSofSマッピングを見て「相談したのに」と泣いていたことを伝え、葉月さんの書いたSofSマッピングを見てもらいながら葉月さんの話を伝えました。両親はじっと紙を見入って聞き、家族の良い思い出の話には笑顔も見せて頷いていました。

それから、「児童相談所が心配していること」の紙を渡し、言葉を補いながら読んで伝えました。お父さんとお母さんの話が本当だったとした場合については書面では触れられなかったので、考えたことを次のように伝えました。「お父さんがこれまで葉月さんのことを親身に育ててきたことは両方の話からよくわかります。それなのに葉月さんからこんな嘘の申し立てをされたのだとすると、こうして静かに話をしているお父さんの心の中は、はらわたが煮えくり返るほどの思いなのではないでしょうか」と前置きしたうえで、「理由はわかりませんが相当親子関係が破たんしていると考えられるし、やはり家出を繰り返すことになるでしょう」と話しました。

お父さんは、「自分が出ていってもよい」と言い、お母さんは「葉月と暮らしたい」と言いましたが、もしもお父さんが別居したとしても、お母さんや弟はお父さんと接触することになり、そのたびに葉月さんが安心できないこと、新しい生活は葉月さんが安心できるようにお父さん・お母さんと親族で考えてほしいことを伝えました。

しばらく考えて、お父さんは葉月さんの意思を尊重して実父宅に預けられないか相談すると答えました。また、「よく一緒に行っていた自分や妻の実家にはどう説明したらよいか、葉月に聞いてほしい」という話があり、了承しました。

両親が帰ったのち、実父さんから電話がありました。実父宅にお母さんから電話があり、「葉月を引き取ってほしい」と言われて了解したということでした。

葉月さんの思い

一時保護所の葉月さんにも、「児童相談所が心配していること」の紙を見せて、両親と話したことを伝えました。「やっぱり自分のやったことを否定しているんだ」「ムカつく」とまた泣いていました。

実父宅に行くにあたり、これまでの経緯を知ってほしい人について聞くと、実父と実父方祖母の他、養父方祖父母があげられました。「養父方祖父母には本当の孫のようにかわいがってもらい感謝しており、祖父母が嫌で離れるのではないことをわかってもらいたいから本当のことを知らせたいが、父が言いたくないなら別にいい」と話していました。「母方祖父母には、母や弟が行きにくくなるなら言わなくてよいが、父がしたことが原因なので父が自分で考えればいい」と話していました。

今後の生活のルールを考えてもらうと、「父とは会わない、電話やメールなど連絡先は教えない。偶然会っても挨拶のみで立ち止まらないルールにしたい。母と会うのも実父と相談して決める」ということでした。

葉月さんには、「お父さんがしたことは犯罪で葉月さんには訴える権利がある」ことを伝え、法的な手続きや裁判などの説明をしました。葉月さんはお父さんに捕まってほしいとは思わず、訴えたくないとのことでした。「断れなかった自分にも10のうち2くらいは責任があると思っている」と言うので「子どもの立場で断れなくて当たり前だから子どもの責任は0で、葉月さんは何も悪くない」と話しました。児童相談所は警察に話さなくてはならないが、葉月さん自身がどうするかは自分で決められるし、時効までは後から訴えたいと思ったら訴えることができることを伝えました。

お父さん、お母さんとの面接（3回目）

お父さんとお母さんには、担当福祉司が実父宅に訪問し、「児童相談所が心配していること」の紙を実父と実父方祖母に見せて説明したことを話しました。また、養父方、母方の実家への説明に関して葉月さんの考えを伝えました。二人とも目に涙を浮かべて聞き、考え込んでいました。

今後の生活のルールについては、所内で「重篤なケースなのだから児童福祉法で定められた訓戒誓約を行い、誓約書にして署名してもらうべき」との意見があり、サインズ・オブ・セーフティでは違和感がありますが「誓約書」を取ることになっていました。18歳になれば児童福祉法も届かないし、誓約書で押し付けられたと思われては、結局児相の目の届かないところでは守られなくなることは心配でした。そこで、まずは今後の生活のルールについて、両親が考えたことを聞き、相談の中で誓約書の言葉を直して一緒に作ることを考え、十分安全なルールになっていれば、実父宅で生活することで一時保護を解除することにしました。

今後についてお父さんからは、「自分から葉月に会いたいとは言わない。無理に会わないほうがよい。葉月の意志を尊重したい」と、母から「いずれ葉月が良ければ葉月と交流がもてたらよい」との話がありました。用意した「誓約書」を見てもらい意見を聞くと「考えてきたことと同じなので」とそのまま署名をしてくれました。一時保護解除の日程を伝えて、玄関まで見送りました。

本当のことを話したい

それから3時間くらい後のことでした。「聞いてほしいことがある」と両親が戻ってきました。お父さんから「葉月の言っていたことは全て本当のことです」と話があり、お父さんもお母さんも涙ぐみながら、逮捕されると母子の生活はどうなるかと考えて言えなかったこと、面接後帰宅したが落ち着かず、周辺を車で走り回りながら打ち明ける決心をしたと話し「葉月に本当に申し訳ないことをしました」とうなだれていました。

数日後、葉月さんが一時保護所から実父宅に移る前にお父さんから電話がありました。両親は、養父方実家と母方実家に行き、頭を下げて本当のことを話し、実父宅にも出向いて謝罪したとのことでした。

その後

一時保護を解除したのち、児童相談所は一連のことを警察に伝え、告発の準備をしましたが、警察からは、「葉月さんに話を聞いたが『被害はなかった』と言うので事件化できない」という報告がありました。

葉月さんの実父宅での生活は続き、18歳となって児童相談所の関わりは終了しました。

私は、普段から自分たちの援助が当事者である子どもや家族にとっては実際どうだったのか、なるべく聞くようにしています。聞かせてもらえればその率直な意見を今後に活かしていこうと考えるからです。

18歳を超えてしばらくののち、すっかり「元の木阿弥」みたいになっていたらどうしよう、でもきっと大丈夫などとドキドキしながら実父宅に電話をすると、葉月さんはそこで元気で生活しており話をすることができました。遠くなった高校は結局中退しましたが、勉強して高卒資格認定に合格しました。実父と一緒にお母さんや弟、お父さんと会って話したこと、葉月さんからお母さんにLINEで連絡しお母さんが作っていた料理の作り方を聞いたり、運転免許のことなど相談していること、約束通り、お父さんの方から連絡がくることはないことが聞けました。また、お父さん、お母さんにも話を聞くことができました。

3　葉月さん、お母さん、お父さんへのAI

葉月さんへのインタビュー

[自分で決心して家を出た時にこうなりたいと思っていた生活を10として、まったく元のままというのを0としたら、今はどのくらいですか？]

「9とか10に近いくらいの生活ですね」

[そうなっているのは、葉月さんの持っている力によるところが大きいと思うけど、もし児童相談所がやったことでこれは役に立ったということがあったら教えてもらえますか？]

「間に立って約束事を決めてくれたことですかね。一人じゃできないので」

[『間に立って』と言ってくれたけど、例えばどんな風なこと？]

「保護所で一緒だった他の子で、担当の人が親の言っていることばかり信じているとか、逆に子どもの言っていることが正しくて親が間違っていると言われたと言う子がいたけど、どちらかを否定すれば、どちらかに加担することになると思う。でも、岡野さんたちはお父さんが“やったのを否定している”ことも否定しないで、私が言っていたことを正しい、ではなくて、意見が食い違っていても、どっちの意見も考えてくれていた。どっちかに加担するより、公平な立場で話を聞いてくれるのがいいと思うから」

[『公平な立場で話を聞く』ということのどんなところが良いの？]
「お父さんたちのことは、嫌なことはあっても敵じゃないので。向こうは敵だという考えで話を進めるのが嫌だと思うので。あの出来事は嫌だったけど、お父さんのことを100％悪いと思っているわけじゃないので」
[前に一時保護所で話した時に、あの出来事（性的虐待）が起きたことに関しては、『自分にも責任があると思ってしまう』って言っていたけど、今はどんな風に思っていますか？]
「出来事については、私は悪くないと思っているかな。ただ、お父さん全部を否定したいわけではないので」
[そうね。自分は悪くないと思えていて良かったです。それから、児童相談所がお父さん、お母さんとあなたから聞いたこと、何を心配しているか書いた紙を見せたけど、そのことはどんな風に思っていた？]
「その時、お父さんが思っていることがわかるので良かったと思います」
[お母さんとの面接でお母さんの話を書いたSofSマッピングを見せたことについては？]
「お母さんが何を思っているかわかったので良かった」
[あなたの話も三つに分けて、これは自分で書いてくれたけどどうでしたか？]
「自分の字で書いたので、思っていることが伝わればいいなと思っていました」

お母さんへのインタビュー

[あのころはいろいろと大変な思いをされていたかと思いますが、もしも児童相談所がしたことでお役に立てたことがあるとしたらどんなことがありますか？]
「一時保護中からその後もしばらくは眠れない日が続いていました。良かったのは保護中葉月に会えなかったので、葉月から必要なものを聞いてくれて渡してくれたことかな」
[お伝えしたらすぐに届けてくださいましたよね。お母さんとの面接で話したことをSofSマッピングに書いて写しをお渡ししたことはいかがでしたか？]
「あの頃は一杯一杯になっていて、帰ってから自分が話したこともわからなくなってしまうことがあったんですけど、夫にも見せながら面接のことを

伝えられたのは良かったです」

［『児童相談所の心配していること』を書面でお渡ししたことは、どんなことは良かったですか？　変えたほうが良いことはありましたか？］

「あれも紙を見て、夫婦で話し合うことができました。『あれどうだったっけ？』とならないのが良かったです。気持ちが一杯になって、どう言われたか覚えていないこともあるんですけど、紙を見れば、こう言っていたんだというのがわかりますから」

［葉月さんの書いた SofS マッピングについてはどんな風に思われましたか？］

「『ああ、やっぱりこう思ってくれていたのだな』と嬉しかったり、この言葉はどういう意味だろうと考えさせられたりしました。会えなくてわからないから、書いたもので伝えてもらえたのが良かったですね。本人が自分の字で書いたものなので自分の気持ちが出ていると思いました」

［本当のことを打ち明けるのに役立ったことがあるとしたらどんなことですか？］

「葉月とのやり取りの間をしてくれたこと。葉月に嘘をつき続けて余計苦しめているように感じるようになりました」

［もっとこうしてくれたら良かったということはありますか？］

「一時保護所の中での様子をもっと知りたかったです。どんな生活をしているとか細かく。3週間はとても長く感じていました」

お父さんへのインタビュー

［葉月さんに電話をしたら元気に安心して生活できていました。葉月さんが保護前にこうなったらよいと思っていた生活がほぼできている、と話してくれました。そうなったのはもちろん葉月さんやご家族の力だと思いますが、児童相談所がその中でお役に立てたことがあるとしたら、どんなことが役に立ったと思いますか？］

「児相の関わりはとても良かったです。ああいう状況になると、そうなった人にしかわからないことがあります。ものすごく不安だった。その中で、とても有り難いと思ったのは、子ども、親どちらのことも信用してくれて、『信用』って言うと少し当てはまらないようにも思うけど、話しやすいような環境を作ってくれたことです。疑われているというのは十分わかってるんですよ。でも、そこで、なぜこんなに丁寧に聞いてくれるのだろうということがありました。そうだと決めつけて出てくる方がすべてだったら、本当のことを話さなかったと思います。なので助かった。自分で変わろうと思えるようになったと思います」

［葉月さんとの交流は今どのようになっているのですか？］

「葉月の新しい携帯の番号もあえて聞かないでいます。でも葉月が私のを登録したらしくLINEが友達追加になっていたんですが、向こうから連絡がくるわけではないので、こちらからはしないでいます。最近、母親に連絡してきてたまに遊びに来るようになりました。一緒に家族で外食したりする時は普通に話をします」

［こちらから連絡しないのを続けているのは、どんなことがあるからですか？］

「どうしてというのはなかなか難しいけど、信頼してもらえるように。こちらから連絡を取ろうとしないほうが葉月も安心できるだろうし、親として葉月が幸せになってくれればいいと思うから」

［児童相談所の心配を紙に書いてお渡ししたことで、どんなことは良かったと思っていますか？　変えた方がいいことはありましたか？］

「良かったと思う。あれがあることで、客観的に自分のしたことを受け入れなければならない。気持ちは複雑でした。認めたくない自分と、いろんな自分がいて、葛藤することのひとつになりました」

［葉月さんが書いたSofSマッピングをお見せしたことはどんな意味がありましたか？］

「あれはすごく良かった。葉月の本当の気持ちがわかるから。葉月の字で書いてある。葉月の置かれた状況で書かざるを得なくて書いたということも考えられるけど、そうじゃないことは、あれは三つに分けて書いてあって、楽しかったこと、嫌だったこと、これからこうしてほしいこと、全部スッと入ってきたからわかる。一つひとつで気持ちが伝わってきました」

［最後の日に、戻ってきて打ち明けようと思えたのはどんなことがあったからですか？］

「葉月の話も岡野さんが、淡々と冷静に事実を客観的に伝えてくれて、考えることができました。こう言ってくれたことがあったのを覚えています。

『もし葉月の話が嘘だったとしたら、お父さんはどんなに、はらわた煮えくり返る気持ちだろう』って。それが一番心にかかった。何でこんなに冷静に客観的に話してくれる方に私は嘘をつかなくてはならないのだろうと。私たち家族は本当に楽しくやってきた。三つに分けた“楽しかったこと”にも書いてあって、葉月が『家族で楽しかったことがあった』と言っていたと聞いて、やっぱりそう思ってくれていたのだとわかりました。最後の面接の後、戻って言えたのは、『これで最後になっちゃう。言わなくては葉月を嘘つきにしてしまう。捕まってもいいから。このままでは葉月と一生連絡取れなくなるかもしれない』と思ったからです。葉月の気持ちを教えてもらったことで、自分で覚悟を決めました。岡野さんから、葉月が私のことを『ムカつく』と言っていたと聞いて、『ああ、葉月そういうこと言うな』と思いました。あとで、葉月から聞いて、嘘じゃなかった。子どもが保護所でこう言っていますよ、ということを伝えて、職員が勝手に言っていることではないか、と思う親は多いと思います。でも、葉月の話として伝えられた話がすごくリアルで、例えば、葉月が事実を私の実家には言いたいとこんな風に話していたというのも、葉月ならそう言いそうだというのがリアルでスッと入ってきたんです。裏切ったことを償わないといけないと思うようになりました」

[児童相談所がもう少しこうだったら、ということはありますか？]

「（やったことを）認めて捕まったらどうしようと過剰に反応する人もいるだろうけど、葉月がこれからどういう風になって、どうなっていくのか、自分たちがどうなっていくのか、わからないことが歯がゆかったですね。児童相談所には当たり前のことでも、不安で仕方なかった。それを取り除いてくれたら、もっと早く打ち明けられたかもしれない。でも、悩むべきだと思うし、悩んで当然のことをしてきたわけだから、仕方のないことと思います」

[誓約書にサインをしてもらった時、どんな風に感じていましたか？]

「あれは本当に苦しいけど、自分でけじめをつけることにはなった。たかが紙と思うかもしれないけど、心が張り裂ける気持ちでサインしました」

[誓約書がなかったら、どんなことは違っていましたか？]

「なかったとしても葉月に連絡をしなかったと思う。もともとそうすると考えていたから。どうしたら葉月にとっていいのかと考えていた」

［児童相談所は警察に経過を言わなくてはならなかったですし、葉月さんには『訴える権利はあるが自分で決められる』と話しておきました。そのことについてはどう思っていますか？］

「インターネットでいろいろ見て悩みました。覚悟はしたのに、何で悩んでいるんだろうと。捕まっても良かったんじゃないの？と思ったり、捕まりたくない気持ちもあって……。葉月から訴える権利がある話をされていることは聞いていたので、わかっています」

4　まとめ

インタビューを振り返り、それぞれの話から知ることができたのは、一時保護されたという不安のなかでは、言葉だけのやり取りではなく、見える形になっているもの（SofSマッピングや児童相談所が心配していること（DS）が書かれた紙など）が、親・子・児相それぞれの考えを伝わりやすくし、面接後も考え続けることに役立つということでした。

また、お父さんの話から、親子の話が食い違ってもどちらが嘘と決めつけないこと、双方の話それぞれから子どもに起きると予測されることを「冷静に客観的に」考えて伝えることが、子どもの安心と安全を考えてもらうことにつながるのだとわかりました。同様のことを葉月さんが「公平な立場で話を聞く」という言葉で、子どもの立場からも大事だと話してくれたことは大変な驚きでした。今後も心に刻んでいこうと思いました。

年月がたち、今回執筆の許可をもらうために葉月さんや実父さん、お父さん、お母さんと話をすることができました。

大人になった葉月さんは、あの当時目指していた職業につながる仕事をしながら実父の家で生活していました。一時保護所にいたころはトラウマ症状が心配されていましたが、その後は精神的にも安定した生活が送れていたようです。今は忙しい仕事のようですが、やりがいを持って働き、休日には友人たちと遊ぶ充実した毎日を過ごしていました。出来上がったこの原稿は、お父さん、お母さん、葉月さんに読んでもらっています。葉月さんが当時を思い出すことで不調になることを心配しましたが、大丈夫だったとのことで安心しました。

そして、お父さんは相変わらず自分から葉月さんに連絡をとらないことを続けていました。でも時には葉月さんからお母さんに連絡がきて、お母さんやお父さんとも程よい距離でつながりを保ち、また、すべてを知っている養父方祖父母や母方祖父母とも葉月さんは交流を持つことができているようでした。子どものためにと家族が親族と一緒に決めたことは児童福祉法の範囲を超えて続くのだと教えられました。

岡野さんの実践へのコメント

家庭内で起きていた深刻な性的虐待事案でありながら、子どもとの面接数回、家族との面接3回というミニマムな接触かつ短期間で優れた結果を出した実践でした。「二度と同じ危害に遭わない仕組みを実現させる」という「セーフティ」については絶対に妥協しない。それでいて「子どもと家族をケースワークの中心に据える」という点において、基本に忠実な実践を報告してくださったと思います。

なぜ短期で最小限度の面接で結果を出せたのか。それは家族や子どもとの面接が変化を生成するものだったからのはずです。家族との初回面接をSofSマッピングで行ったことは、過去から今までの家庭生活のネガティブな面もポジティブな面も、また未来に投影される家族の思い、希望も言語化し、見える化した面接過程として親の記憶にも記録にも残りました。SofSマッピングの記録があったので、援助者の記憶と口を経ずに親と子どもがお互いの気持ちを知ることができました。そこに書かれた文字や言葉は、親もしくは子どものそのままの言葉ですから、相手の心に訴える力、相手を揺さぶる力があります。が、そこにSofSマッピングを扱う援助者の非審判的な態度、理解的な問いを重ねる力量があってこそ、間に入る専門家がノイズにならず、親と子どもの相互的な作用を促進できていたのだと思います。

また、所内のカンファレンスにおいてもサインズ・オブ・セーフティの土台をしっかりさせるところに重点があり、非常に的を射た協議が行われていたと思います。援助の過程でDSとSGが非常に明確に示されていました。これを深く共感に根差したコンテキストのなかで伝達されるように面接の準備を行い、面接に臨んだことが、家族に大きな変化を生みました。結果的に性的虐待という家庭の中の秘密が家族自らの働きによって解除され、子どもと家族が考えたセーフティ・プランが素早く実行に移され、その実効性の確実さを援助機関に示すことができたのだと思いました。

機能不全に陥っていた家庭のなかのコミュニケーション・プロセスに専門家が介入するということは、必ずしも間に入った援助者が伝書鳩のような役割を担ったり、あるいは説諭することではなく、単純に今までと異なるインプットがされ、結果的に今までと違うアウトプットが生じるということがわかりました。こうして今までと違う軌道を辿り始めたコミュニケーション・プロセスの邪魔をしないことこそが、早い変化を結果したのだと思います。「ミニマリストであって結果を出す」ということは、こういうことなんだと理解が深まりました。単に真相解明にこだわらなかった分、時間短縮したというだけの話ではありません。

優れた実践を解説するのは、実は容易ではありません。優れた実践を可能にした様々な要素は、それらがあざなう縄のようにしてあるからです。ブリーフ・セラピーの美学の観点からコメントをしましたが、他にもセーフティに妥協しないシンプル思考で最初から最後まで援助を行えるよう、現場側で大事にしていることは何ですか？（菱川）

菱川さんへのリコメント

「二度と同じ危害に遭わない仕組みを実現させる」という「セーフティ」について妥協せずにできていたとすれば、これはチームワーク、つまりできるだけ複数で面接し、大事な場面では関わっている職員皆で集まって考えるということがあったからではないでしょうか。

両親から「養父が別居するので葉月を帰してほしい」という提案が初回面接でなされたわけで、“虐待者”と分離すればそれでよいというだけならそこで妥協することもできたかもしれません。しかし、暫定的に書かれたデンジャー・ステイトメントを所内のカンファレンスで検討し、それぞれの視点から言葉を加え、そぎ落とし、出来上がった文章を読んだ時、これまでと同じシステムのままなら、つまり「葉月さんを守る人がお父さんとつながりのあるお母さんだけ」なのでは同じことになる可能性があり、葉月さん自身も安心できないだろうということが、どうしても浮かび上がってきてしまったのです。

ここで、一時保護解除の条件のようにして、「葉月さんを実父宅に」と解決策を押し付けるのは簡単ですが、表面上は合意してもすぐに元通りになってしまうかもしれません。もし家族と対立すれば、家庭裁判所に承認をもらっても施設に入所させることしかできません。

ここは、どうすれば子どもと家族に「セーフティ」について考えてもらえるかです。

私たちは葉月さんに、「私たちが知ったことはきちんと伝えるので、よく考えて自分の考えや気持ちを教えて欲しい」と頼み、両親が虐待を否定しているのを聞くのは辛いだろうと思いましたが伝えました。その時、お母さんと作成したSofSマッピングは、私たちのフィルターを通さずに冷静に事実を伝え、考えてもらう助けになったと思います。

セーフティ・ゴールでは、「どこで誰と」のような中身を考える第一責任者は両親だ、と自分たちに言い聞かせ、大きな枠組みを示すだけにしました。あとは、葉月さん自身の願いを誠実に、お父さんの言うところの「リアルに」伝え、「葉月が望むように高校を卒業して○○を目指してほしい」という両親の願いをかなえるために何が一番いいのか、両親を「子どものために考えることのできる人たち」として尊重して待つだけでした。

サインズ・オブ・セーフティ・アプローチは「問題の不在」が目標ではないと聞きました。「虐待がなくなる」ということはとても大切に思いますが、どういうことですか？

☞ 「怒鳴らない」「叩かない」という「〜しない」という否定形で表現することを「問題の不在」と言い、問題がなくなるということを目指すことです。援助者が家族と子ども虐待事案の「解決」について話すときは、「問題の不在」ではなく、「代わりに何が起きているところ（解決像）」を私たちは見たいのかと考えます。例えば、「母が子を叩かない」という記述は、問題の不在による発想です。また、「ゴミ屋敷」といわれる状況の問題を解決しようとしたとき、私たちはどうしたら家の中を整理整頓されて清潔な状態にできるかを考えると思います。解決像で考えるときはさらに「子どもの髪の毛がサラサラで、学校に来たときに友達が『〇〇ちゃん』と言って側に寄ってくることになっているところを見られること……」と問題が無くなったときの到達点を見えるような形としてイメージし、肯定的な表現で書き出します。目標が生き生きと語られると、それが現実となる方向性が明確になります。目標に向かっていくための小さな一歩はどんなことか、今とは何が違ってくるか、その目標に進んでいると思えるためには何が起きる必要があるか、援助者は当事者から教えてもらい、当事者の持つ潜在的な力を見つけていきます。問題が起きるメカニズムを理解できないとしても、解決しているイメージは描けるので、そこに向けて一歩ずつ、代わりに何をどうしているかを、目標に向けてのステップをのぼっていくのです。実際、メカニズムがわかったとしても必ずしもそのことを取り除くことは容易ではありません。否定形での表現はすぐにできるかもしれませんが、肯定形で表現できるようになるには、練習が必要です。馴染みの発想からの転換には時間がかかるかもしれませんが、少しずつでも視点の変容に向けてトレーニングを積んでいきましょう。

第3章

サインズ・オブ・セーフティ・アプローチのスタートアップ

サインズ・オブ・セーフティに関心を持つ人は年々増えています。日本子ども虐待防止学会での分科会は毎年盛況で、加藤（2014）の調査では、全国の児童相談所の 26.0％はサインズ・オブ・セーフティを取り入れていると回答しています。

ただ、この数字については「その際の導入とは『何らかの形』であり、概ねサインズ・オブ・セーフティのツール等を部分的に導入しているものと推察される」（鈴木、2015）と言われており、マイ・スリー・ハウスやセーフティ・ハウス、SofS マッピングなどのツールだけ使っているということも多いようです。また「家に帰せそうなケースはサインズ・オブ・セーフティで、そうでないケースはいつものやり方で」という組織もあると聞きます。本来、サインズ・オブ・セーフティは部分的な使い方では十分な効果を上げることが難しいにも関わらずです。何が課題になっているのでしょうか？　一つ浮かび上がってくるのは、サインズ・オブ・セーフティに関心はあって、期待もしているけれども、「自分の実践の柱にしてやり抜くことは難しい」と感じていたり、「いつでもどんなケースにも使うのにはまだ不安がある」という人たちの姿です。

そこで、この第３章では、少し先を行く実践者たちの足取りをヒントに、サインズ・オブ・セーフティを自分たちの実践の柱としていくためのステップを示していきたいと思います。また、組織的にサインズ・オブ・セーフティを導入しているさいたま市児童相談所の取り組みを紹介し、組織的に導入するとどんな仕事ができるようになっていくのか紹介していきたいと思います。

サインズ・オブ・セーフティの実践を柱にするためのガイド

足利安武
東京都児童相談センター

サインズ・オブ・セーフティを実践の柱にするためには、現場からのベクトル（ボトムアップ）と組織からのベクトル（トップダウン）という２つの方向性の力が必要になります。そこで、最初に「1. サインズ・オブ・セーフティをはじめてみる」として、実際に現場の人が取り組み始める時にどんなことからスタートしていけばいいのかを紹介していきたいと思います。次に、「2. 組織的導入に向けて」で、組織の中でどう定着させスタンダードにしていくか、その時、組織としての力をどのように活用していくかを紹介していきたいと思います。

1　サインズ・オブ・セーフティをはじめてみる

とりあえず何をするか

◉第一歩は人を巻き込むところから

もし、サインズ・オブ・セーフティに関心をもったのが、組織の中で自分一人だけなら、まずは自分の組織の中に学びの旅を一緒に歩む仲間が必要です。サインズ・オブ・セーフティは一人ではできません。サインズ・オブ・セーフティはソーシャルネットワークを動員する＝人の助けを借りるアプローチですから、その実践を行おうとする私たちも、あつかましく人を巻き込んで仲間を作ります。できれば新しいものを取り入れることに積極的で前向きな人とチームを作っていけると、旅が楽しくなります。

そして、その人たちと小さな勉強会を開催します。今は組織的にサインズ・オブ・セーフティを取り入れているところも、だいたい最初は少人数の勉強会から始まっています。小さくても議論しサポートし合う関係があることが、サインズ・オブ・セーフティの実践を支える基礎になります。

◉勉強会をデザインする

勉強会はどんな風にしましょうか？　まずはこの本をテキストにしてみてもいいでしょうし、以前どこかでサインズ・オブ・セーフティの研修を受けたことがあればその伝達研修を行うのも良いでしょう。もし、講師を呼んで学んでみようと思うのであれば、サインズ・オブ・セーフティの認定トレーナーに基礎研修を依頼することができます。

◉目指すところのクリアなイメージを持つ

サインズ・オブ・セーフティとは一言で言うと、何を目指している支援手法なのでしょうか？　サインズ・オブ・セーフティで言う「セーフティ」とは何と定義されていたでしょうか？

サインズ・オブ・セーフティの言う「セーフティ」とは「家族とソーシャルネットワークの人たちのストレングスが子どもを守るという形で示され、それがある一定期間続くことが示された状態」です。そして、ここを目指していくための構造とステップの一連の体系がサインズ・オブ・セーフティです。この「セーフティ」を目指しているとチームで共有することが習熟の最短ルートです。しかし、ここを目指すことが、「確かに子どものためになっている」と腑に落ちるまでの時間には、個人差があるかもしれませんが、実際にサインズ・オブ・セーフティの取り組みによって安全を守った実践例とそうした支援を受けた家族や子どもからのフィードバックをセットで聞く機会を設けていくことで、「確かに子どものためになっている」とチームで実感しやすくなります（第2章の事例も参照）。

◉「良い実践（good practice）の報告」をしよう

サインズ・オブ・セーフティはチャレンジしてみることを大切にします。そのため、勉強会では、「サインズ・オブ・セーフティを取り入れてみた実践」をお互いに報告します。この時、報告者が「良かった」とか「うまくいった」と思っている実践を報告するので、この報告のことを「良い実践（good practice）の報告」と呼んでいます。「良い実践」とつくからと言って、素晴らしい実践でなくてはならないと思う必要はありません。"ほんの少し"でも、良かったと思えるもので十分です。

なぜ、「良い実践」に焦点を当てるのか。それは、成功のヒントはうまくいっているものの中に潜んでいるからです。参加者はそうした実践から、自分たちの実践をブラッシュアップするヒントを得ることができます。また、児童虐待対応は往々にしてネガティブなことに話題が集中しがちです。何が正解か分からない中で、その不安はケース検討の際の厳しい言葉になって表れたり、何をしてもうまくいかないという悲観論に支配されてしまったりします。支援する対象であるはずの家族を蔑んでしまうことさえ、しばしば起こります。しかし「良い実践」に焦点が当たると、そうした重苦しい空気が取り除かれ、厳しい状況の中に希望を見出すことができるようになります。

また、「良い実践」には必ずそこに至る報告者のストレングス（強み）があります。それは、仕事に対する真摯な姿勢であったり、綿密な準備であったり、サポートする仲間への信頼であったりします。「良い実践」を窓口にそうしたストレングス（強み）に触れることが、仲間への信頼を深め、自身が良い実践をするエネルギーにもなっていきます。このように、良い実践をお互いに報告することで、チームに良循環を生み出していくことができます。

◉チーム内で「理解的な問いかけ（Appreciative Inquiry：AI）」をする

サインズ・オブ・セーフティではAIをすることが非常に大切にされています。AIでは、良いところを認識し、新しい可能性を見出すために質問を重ねていきます。例えば、「どんな工夫がその実践を支えたの？」「もし、ここにその子がいるとしたらどんなことが一番役に立ったって言ってくれそうかな？」などです。形式ばる必要はありません。あるワーカーは訪問に行った帰りの車の中で、お互いにAIをやっていました。上司が部下と話をする時にAIを意識している人もいます。AIに慣れるために職員がリレー方式でAIを録画していき、研修の度に参加者とシェアしたところもあります。援助方針会議で管理職がそのワーカーの良い仕事に焦点を当てて、簡単なAIをしているところもあります。AIでなされる問いかけは、深く考えていくことを誘うにも関わらず、責められているとは感じられず、むしろ質問を受けた側はサポートされていると感じるので、チームは元気になり、「より良い支援をしていこう」という雰囲気が組織の風土となっていきます。最初は難しいとか気恥ずかしいとか感じられるかもしれませんが、ちょっとした時間で、気軽に楽しみながらやっていくのがいいようです。

◉外の人とつながりを作る

自分の組織の外の仲間を作ることはとても大切です。その理由の一つは、ガラパゴス化を防ぐためです。これは残念な話ですが、サインズ・オブ・セーフティを取り入れていると思っていても、実は根本的な考え方がずれてしまっていて、サインズ・オブ・セーフティとは呼べないものになってしまっていることもあります。実践しながら理解が進んでいくものでもあり、定期的に自分たちの考えがズレていないかを確かめていく必要があります。

もう１つの理由は、支えになってもらえるということです。組織に導入したいと思っていても停滞してしまうこともままあり、不安になることもよくあります。そうした時に、外の実践者と繋がることで自分のスタンスを保つことができたり、具体的な取り組みを相談して解決の糸口を見出すこともできます。

つながりは自主勉強会を開催している人たちのところに顔を出したり、オープンな研修に参加したり、学会の分科会に参加したりすることで作ることができますし、自分たちの勉強会に実践者を招いて交流することもできます。また、サインズ・オブ・セーフティの認定トレーナーと研修などでつながりがあれば、日常のちょっとした疑問も気軽に聞くことができます。

サインズ・オブ・セーフティで準備する

実践してみると言ってもいきなりケースの面接で使うのは怖い、という人も多いと思います。なので、まずは面接に入る前の準備としてできることについて述べていきます。

◉ケースを整理してみる

自分が今、気になっているケースを一つ選んで、情報の整理（マッピング）を行ってみます。また、チームのメンバーにファシリテートしてもらいながら、整理することも役に立ちます。

情報を整理してみると、ポジティブな情報が極端に少なかったり、そもそも家族や子どもたちがどういうことを望んでいるのか聞いていなかったりすることに気がつくことがよくあります。これは、虐待対応が深刻なマイナスの情報から始まるために、どうしてもマイナスに情報が偏りやすいことや、「指導に従わせる」という重圧から当事者の願いを聞けなくなってしまうことから起こります。改めて情報を整理することで、情報量のアンバランスさに気づくことができ、事態打開の糸口を見つけることができます。

◉とりあえず、「ハーム・ステイトメント」「デンジャー・ステイトメント」「セーフティ・ゴール」「セーフティ・スケール」を作ってみる。

サインズ・オブ・セーフティの基礎構造は、「ハーム・ステイトメント」「デンジャー・ステイトメント」「セーフティ・ゴール」「セーフティ・スケール」でした。これらについて、第1章で紹介されているポイントに沿って作ってみます。書くことで他の人にチェックしてもらいやすくなり、他の人のアイディアも反映させやすくなります。ただ、「デンジャー・ステイトメント」や「セーフティ・ゴール」はいざ書いてみるとなかなか書けず、最初の登竜門になることが多いようです。なぜ、難しく感じてしまうのでしょうか？　それは、普段の実践の中で、把握している事態（例：「子どもが痣を作って登校し、父親に殴られたと言っている」）と対応（「安全確保のために保護をする」）は伝えても、どういう判断をしているのか、つまりアセスメントの結果（例えば「このままの状態が続けば、家庭での居場所を無くして家出を繰り返してしまう」など）を言葉にせずに省略してしまっていることが多く、この部分を言葉にするトレーニングをあまり積んでいないためです。それゆえ、いざ明確にしようとすると、あれもこれも心配となってどのケースでも「死んでしまうかもしれない」と過剰なデンジャー・ステイトメントになってしまうこともよくありますし、逆に「大丈夫」という判断が先行しているけれども、実はその根拠が乏しいということもあります。セーフティ・ゴールについても、慣れないうちは保護者指導の癖が抜けず、支援メニューの羅列になってしまいがちです（例：病院受診する、お母さんはペアレンティングスキルの講習を受ける etc.）。

コツとしては、判断した根拠があるかを確認することです。過去に起きた危害が未来もまた起こる、または起きないと言えるのは何があるからなのか？　どんなところにその兆候はあらわれているのか？　例外はないのか？と考えていきます。時にはチーム内で「何か月以内に何％の確率で起こる」と天気予報のように言ってみることで、より活発な議論ができます。「もし子ども自身に聞いた時に、的確なのが10、過剰であったり過小であったりと的確ではないのを0とすると何点と言うかな？」「保護者だったら？」「施設の先生だったら？」「主治医だったら？」と色々な人の視点で考えてみることも役に立ちます。

「セーフティ・スケール」についても、書いてみたら、チームの人にも数値とその理由を聞いてみます。実際に使ってみると、ただ理由を述べる場合に比べ、どんな点は安全と評価しているのか、どんな点は心配しているのかがよく分かります。

◉質問を準備する

サインズ・オブ・セーフティの核は良い質問を重ねていくことですが、咄嗟に良い質問をしていくのはなかなか難しいものです。そのため、学び始めた最初のうちは特に、質問を準備してペーパークリップに挟みながら面接をしていることが多いです。

この時、ここまで作ったデンジャー・ステイトメントやセーフティ・ゴールをより確かなものにしていくためにはあとどんなことが分かると良いか、そのためにはどんな質問をしていけば良いかを考えていきます。もちろん、ここでも準備した質問をチームで検討して磨き上げていくこともできます。

いよいよ面接で取り入れてみる

準備が済んだら、いよいよケースとの面接でも取り入れてみます。面接する際には、第１章図３「セーフティ・プランが家族のものになるまでの行程表」を念頭に、この先の流れをイメージしておくと、今、自分が何のために話を聞いているのかが迷子にならずに済みます。コツとしては、家族は「子どもの安全な生活を作るという共通の目標をもったパートナー」であり、「既に十分な努力をしてきた、自分たちの生活の専門家である」として認め、保護者や協力者たちが考え出した安全を確保するためのアイディアを柔軟に受け入れるという姿勢を持つこと、一方でデンジャー・ステイトメントやセーフティ・ゴールといった安全プランのかじ取りをする大事なアンカーポイントをぶらさずに具体的に話し合うことです。児童虐待対応における失敗の多くは、話し合いの焦点が拡散してしまうことから起きます。話が逸れたり、感情的なやり取りに陥ったりしても、焦点を明確にしておくことで、話し合いは建設的な方向に戻りやすくなります（具体的な流れについては、第1章を参照してください）。

2　組織的導入に向けて

現場で仲間を巻き込みながらサインズ・オブ・セーフティの手ごたえを感じてきたら、次は共通言語を目指して、組織を巻き込む必要があります。組織を挙げて取り組むメリットは絶大です。組織内でサインズ・オブ・セーフティを共通言語に会話ができるようになれば、議論がかみ合いやすくなります。家族の強みを引き出し、当事者固有の解決を支援していくことが当たり前になると、家族とは仕事になる関係を築きやすくなり、安全作りの幅は広がり、確実で素早い実践ができるようになります。組織の柱と位置付けられていれば、人材育成においても初任者から教えていくことができ、研修やOJTなどを通してフォロー体制を敷くことができます。では、組織を巻き込まないとどうでしょうか？　家族のアイディアを用いた安全プランは「甘い」の一言で片づけられてしまうかもしれません。議論の焦点が拡散し、必要が無いことをやらせるよう管理職から求められてしまうかもしれません。人材育成は、細々と、場合によってはコソコソと時間外にやり続けなくてはいけないかもしれません。こうした状況の中でサインズ・オブ・セーフティの実践者を育てることは非常に困難です（マンロ＆タネルらは「コンクリートでバラは育てられない（You can't grow roses in concrete）」と表現しています（Munro, Turnell & Murphy, 2016））。サインズ・オブ・セーフティの実践者を支える風土を作っていくためには、組織のあらゆる側面でサインズ・オブ・セーフティの考え方にシフトしていくことが求められます。

組織に導入していくための核となる行動は、「学び」「リーダーシップ」「組織的な協力」「意味のある尺度」（Resolutions Consultancy, 2017）の4つの枠組みが示されており、ここではこれらに沿ってそれぞれの組織で知恵を絞りながら各地で試してきたことも紹介していきたいと思います。

学び

◉学べる環境づくり

組織内で研修開催の了解が得られたら、まずは基礎的な研修を開催し、その後、月1回程度、事例を通して学ぶ継続研修を行います。基礎的な研修だけでは聞いただけになってしまうことも多いのですが、継続的に行うことで徐々に理解が深まり、実践を支えていくことができます。

誰を対象にするかは、組織の中のどこにインパクトを与えたいかによって変わります。例えば、ファンを拡大させ、裾野を広げたいのであれば希望者が受講する形にもできますし、組織の共通言語化が目的であれば、全員を対象にすることもできます。業務時間内で年6回程度職員有志が勉強会を行う仕組みを作り、希望者が学べる環境を整えているところもあります。また、全員を対象にした研修に関しては、1年目の新任研修のプログラムの中に組み込んでいるところもあれば、ある程度業務を覚えた2年目・3年目を全員対象にしているところもあります。

継続的な研修を行う際、多忙な職員に参加してもらうのには工夫が必要です。月1回開催される継続研修に全員が年間3回以上出席をすることを組織目標にしたところ、現場から「組織目標に入っているので参加しやすくなった」との声が得られたところもあります。また安心して研修に参加できるよう、参加者の担当区域で虐待通告があった時にどのようにフォローするかなどの体制を決めておくことも大事な配慮になります。

管理職やスーパーバイザーは若い人に研修を受けさせてあげようと、自らの参加を遠慮されることが多いのですが、方針決定に影響力のある人たちの理解を得ることはとても大切なことなので、意義を丁寧に説明し、研修への参加をお願いしたり、管理職やスーパーバイザー向けの研修を企画したりしていきます。そのためにも、全員で学ぶことが組織の方針として位置づけられることが望ましいです。

◉グループ・ラーニング・プロセスを実施する

サインズ・オブ・セーフティの研修では、その枠組みに沿った考え方が身につくようなトレーニングを行い、これを「グループ・ラーニング・プロセス」と呼んでいます。進め方として特徴的なのは、事例の詳細な情報に入り込み過ぎず、簡潔な情報からデンジャー・ステイトメントを作り、次にそれを確かにするために家族にする質問を考え、情報を補足しながらセーフティ・ゴールやセーフティ・スケールを考えていくという風に、実践での思考の流れをつかんでいくことを意識してトレーニングしていきます（第1章演習問題1参照）。これは誰かが正解を教えるという形ではなく、事例を基に参加者同志で考えその案を発表していき、事例提供者が発表の中のどういうところが役に立ったかをフィードバックしながら進めていきます。この方法は、当事者主体であるサインズ・オブ・セーフティの考え方を、研修の場においても実践するものと言えます。また、徐々にファシリテーターを自前で務められるよう、人材育成していくことも大切です。

◉人材の発掘と育成

サインズ・オブ・セーフティが組織に定着するためには、核となる人を増やしていく必要があり、そうした人を見出す必要があります。これは異動に備えて、サインズ・オブ・セーフティの実践を継承していく上でも重要です。こうした人材は往々にして基礎研修を受けた段階でこのアプローチを良いものと認識し、自分なりに試そうとしている人が多いように思います。研修に優先的に参加してもらったり、学会などで発表してもらったりしながら、組織内でサインズ・オブ・セーフティの実践に関する相談を受ける、グループ・ラーニング・プロセスのファシリテーターをするなどの核となる役目を果たせるよう支援していきます。

リーダーシップ

◉組織の記憶に残る象徴的な実践を行う

導入の初期において、サインズ・オブ・セーフティがどのような価値をもたらしてくれると印象付けられるかは、その後の導入に少なからず影響を与えます。そのため、導入を進めていくチームは、難しいケースこそ一緒に取り組み、意味のある結果を出していくことが重要です（第２章中尾氏の実践参照)。多くの場合、サインズ・オブ・セーフティの考え方に忠実に実践していった場合、話し合いが困難と思われていたケースで焦点が絞れた建設的な話し合いができたり、感動的なワーズ＆ピクチャーズを保護者と協力して作ることができたりと、普段の仕事の仕方では考えられないような展開が生まれてきます。こうした成果を組織内で共有していくことが、その組織の礎となっていきます。

◉パラレル・プロセスを意識したコミュニケーション

スーパーバイザーや管理職と現場の援助者のコミュニケーションは、現場の援助者と支援対象者とのコミュニケーションと似通ってくる現象をパラレル・プロセスと呼び、サインズ・オブ・セーフティでは重要視しています。そのため、普段の職場内でのコミュニケーションの中で、サインズ・オブ・セーフティが大事にしている価値観を持ち、その技術を使っていきます。例えば、「何もうまくいっていない」と悲観的になっている同僚に、「どんなところがこれまでの自分の支援の中で最も誇りに思うところ？」とポジティブな面にも目を向けるような質問をしたり、リスクについて確認したい時に、「もしここにその子がいたとしたら、家は十分に安全で、何か問題が起きそうな時にも誰に頼ればいいかがわかっているので、同じ問題は起きないを10、そうではなくてむしろ家は危険で、もっとひどいことが起きてしまうかもしれないを０としたら、何点って答えるかな？　この子の学校の先生だったら？」と質問したりすることです。

組織的な協力

◉管理職の理解を得る

組織に導入する際に管理職の理解は必須です。どのようなポイントが管理職にとって魅力的となるのでしょうか。安全に家庭に返していくことができるという点に魅力を感じた人もいます。若い人が多い職場だからこそ、人材育成の面で魅力を感じる人もいます。マイ・スリー・ハウスやワーズ＆ピクチャーズなど、子どもにわかりやすく寄り添った配慮がある点に魅力を感じるという場合もあれば、家族という当事者が主体的に参画するという価値を良しと思う人もいます。職員のメンタルヘルスに関心があり、「サインズ・オブ・セーフティを実践している人は困難な仕事の中でも明るく仕事をしている」と感じて導入を進めた人もいます。まずは、現場が感じている魅力を言葉にして伝えることから始めていくことになります。

また、理解は徐々に進むものです。組織としての判断やケースの進め方、関わった子どもや家族といった当事者へのAIを行うことなど、従来の仕事の進め方とは異なるものがいくつもあり、それが一度の説明や研修だけで一挙にサインズ・オブ・セーフティ流にアップデートされるということはありません。理解は、現場の実践を踏まえた組織としての経験を通して確かなものになっていくという点を念頭に置き、フィードバックを行っていくことが大切です。

◉組織の柱として位置づける

もし管理職がサインズ・オブ・セーフティの導入に前向きであれば、「児童虐待対応の柱はサインズ・オブ・セーフティでやっていく」という宣言を管理職が行うことは有意義です。こうすることで、新人からベテランのスーパーバイザーまでサインズ・オブ・セーフティの枠組みを学び、それを共通言語として議論することがしやすくなります。児童相談所の公式な運営計画に「サインズ・オブ・セーフティを組織的に導入する」ことを謳い、サインズ・オブ・セーフティに則った進め方をすることを、家族向けの説明資料（第2章高橋氏・星氏の実践参照）を作って具体的に示しているところもあります。

ただし、こうしたトップダウンが成功するためには、管理職がサインズ・オブ・セーフティをよく理解していることが必要になります。そうでない場合、研修で学ぶことと管理職の出す指示との違いに現場が混乱してしまいます。また、現場にサインズ・オブ・セーフティを理解し、取り入れることに熱心な人たちがいること、つまりボトムアップからも進めようとしている人たちがいることも、トップダウンがうまくいくために必須のファクターです。

◉導入計画を立て、事業化する

行政機関である場合、導入計画を立て、予算を付けて事業化することで、数年単位での取り組みにすることができます。事業化の内容としては、サイ

表1　千葉県市川児童相談所における援助方針会議の指針

効率的な会議へ向けて（時間の短縮化にご協力ください）
所見を中心に報告する際は、下記★～キを簡潔に報告してください

★. 何が起きたの？（頻度、深刻度、子どもの影響）
ア. 起きたこと★を放置すると最悪どうなると判断して児相が関わることになった？
　～　そのことを親とどう共有した？
イ. 何が起きていることを見れたら児相の支援は終了するの？
　～　そのことを親とどう共有した？
ウ. そもそも親はどんな子に育ってほしい(a)と思っている？
　どんな家族をつくりたい(b)と思っている？
　(a)＋(b)家族像実現プロセスで、どんな4W1Hで★が起きた？
　同じような4W1Hで★が起きずに済んだ際、歯止めになったことには何がある？
エ. 子どもは今回の★をどう捉えていて、どうなってほしいと思ってる？
　何があれば安心？　～　それを親に見せたら（伝えた時）親はどんな反応をした？
オ. 起きてしまった★を繰り返さないことに協力してくれる人は？
カ. 親が★を繰り返さないようにするため誰の協力を得てどうするプランを立てた？
　～　それを子どもに見せたら（伝えた時）子はどんな反応をした？
キ. プランが作動していることはどうすることで児相が知れるの？

以上、更に必要な情報を追加で求めますので担当者の出席をお願いします。

ンズ・オブ・セーフティの認定トレーナーによるスーパービジョンを定期的に行っていることが多いように思います。留意点としては、事業化は組織的導入のゴールではなく、組織の文化づくりのスタート地点であるため、事業期間中に何をどのようにするのかの到達目標を明確にしておくことが求められます。

◉援助方針会議での枠組みにする

会議は全ての職員が必ず参加するため、自然にサインズ・オブ・セーフティの枠組みに馴染んでもらうOJTの場として活用することができます。会議での発表の際のポイントを、サインズ・オブ・セーフティの枠組みに沿って示しているところもあります（表1）。また、会議に提出する書式をサインズ・オブ・セーフティの枠組みに沿ったものにしているところもあります

◉サインズ・オブ・セーフティを実践するチームを作る

研修を開催し管理職が一生懸命旗を振っても、組織への導入に失敗することがあります。それは児童相談所であれば児童福祉司の多忙さゆえ、研修には何とか出たとしても、それを自分の実践に反映するまで消化する余裕が無

い場合が往々にしてあるからです。そこで、サインズ・オブ・セーフティに特化したチームを作り、そこに相談できたり、時には一緒に面接に入ってもらったりしながら、多忙なワーカーが実践に取り入れるのをアシストする役目があると、導入はスムーズに行きやすくなります（次章「さいたま市児童相談所におけるサインズ・オブ・セーフティの組織的導入」参照）。

◉知見を共有する仕組みを作る

サインズ・オブ・セーフティは自由度が高いものの枠組みははっきりしているため、知見の共有もしやすくなります。デンジャー・ステイトメントやセーフティ・ゴール、質問などをサーバーに保存し、組織内の誰でもがアクセスして参照することができる仕組みを作っているところもあります。

◉外への発信

実践が積み重ねられたら、自分の組織の外へ発信も積極的に行っていきます。全国規模の学会で発表することもあれば、自治体が行っている福祉保健領域の学会で発表することもできます。他の導入を考えている自治体へ実践報告をすることもできます。優れた取り組みに対して、知事賞などの賞を出しているところもあります。外部への発信は自らの取り組みの理解を広げるとともに、自分たちの取り組みが評価されることを通して自信にもつながります。

◉地域の共通言語にする

現在は児童相談所を中心に展開されていることが多いサインズ・オブ・セーフティですが、地域のソーシャルワークの基盤として関係機関の共通言語になることはとても大きなメリットがあります。

メリットの一つは考え方の共有です。例えば子どもが一時保護や入所している施設から家庭に戻る時、漠然とした不安によって関係機関での協議が否定的な意見に覆われてしまうこともあります。しかし、サインズ・オブ・セーフティが共通言語であれば、漠然とした不安で否定的な意見を述べるのではなく、「子どもの身に将来何が起きることが心配なのか？」「その心配は根拠に基づいているか？」（デンジャー・ステイトメントの検討）と話し合いの焦点を絞ることができます。また、帰宅後のセーフティ・プランについても、「支援者が子どもを虐待から守れる仕組みがある状態像（セーフティ・ゴール）

を示し、当事者（家族とその私的なネットワークの人）が具体案を出して構築する」という原則が関係者に共有されていれば、当事者不在の議論に陥るのを避けることができます。また、逆に児童相談所が有効な虐待回避のためのプランがないにも関わらず家庭復帰を進めようとしている時にも、お互いの共通言語にサインズ・オブ・セーフティがあれば、その枠組みに沿って見直すことで今何をする必要があるかを確認し、立て直しを図りやすくなります。さらに何のために誰が何をするのかという点も明確になるので、これまで漠然と「見守り」を求められていた不安が解消されます。

もう一つは技術の向上により、早い段階で虐待が解決しやすくなることです。「虐待対応は言いにくいことを言わなければいけない。それは非常に強い抵抗・反発を伴う介入なので、専門部署でないとできない」とよく言われます。確かにそういうこともありますが、実際の現場で出会うケースは明確に線引きできるものではなく、できる人ができる時に話し合えた方がずっとスムーズにいくことも多々あります。例えば、出産後の育児が心配され保健所が関わることになったお母さん（いわゆる特定妊婦）について、病院のMSWがサインズ・オブ・セーフティを用いて、退院前にお母さんと安全な子育てを行うためのプランを具体的に作ることができたため、その後の支援がスムーズにできたというような実践例もあります。このように日常により近い現場で、保護者や子どもの願いを目標にしながら将来の心配について一歩踏み込んで話し合える技術を持っていることは、子どもにとっては被害の少ないうちに、場合によっては予防的に、保護者にとっても抵抗の少ない形で解決できる可能性が高まります。

いくつかの自治体では関係機関と合同の勉強会の開催や関係機関への出張研修の開催などの取り組みがなされ、共通言語化に向けた取り組みがなされています。実際、児童相談所以外でサインズ・オブ・セーフティを実践している例としては、市の子育て支援部署、教育相談室、スクールソーシャルワーカー（第2章の岡本氏の事例参照）、病院のMSW、児童養護施設などがあります。また海外では里親支援機関（フォスタリング機関）や障害児福祉の機関などでも活用されています。また、サインズ・オブ・セーフティのエッセンスを非行とされている子どもたちと取り組むこともできます（Signs of

Success と呼ばれています）。

意味のある尺度

◉導入の効果に関する指標を決め、改善を見える化する

サインズ・オブ・セーフティを導入した結果、どのような効果をもたらすことができるかについて目標を定めます。例えば、一時保護期間の短縮、再虐待率の減少、家族再統合率の向上などが挙げられます。また、職員のストレスの低減などの職員への貢献も意味のある指標でしょう。本格的に導入する前だからこそ、こうした指標を定めておくことで、効果を測定することができ、説得力のあるデータを生み出すことができます。

◉導入の進捗度を測るための指標を設定する

サインズ・オブ・セーフティが組織に浸透していることをどのような指標で測っていくかを決めます。例えば、マッピングはしているか、デンジャー・ステイトメントとセーフティ・ゴールを親に伝えているか、ワーズ&ピクチャーズを作っているか、セーフティ・プランを立てているか、セーフティ・プランには家族のプライベートなネットワークの人がどのぐらい参加しているか、などです。この時、形式的なものではなく、サインズ・オブ・セーフティの考え方の原則に則ったものとなっているかを実質的に判断してカウントすることで、組織内での理解をより深めていくことができます。

◉当事者に自分たちの実践を評価してもらう

サインズ・オブ・セーフティは当事者から学ぶことを大切にしています。終結の時に、当事者から私たちの仕事について、例えば「私たちの仕事の中で、最も役に立ったものはどんなことですか？」と、聞いてフィードバックしてもらうことを推奨しています（これを当事者へのAIと言っています。第2章の実践を参照してください）。こうしたフィードバックは、私たちがどうしてこうしたアプローチを取ろうとするのか、という思いを強くしてくれます。先方の許可が得られれば、録画することもあります。録画があると、よりリアリティーをもって同僚とシェアすることができます。但し、こうした取り組みをするには、管理職のOKが必要になります。そのため、管理職にこうした取り組みの意義を理解してもらえるようにします。

◉スタッフに導入の効果をフィードバックしてもらう

導入の効果をスタッフに聞いていくのは、最も取り組みやすい調査です。どういったところがうまくいっているのか、職場文化や働きやすさにはどんな影響があるか、などを聞くことができます。

最後に

◉何のためにサインズ・オブ・セーフティを取り入れるのかを考える

私たちがサインズ・オブ・セーフティを取り入れようとするのは、何があるからでしょうか？　どんな点に魅力を感じて、組織に取り入れていこうと考えているのでしょうか？　これは色々な切り口があるので、チームで導入の目的を改めて明確にしておきます。

印象としては、組織的に導入が進められる動機には、「仕事を効率よく進めていける」点に関心を向けられていることが多いように感じられます。これは、確かにサインズ・オブ・セーフティの魅力の一つであり、組織の視点、特に多忙な児童虐待対応にあたる機関の現状を考えるとある意味では当然のことですが、この時は少し注意が必要です。というのも、ここだけに焦点を当てて導入を進めていくと、頓挫することが多いからです。

サインズ・オブ・セーフティは効率だけを重視して開発されたのではなく、今は眠ってしまっているかもしれないその人たちの健康的なリソースがいかんなく発揮できるようエンパワメントしていく実践を志向されて開発されており、その結果、シンプルで焦点が明確で効率よく仕事を進めていくことができるガイドになっています。サインズ・オブ・セーフティで使われるツールや質問などの一連の体系は、「こうした価値観がどうしたら実現できるか」を念頭に開発されてきているので、この価値観を持たずに技術のみを導入しようとしても、うまく使いこなすことができず、行き詰まってしまいます。最初から全てのビジョンを共有することは難しいことかもしれませんが、実践を重ねながら、折に触れて一つ一つチームで話し合っていくこと、そうしたプロセス自体が、子どもの未来を切り開いていくものになります。

参考文献

加藤則子「児童虐待事例の家族再統合等にあたっての親支援プログラムの開発と運用に関する研究」厚生労働科学研究費補助金政策科学総合研究事業、2013

E. Munro, A. Turnell & T. Murphy 'You Can't Grow Roses in Concrete' Organizational reform to support high quality Signs of Safety practice, Action Research Final Report Signs of Safety English Innovations Project, 2016

Resolutions Consultancy *Signs of Safety Implementation: Comprehensive Theory, Framework and Trajectory*, 2017

鈴木浩之「日本子ども虐待防止学会にいがた大会」プログラム・抄録集、p.94、2015

さいたま市児童相談所における、サインズ・オブ・セーフティ・アプローチの組織的導入について

野口 幸

さいたま市児童相談所

さいたま市児童相談所は、サインズ・オブ・セーフティを組織的に導入し、平成29年度現在で7年目になります。その導入の経過と現状、そして今後の展開について、ご紹介したいと思います。

1　導入の経緯と経過

さいたま市児童相談所は平成15年に開設されました。サインズ・オブ・セーフティの研修を初めて実施したのは平成21年度で開設から7年目の年でした。この時、職員の児童相談所経験年数は、児童心理司が4年、児童福祉司が2.5年でした。ですから職員は3年目で中堅、5年もたつとベテラン職員という域でした。この状況がその後も長く続くことは当時から容易に想像されたため、当時の児童心理司が牽引する形で、頼りになるケースワークの枠組み的な存在を模索し、サインズ・オブ・セーフティ研修を実施することになりました。初年度の取り組みとして、夏に3回の基礎研修と冬の事例検討を行い、翌年には現在の家族支援チーム（後述）の前身となる家族支援担当が立ち上がり、所内で支援の方向性に迷っている事例に一緒に取り組み始めました。

そして、さらに翌年の平成23年度には、所員全員がサインズ・オブ・セーフティの研修を受ける仕組みが整いました。この年にはさらに、さいたま市児童相談所家族支援ガイドラインが定められ、サインズ・オブ・セーフ

ティの視点に立った支援の方向性が打ち出されるとともに、援助方針会議においてもサインズ・オブ・セーフティの視点の導入を模索し始めました(H24年6月に「プランニングシート」と呼ばれる補助資料の様式が完成しました)。また、児童福祉司のケースワークのサポートとして、家族支援担当がサインズ・オブ・セーフティの考え方で事例を整理し、DSやSG、家族にする質問や次の一手を一緒に考える家族支援CC(ケースカンファレンス)が整備され、その中でも複雑な事例には引き続き家族支援担当が直接家族と会って一緒に取り組むことも所内の基本となりました。この平成23年度を、組織的導入の1年目としています。

その後も名称が変わったり、いくつかカスタマイズしたりしつつも、基本となる骨組みが大きく変わることなく、7年目となっています。家族支援担当は家族支援チームと名を変え、児童相談所の係を超えてメンバーを選定した横断チームとなり、組織を支える役割の一つとなっています。

2　現在の活用状況とサインズ・オブ・セーフティ・アプローチ導入の効果

現在の所内の状況とサインズ・オブ・セーフティ・アプローチ導入の効果について、虐待対応の視点と、組織運営の視点から、それぞれお伝えします。

児童虐待対応に関する全所としての導入のメリット

現在もさいたま市では、引き続き全所的な導入としてサインズ・オブ・セーフティをとらえています。全所的と言いましても、所員のすべてが自分は「サインズ・オブ・セーフティをやっている！」とは言わないかもしれません。それでもなぜ全所的と言えるのか。それは、さいたま市児童相談所の虐待対応の流れそのものがサインズ・オブ・セーフティの流れを取り入れているからです。

次ページの図は、児童相談所に来て1年目の職員が研修で学ぶ虐待対応の流れです。サインズ・オブ・セーフティの基礎的な研修は5月の中ごろに所内の職員が講師となって3日間かけて行っていますが、4月の最初の職員研修の中で、既に「虐待対応は安全のしくみを家族が作ることを促すもの」と

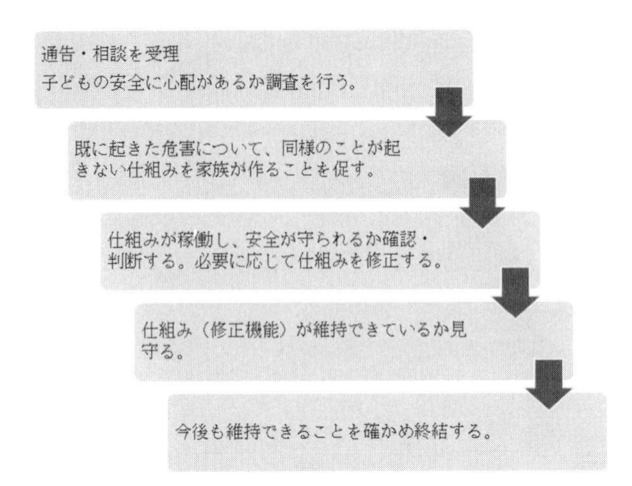

通告・相談を受理
子どもの安全に心配があるか調査を行う。
既に起きた危害について、同様のことが起きない仕組みを家族が作ることを促す。
仕組みが稼働し、安全が守られるか確認・判断する。必要に応じて仕組みを修正する。
仕組み（修正機能）が維持できているか見守る。
今後も維持できることを確かめ終結する。

図１　さいたま市児童相談所虐待対応の仕組み

学びます。

その後５月に受けるサインズ・オブ・セーフティの入門研修では、これまでの自分たちの実践を踏まえながら、２年目以上の職員が講師としてサインズ・オブ・セーフティについて伝えています。また月に１回、サインズ・オブ・セーフティの枠組みでアセスメントを学ぶ研修を開催し、年間３回以上所員が参加できるよう調整を図っています。

こうした学びの土台を踏まえて、所内の仕組みとしては、プランニングシート（図２）が援助方針会議の補助資料から必須資料となり、方針決定の際にも、家族が考えたセーフティ・プランを協議の重点に置いて決定をしています。

また、家族支援チームは、面接やカンファレンスに同席したり、週に１回、自由に事例の提出を希望できる予約制をとって、家族支援CCを開催したりしています。

経過を振り返ってみると、全所的に導入することのメリットは虐待対応を行う職員の育成が早いことと、すべての職員間で子どもの安全について同じ土台のもと、話ができることではないかと感じています。家族と取り組んでいくことが明確なので、ケースワークの道筋を立てるために、何をしていけばいいのか初任者でも考えることができます。サインズ・オブ・セーフティ

援助方針会議（資料）

<table>
<tr><td>相談種別</td><td>児童名　　　　　（　：　）</td><td>集団所属</td><td>担当名</td></tr>
<tr><td colspan="4">問題の概要・取扱の経過・再調査時の状況

≪子に起きた危害≫</td></tr>
<tr><td colspan="4">アセスメント（詳細）</td></tr>
<tr><td colspan="2">リスク要因</td><td>安全・うまくいっていること</td><td>ネットワーク
【私的】

【公的】</td></tr>
<tr><td colspan="2">子どもに今後心配されること</td><td colspan="2">安全プラン</td></tr>
<tr><td colspan="2">長期的な支援計画（終結時の目標到達点）</td><td colspan="2">次の行動計画</td></tr>
<tr><td colspan="4">担当者意見：</td></tr>
</table>

図2　援助方針会議資料（通称プランニングシート（第3版））

の枠組みにおける様々な用語やツールをすべての職員が知っているため、基本的な対応は図１を中心に行い、育成担当や直属のスーパーバイザーがいなくとも、困ったり悩んだりした時に意見をもらったり、相談に乗ってもらったりすることができます。さいたま市は政令指定都市であり、児童相談所の設置数が一所であることから、どうしても中堅域になる経験年数の頃に人材が流出してしまうという弱みがあります。それは、児童福祉司もスーパーバイザーである係長も所長も例外ではありません。長年配属されている職員の経験値に頼ることができないので、いかに迅速に専門性を向上させるか、組織の仕組みとしてアセスメント力を蓄えていくかが課題となります。それを解決する手段として、SofSに一定の効果があると感じています。

職員個々人の経験による専門性の向上はもちろん重要であり、組織構造がボトムアップ型であることも加わって、３～５年目の職員がリーダーシップを発揮して意見を言うことも多くあります。その分、人事異動によってそうした職員の流出が激しかった時には、所としてパワーダウンは否めません。しかし、年間を通した定期的な研修体系や前述のような育成が、全所的な導入により構造化されているため、比較的早期に職員の専門性を向上させることができ、一定幅の水準を推移し続けられています。

継続することで見えてきた課題

一方で、全所的に導入することの課題点も近年浮き彫りになってきたと感じています。それは、この章の冒頭にも書いた“所員のすべてが自分は「サインズ・オブ・セーフティをやっている！」とは言わないかもしれない”という点です。何かを学び、その技術を高めていくためには、当然のことながら今自分が何を学び、どこを目指しているのか、その学びが何に根ざしているのかというように、学びの基礎、土台を知っている必要があります。しかし、全所的な導入によって、所内のサインズ・オブ・セーフティが特殊なことから当たり前のことに変わっていく中で、サインズ・オブ・セーフティの流れを辿っているようで、その本質まで見ていくと、SofSが重要視しているスピリットの部分やサインズ・オブ・セーフティを実践するものとして譲れない一線を学びきれないままのケースワークを行ってしまうことが起きてしまいます。例えば、家族がプランを自分たちで考えあぐねている時には、本来であれば引き続き粘り強く働きかけ、家族がプランを作り出せるよう支援するのがサインズ・オブ・セーフティのあり方ですが、家族にバトンを渡し続けておくことに踏ん張りきれなくなってしまい、結果として、家族が作成の中心であって発揮するセーフティ・プランが、担当者が考えた一般的な条件のリスト（≠セーフティプラン）になるというようなことが起こり得てしまう。あるいは、家族の意見を聞いてプランを作る所まではできているものの、「安全を確認するために、多角的な視野に立った質の高い質問を考え、作られたプランを点検する」という段階が甘く、緊急事態や特別な日に対応仕切れないプランになってしまっているということも起きてきます。

こうした課題点を浮き彫りにし、児童相談所として子どもの安全に根差した最終判断をするために、援助方針会議での確認や家族支援 CC での点検、スーパーバイズなど所の仕組みが設けられていることはもちろんですが、やはり職員一人一人が寄って立つ理論を理解した上で実践できることが求められます。それには、本書の実践の数々のように、自分自身や仲間たちの刺激的な実践によって、サインズ・オブ・セーフティの魅力や有効性を感じてもらい、学び合う風土を残し続けていくことが必要となります。そうすることで、知識として獲得したサインズ・オブ・セーフティのスピリットも本当の意味で自分のものにしていくことができるのだと思います。サインズ・オブ・セーフティを広める立場にいる者には、慌ただしい日々の中で、職場の中の良い実践に目を向ける時間をいかに作り、いかに所内に伝えていくのかということが求められると感じています。

虐待対応だけでない児童相談所運営に関するサインズ・オブ・セーフティ・アプローチのメリット

サインズ・オブ・セーフティ導入後の効果として、虐待のケースワークそのものでない部分での波及効果も多くあったことも、お伝えしたいと思います。

ひとつは生い立ちの整理が活発になったことです。施設入所している子どもたちの家族再統合を目指す中で、面会交流の始まり、外泊の開始、施設から帰る時など、大切な転換点で子どもたちにワーズ＆ピクチャーズを使って、どうして施設に入ることになったのか、家族とどんなことを話してきていて、これからどうなっていくのかを伝えてきました。この６年ほどを振り返ってみると、以前と比べ、家族再統合のためのターニングポイントに関わらず、保護者と面会・連絡が途絶えている子どもたちや、乳児院から児童養護施設に移る子どもたちに、大切なことを伝える場面でワーズ＆ピクチャーズの本来的な目的で活用されることが増えました。児童相談所の担当者からの発案だけではなく、児童養護施設から依頼が来ることも多くなりました。施設の職員の方からは、ワーズ＆ピクチャーズの形を活用することで子どもたちにとってわかりやすく伝えられ、同席した担当職員に限らず、その子に関わる全ての職員が、同じものを見ることができるので、子どもへの支援がしやすくなった。またどのような形で子どもたちに伝わるかがイメージしやすいため、職員間で実践が共有された際に自分が担当している子どもにもやってもらいたいという意見が多く出るようになったと聞いています。このことは単純に生い立ちの整理が進んだと言うだけではなくて、「良い実践の積み重ねが相手に伝わっていく」ということの表れだということにすばらしさを感じています。子どもにとって意味のあることが伝わっていき機関を超えて「いいよね」が共有されることでサインズ・オブ・セーフティを知らない人とより良い仕事ができ、あるいは、それをきっかけに、サインズ・オブ・セーフティについて共に学んでいくことができればさいたま市としてすばらしい財産の一つになると思います。

ふたつめは強みを生かした職場風土を考える力が備わってきていることです。どこの児童相談所にもあるような困りごとは、もちろんさいたま市児童相談所にもあります。既にあげた児童相談所経験をひとりの人の中で積み上げていくことが難しいこともそのひとつで、５年もあれば働いている人たちがほとんど入れ替わってしまい、里帰りのように児童相談所を訪れてくれる成人した「元子どもたち」が寂しがることもあります。職員の平均年齢が若いことは、時として、面接の中で子育てしたこともないのにと言われてしまったり、自分よりもふた回りも違う関係機関の方々と、児童相談所職員として専門性の意味では対等に話し合っていくことが難しかったりすることもあ

図3 豆本（年長児の家庭復帰の際に心がけたいこと）

ります。しかし、若い年齢が大半を占めていることで、意見交換が活発で誰かの「やってみよう」が実現しやすく、互いのサポートも自然に行えているという強みにもつながっています。結果、さいたま市児童相談所では「チームアプローチ制」を用いて、係を超えて横断的にチーム編成をした専門対応チームが存在しています。性的虐待への介入・性的加害児童への支援、家族支援（SofS)、ペアレンティングがその中心で、それぞれに2年目以降の職員が配属され、3つのいずれかのサポートが入った方がいい事案が発生すると、チーム員に声をかけるだけで動き出すことができます。また、それぞれのチームはそのチームに特化した事案に関わることが増える結果、配属されている職員の専門性向上にも一役買っています。縦割りではなく横で繋がり、育成と対応の迅速性を上げることができています。

みっつめは、様々なところで「見える化」が起きていることです。例えば、高学年の児童が長い措置期間を経て家庭に戻った後、お互いの生活感のすり合わせがうまく行かず不調になる事案が何件かあった際には、職員の中で、このことに対して、どのように備えたら良いのかと言うことを考えて、図3のような豆本を作ってみたこともあります。また、さいたま市児童相談所には9つの係がありますが、その係内のミーティングをスリーカラムを使って実施し、今困っていること、うまくいっていることを書き出して、係運営がスムーズにいくように意見を出し合っている係もあります。その動きは係内だけではなく、係間の連携を促す際にも活用されました。一時保護所と虐待対応をする職員、里親の担当者はそれぞれの視点で子どもたちのことを考えるので、意見が食い違うことがあることはどこの児童相談所も同じかと思います。所長を含めた全ての職員で、このことについて「さいたま市児童相談所として何がうまくいっていて、何が困っているか・心配か、今後どうしていきたいか」をスリーカラムにしてみました。結果、連携のためのワーキンググループができ、その時に出た意見のいくつかは実際に改善・実現され、一時保護所の子どもたちと集団の力動がわかりやすくなったり、連絡がスムーズにつきやすくなったり、職員同士の意識づけが変わって来たりしています。

最後は職員のメンタルヘルスへの寄与についてです。

職員相互のAIをバトンリレーしていた数年間があり、AIのように、相手に対して理解的なコミュニケーションが多いように感じます。職種・職域にとらわれず、お互いに助けられたりすごいなと思ったことが素直に表現されることでコミュニケーションが円滑になり、職場環境は結構良好な方だと自負しています。また、ちょっとしたやりとりだけでなく、面接後や施設に向かう車の中などで、AIを重点的に行い、お互いの仕事観や仕事上でうまくいくコツなどを聞き合うことをしている職員もいます。うまくやり取りできなくて、失敗した面接も、そのなかでもぐっときた質問を共有したり、次に活かすために話し合ったりしています。そこに、前述のスリーカラムを使った係内の「見える化」も加わって、お互いにサポートしあいながら、なんとか休職者を出さずにこの数年間みんなで乗り切っています。

3　さいたま市としてこれから目指すもの

さいたま市の今後の展望について最後に触れておきたいと思います。「さいたま市」と大きく書きましたが、というのも、SofSの考え方は、児童相談所から飛び出し、広く活用され始めています。政令市に一所しか児童相談所がなく、経験年数に頼ることができないということは既に触れましたが、そのことは見方を変えれば強みとなり、児童相談所で経験を積んだ職員が、当然異動先でそれぞれ活躍しており、いくつかのムーブメントが起きています。

教育領域や福祉事務所では、それぞれの支援の枠組みにサインズ・オブ・セーフティを活用しています。はじめは、職員一人一人の支援の中で活用していましたが、この数年の間に児童相談所から異動した職員、児童相談所の研修で共に学んだ職員が増え、それぞれの組織の中でサインズ・オブ・セーフティをどう取り入れていくかということも考えられ始めてきています。勉強会が開催されたり、組織の中で研修会を開催したり、それぞれ複数の部署がある機関ですが、部署間のコンセンサスが必要な場面でサインズ・オブ・セーフティの考えを取り入れられないか（例えば家族の支援状況を整理する様式に強みやDSを入れる欄を設けるなど）考えている職員がいたりもします。

児童相談所も含め、組織間で連携する際には、サインズ・オブ・セーフティの考え方や言葉が公用語化されているため、やりとりがしやすく、一緒に家庭を訪問する時に同じ安全の目線で家族の話を聞き、質問を投げかけることができることもあります。児童相談所側から見ても、児童相談所の職員よりも福祉事務所職員の方が、経験があり、サインズ・オブ・セーフティの理解も深い場合もあり、一緒に仕事をする上で、非常に心強く思っています。

また、最初にサインズ・オブ・セーフティの導入を牽引した立場でもある心理職の働きかけによる、もう一つの動きがあります。さいたま市の心理職は、組織を横断したネットワークを構築し、緊急支援や多領域に渡る支援のあり方、人材育成などに取り組んでいます。その中で、多領域に渡って家族を支援するために必要となる「機関連携」をテーマに、毎年good（グッド） practice（プラクティス）研修と銘打った研修を行っています。市内で連携による支援でうまくいった事例を持ち寄り、自分たちのどんな支援が市民にとってよかったのか、AIを活用して探り検討しあっています。この研修を通して、参加者が明日使える支援の手立てを得ることはもちろんのことながら、家族や一緒に仕事をする相手の強みを見つけていくことの大切さや、AIによる組織のマネジメントへの提案も行っています。同研修は今後、児童福祉領域を中心として、職員育成の基幹研修になるよう働きかけていく予定です。

これまで児童相談に関わってきた職員が、多領域に渡り、様々な立場でサインズ・オブ・セーフティの推進をしていくことで、市全体の児童福祉の専門性の向上に寄与できれば、今、私たちさいたま市児童相談所が抱えている、職員の経験値に頼らない専門性の向上という課題も解決するのかもしれません。

4　それぞれの組織的導入に向けて

サインズ・オブ・セーフティを実施する人が組織の中で多くなればなるほど、ポジティブな文化が広がっていくのではないかと思います。さいたま市児童相談所も、初めはリーダーシップをとった二人の家族支援担当の児童心理司が、前述の導入の経過で述べたように、所内の形を整え、サインズ・オブ・セーフティの認知を広げるところからスタートしました。その二人が異動した後、リーダーシップのバトンをパスされた後輩の児童心理司は、いつもAI的な関わりで、児童福祉司を励まし続け、結果、所内にたくさんのサインズ・オブ・セーフティファンを増やしました。同時に、サインズ・オブ・セーフティを牽引してきた家族支援担当のSVは、サインズ・オブ・セーフティの枠組みで助け合う文化を所内の根幹にしたいと考え、係的構造をしていた家族支援担当を組織の中を横断し兼務でサポートし合う家族支援チームに変えていきました。これにより、多くの人が専門性を持つようになり、実践ベースでのサインズ・オブ・セーフティの学びも豊かになりました。こうしてサインズ・オブ・セーフティのスピリットを受け継ぎ、積極的に学び実践する人が増えていくことで、組織の中で様々な変化が生まれていったのだと思います。

これはさいたま市児童相談所における一例です。ただし、サインズ・オブ・セーフティを積極的に学ぶ人たちが動力源となって、組織の中で様々な変化が起きるということは、さいたま市に限ったことではありません。それぞれの組織の状況や文化にマッチするよう工夫しながらサインズ・オブ・セーフティのファンを増やし、優れた成果を上げているところは他にも多くあります。

本書を手にとっていただいた支援者の方には、ぜひ、ひとりでも多くの仲間を見つけて、良い実践にチャレンジし、そしてそれを共有していっていただければと思います。組織的導入という目標に向かって仲間を増やし、それぞれの立場でできることを考え、組織が良い方向へ進んでいけるようにチャレンジをする。うまくいったことは続け、うまくいかなかったことは変えて行く。自分たちが所属している組織の強みをどう広げ仕組みを作っていけば良いのか考える。これは、サインズ・オブ・セーフティの支援と同じ行程だと思います。

ここに挙げたものは、さいたま市の強みとサインズ・オブ・セーフティが起こした化学変化の一つの過程ですが、それぞれの強みを生かして組織的導入という目標に向かう何かのきっかけになればと思います。

サインズ・オブ・セーフティ・アプローチに取り組むと何が変わりますか？

☞ 児童相談所は子どもの安全に問題があるとき、権限を行使して立入調査をしたり、臨検・捜索なども実施します。養育者には再度の危害を加えないよう注意喚起をすることもあります。マスコミでも「児童相談所の職員は、親の反対があっても子どもを一時保護し、親を児童相談所に呼び出し『あなたのしたことは虐待です』と告知し、虐待を認めさせ、もう二度としないと親に誓約させ指導をするところ……そして、親支援プログラムを実施するところ……」のように紹介されることが多いようです。しかし、サインズ・オブ・セーフティの枠組みで当事者と話し始めようとするとき“指導や助言をしなくてはいけない”という考えとは異なる対応をすることに驚き、本当に訓戒、誓約させないでよいのか、と感じることが多いようです。サインズ・オブ・セーフティでは当事者の潜在的なストレングスに注目し、問題には必ず例外があると考え、その例外を安全づくりに動員していきます。援助者は、子どもの安全の確保に向けて、例外探しの質問をします。そこに強面（こわもて）の雰囲気を醸し出す必要はありません。ホワイトボードに当事者が語った言葉を書き、マッピングしながらゆっくり丁寧に「これからどんなお話ができたら少しはここに来た甲斐がありますか」などと、ちょっと変わった質問から対話を始めます。親に「何でもいいから子どもを返せ」と凄まれることもあります。しかし、そんなときも「じゃあ、何があれば、子どもがお家に帰れるかの話をしましょう。今回と違って大事（おおごと）にならずに、対応できたのはどんなときですか」などと質問を返していきます。シャープな質問をして家族に子どもの安全づくりのヒントを「教えてもらう」ことが、私たち援助者の専門性の核になります。解決を当事者とともに探索し、子どもの安全から決してブレずに一貫してやりきるために家族とパートナーシップを築いていくのです。サインズ・オブ・セーフティに取り組むと、援助者は家族を指導によって「変える」という考えに違和感を持つようになると思います。家族の中にある安全のサインを見つけることこそが、真に子どもの安全を創っていくことであると思うようになるでしょう。そして、子どもの安全を創ろうとする家族に対して、敬意を払おうとしている自分に気づきます。

おわりに

児童相談所などの現場の者がはじめてサインズ・オブ・セーフティ・アプローチの考え方に触れたのは『安全のサインを求めて』[1]という本によってでした。当時の児童相談所は、「家族再統合」に向けてのプログラムや各種のアセスメントシートを求めていた時代でした。そのような中、この本に書いてある実践知が、今までの取り組みの中で全くしていないというものではないけれど、何か新たな視点を示唆してくれていて、とても新鮮かつ刺激的な印象でした。

これをどう現場の実践に活かしていくことができるか。早速、ホワイトボードを使った面接を試み、SofSマッピングで整理し、スケーリングをあて、当事者に参加してもらうミーティングを開催しました。実践を繰り返す中で、サインズ・オブ・セーフティがその名称どおり、「子どもの安全（セーフティ）を守ること」が目的で、家族とパートナーシップを築き、家族とともにアセスメントを行うものであることが、徐々に認識できるようになってきました。ここに至るまでには10年近くの歳月が必要でした。

サインズ・オブ・セーフティの枠組みを活用して面接をすると、どんなメリットがあると感じていたのでしょう。たとえ当事者と援助者の厳しい出会いの局面であっても、子どもの安全（セーフティ）を守ることと目的を明確にして、その焦点をぶらさずに、保護者と双方向の話し合いを重ね、保護者のアイデアを聴きつつ、援助者側も安全（セーフティ）には妥協しないでリクエストもする。この両者のバランスをとりながら家族とお話しが可能となったことは驚きでした。その中で実行可能性の高い安全（セーフティ）プランを構築できるようになることは大きなメリットに感じています。

1）「Signs of Safety: A Solution and Safety Oriented Approach to Child Protection」Andrew Turnell Steve Edwards, w. w. Norton & Co., 1999 「安全のサインを求めて　子ども虐待防止のためのサインズ・オブ・セーフティ・アプローチ」白木孝二／井上薫／井上直美監訳　2004年　金剛出版

児童相談所は「子どもが怖い思いをしているのではないか、痛い目に遭っているのではないか」と、子どもの安全（セーフティ）に重大な問題があるという疑いがあるとの通告を受けたとき、保護者に相談しようとする意志がなくても会ってお話しをしようとします。そのような保護者にとってみれば「呼んでないのに何しに来た」「余計なお世話」「うちら家族の躾けの方針にいちいち口出しするな」という場合もあり、児童相談所の職員は門前払いされそうになることもしばしばです。

こんな時、児童相談所の職員は、何を根拠に、どんな言葉で、粘って、家族と子どもの安全（セーフティ）についてのお話しをしようとしていたのでしょうか。望まれていない訪問者が望んでいない家族にどのように話しはじめたらいいのかというのは、以前から職員たちの悩みです。

20世紀最後の年となる平成12年に『児童虐待の防止等に関する法律』が成立し、それ以降、家庭の中で起きていると思われる暴力など子どもの福祉侵害の疑いがあるときに、児童相談所は積極的に関与するようになりました。起きてしまった子どもへの危害は、決して繰り返してほしいものではありません。それを家族自らが繰り返さないようにするために、どうしているのか聞いていくと多くの家族は「明るく元気で楽しく笑顔が絶えない家族」をつくりたいと話してくれました。怒鳴ることや叩くような対応は、決して「したくてしている」わけではないことも分かってきました。

そのような親御さんたちに接するときに、こんな方法を使うことがありました。まずは、虐待のことには直接触れず、「面倒が見られない」とする養護上の問題として取り扱い、子どもを施設入所させることで親子を離し、保護者からの危害が子どもに及ばないようにする対応方法です。また、「確かにお子さんは特徴があって親御さんも大変ですね。少しの間、親子離れて生活して、その間に親御さんもお子さんの特徴にあった対応ができるようになられた方が、お子さんにとってもいいのではないでしょうか」と、問題を子どもの側に置いた対応をして、波風たてずに分離することの同意を得て、危害再発の防止を図る方法を使うこともあります。しかし、それらの方策では子どもの安全（セーフティ）に直接働きかけをしていないのではないかとの反省から、児童相談所の権限を最大限活用して、話しを聞かずに一方的に上から目線で

「これは虐待です」と判断・告知し、親御さんがしていることは「虐待」と認めさせ、それを「二度と繰り返さない」と約束をさせる。そして「保護者が子どもにしたことを反省させ」、二度と暴力的な対応を取らないために「児童相談所が提供するプログラムを受講してください」との専門的助言で家族が子どもへの危害を繰り返さないよう指導する方法をとることもあります。「決してしたくて怒鳴ったり叩いたりしているわけではない」保護者が、援助者からこのような対応を取られたとき、どのような感想を持つのでしょうか。支援に一定の節目がきたときに保護者に聞いてみました。「専門家に圧倒された」「無力化させられた」「一方的に決めつけ」「私たちの話しを聞いてくれなかった」「『"指導"のとおりにやっていない』『"指導"に従い私たち（児童相談所の職員）の話しを聞くべきです』と言われた」「関係する人たちとのミーティングと称して、大勢の人の前に引きずり出され、専門用語で話されて結局何を言っているのかわからなかった、いったい何のための集まりだったの？」などの声が聞こえてきました。

一度分離となった親子がまた一緒に暮らすとなるとき、子どもが地域に帰るためには何があればいいのでしょう。2017年8月2日に「新たな社会的養育の在り方に関する検討会」がとりまとめた「新しい社会的養育ビジョン」の中の一文に「（国は）できるだけ家庭生活を可能にすることが必要である。その際、支援計画の作成過程に保護者や子どもといった家族、親族、隣人・知人の参画を促すことは、当事者がより主体的に支援計画を遂行する責任感を促すこと、保護者や子どもが今後を見通せること、当事者の持つ強み（strength）の発見などを促す可能性があり、加えて、親族による養育の可能性を見極めることで、親族による養育のために必要な社会資源について検討することも可能となる……」といった記述があります。そして、「起きた危害は繰り返さない」という願いは家族も援助者も同じです。家族と援助者との出会い方はいろいろで、対立的なこともあるでしょう。はじめはそうであっても、家族と"子どもの安全（セーフティ）"についてお話しできる関係性を築いて、家族自らが誰か協力者の力を借りながら子どもに起きた危害を繰り返さない方策を考え始められるよう、私たち援助者はガイドする、そのようなソーシャルワークを推し進めていく方法論が、サインズ・オブ・セーフティです。

サインズ・オブ・セーフティの枠組みを活用して援助者が話しをすると家族はどんな感想を持ったのでしょう。これも保護者に聞いてみました。「『虐待しちゃダメです』と言われると思ってたけどそうじゃなく一方的に決めつけず話しを聞いてくれた」「人として平等に扱ってもらえた感じがした」「これから何がどうなって何をしていくことになるのか説明してくれて少し先がみえるようになった」「話していることをホワイトボードに書いてくれたのでわかりやすかった」などと保護者は答えてくれました。

ワーカーにもサインズ・オブ・セーフティの枠組みを活用したときの対応の感想を聞いたところ「サインズ・オブ・セーフティの枠組みを知ることで家族と何の話しをしていくのかが明確なので職員自身は迷わなくなったし、ブレなくて済むので助かっている」「家族と目的を明確にして丁寧に話しができることは、無用な対立構造を維持しなくて済む」などの感想が得られました。

組織としても、この方法が定着すると、感覚的ですが、職員の笑顔が増えることや、説明責任と合意形成のプロセスで無用なトラブルが減少する効果も見られるように思います。平成21年にアメリカ・ミネソタ州カーバー郡の実践家が来日したときにワークショップで、サインズ・オブ・セーフティ導入によるメリットは「一時保護する必要がある児童が減少した」「一度分離していた親子が再び一緒に暮らすことができるようになるケースが増加した」などの実績があったことを語っていたことは印象的でした。

実際、私たちもサインズ・オブ・セーフティの導入による効果は、子ども家族とお話しができるようになる手応えで実感することがありますが、この一連の安全（セーフティ）づくりのプロセスと構造が、子どもの安全（セーフティ）づくりにどれだけ貢献しているのでしょう。それにはエビデンスが必要となります。このことを測定するためには、何が行われることがSofSの実践なのかという定義も必要となります。ここは我が国ではこれからになります。本書は、サインズ・オブ・セーフティの理論を事例の展開に沿って説明する章、実際の事例を紹介する章、サインズ・オブ・セーフティをそれぞれの組織の中でどのように導入していくことができるのかをまとめた章によって構成しました。本書に示された実践報告はサインズ・オブ・セーフティの有効性を示す事例にはなります。また、AI（理解的な問いかけ：Appreciative Inquiry）によって、保護者から直接言葉をもらえることも、信頼性のあるエビデンスの一つになります。また、サインズ・オブ・セーフティの組織的導入により一時保護期間が短くなった実践報告は、サインズ・オブ・セーフティの有効性を示す根拠の一つになります。今後は、我が国での定量的な調査等によるサインズ・オブ・セーフティが子どもの安全（セーフティ）づくりに有効であることの立証を進めることが、さらなるサインズ・オブ・セーフティの現場での定着につながると期待されます。

子どもの“安全（セーフティ）”に係ることは、ひとりでなんとかできることではありません。単独の機関がかんばればできることでもありません。より地域に近いところで、当事者を主体として、そのニーズに基づきインフォーマルなネットワークを駆使します。みんなの力をあわせて、つながり、支えとなってもらうことで、人と人とをあらためてつなぎなおすプロセスです。そして、密室化しないようオープンな中で“安全（セーフティ）”には妥協せず（子どもが再びしんどい目に遭わないよう）に、子どもを護る家族の強みが活かされるよう、当事者と援助者はお話しをしていくのです。このようなスタンスであるSofSの考え方は、すべての援助者は、知らないよりは知っていた方がいいと思います。児童相談所だけではなく、市町村、教育機関の方々、施設・里親等福祉に関わる方々、関わる援助者すべての共通言語となれば、子どもを取り巻く環境は、当事者主体で“安全（セーフティ）”が維持できるようになるのではないでしょうか。「支援」において当事者の「自己決定権」が維持され、個としての「尊重」がなされ、一方的な助言や管理性から開放されることのバランスの中で、当事者自らが“安全（セーフティ）”を実現できるようになることが当たり前な「支援」となっていけたらと思います。

手に取っていただいた本書が、これから10年、援助者のガイドとなり、展開される実践が家族にとって意味のあるものとして繋がっていただけたら幸いです。

最後に、本テキストを執筆できたのは、多くの困難を抱えながらも、その困難に立ち向かっていった多くのご家族のチャレンジしていった力と、そして、その体験を文字として共有してくださることを快く許可していただいた家族のおかげです。さらに、AIというインタビューに応じてくださったご家族の理解と協力があったからです。末筆ですが、ここに改めて感謝申し上げます。

編者を代表して　渡邉 直

執筆者紹介

菱川 愛 編者
第 1 章、コラム、第 2 章実践のコメント

渡邉 直 編者
おわりに、Q&A、第 2 章実践のコメント

鈴木浩之 編者
はじめに、第 2 章実践のコメント

中尾賢史 さいたま市発達障害者支援センター
第 2 章実践報告

高橋かすみ 神奈川県福祉子どもみらい局共生推進本部室
第 2 章実践報告

星 香澄 神奈川県大和綾瀬地域児童相談所
第 2 章実践報告

橋本 純 埼玉県越谷児童相談所
第 2 章実践報告

小林智紀 千葉県中央児童相談所
第 2 章実践報告

糸永悦史 埼玉県朝霞児童相談所
第 2 章実践報告

山中庸子 埼玉県中央児童相談所
第 2 章実践報告

岡本亮子 さいたま市教育委員会総合教育相談室
第 2 章実践報告

岡野典子 中野区児童相談所
第 2 章実践報告

足利安武 東京都福祉局子供・子育て支援部家庭支援課
第 3 章

野口 幸 さいたま市療育センターさくら草
第 3 章

編者紹介

菱川 愛（ひしかわ・あい）

東海大学健康学部健康マネジメント学科特任教授。精神保健福祉士。
サインズ・オブ・セーフティ・アプローチ認定講師（Signs of Safety® Licensed Trainer）として継続的な研修と教材開発、また子どもの被害確認面接スペシャリストとして主に性虐待事案の被害児童の面接（臨床）に従事している。
主要著書(共著)論文:『スーパービジョン　イン　ソーシャルワーク　第5版』分担翻訳(中央法規出版、2016)、『子どものトラウマと悲嘆の治療――トラウマ・フォーカスト認知行動療法マニュアル』白川美也子らと監訳（金剛出版、2014）

渡邉 直（わたなべ・ただし）

元千葉県中央児童相談所長。杉並区子ども家庭部参事(児童相談所準備担当)。臨床心理士。公認心理師。
非暴力コミュニケーションの基本“八策”をまとめ，全国各地で相談員等を対象とした研修会を精力的に行っている。
主要著書（共著）論文：『よくわかる社会的養護内容』（ミネルヴァ書房、2012)、「特集司法面接のこれから～児童福祉現場での展開」(『子どもの虐待とネグレクト』13（3）2011、日本子ども虐待防止学会)

鈴木浩之（すずき・ひろゆき）

立正大学社会福祉学部社会福祉学科教授(元神奈川県児童相談所児童福祉司)。臨床心理士。公認心理師。社会福祉士。
サインズ・オブ・セーフティ・アプローチ認定講師（Signs of Safety® Licensed Trainer)。
GNCPTC（Gundersen National Child Protection Training Center）司法面接講師。
主要著書（共著）論文:『子ども虐待対応における保護者との協働関係の構築』(明石書店、2019、2020年度日本社会福祉学会学術賞受賞)、『ファミリーグループ・カンファレンス入門』共編著（明石書店、2011)、『子ども虐待に伴う不本意な一時保護を経験した保護者の『折り合い』のプロセスと構造』(『社会福祉学』57（2）2016)、『子ども虐待に伴う不本意な一時保護を経験した保護者への『つなげる』支援のプロセスと構造』(『社会福祉学』58（1）2017、2017年度日本社会福祉学会奨励賞受賞）など

子ども虐待対応における
サインズ・オブ・セーフティ・アプローチ実践ガイド
——子どもの安全(セーフティ)を家族とつくる道すじ

2017年12月1日　初版第1刷発行
2025年7月10日　初版第9刷発行

編著者　菱川　愛
渡邉　直
鈴木浩之
発行者　大江道雅
発行所　株式会社 明石書店
〒101-0021 東京都千代田区外神田6-9-5
電　話　03(5818)1171
FAX　03(5818)1174
振　替　00100-7-24505
http://www.akashi.co.jp
装幀　明石書店デザイン室
編集／組版　有限会社閏月社
印刷／製本　モリモト印刷株式会社

(定価はカバーに表示してあります)　ISBN978-4-7503-4596-3